ASTROLOGIA COMPORTAMENTAL
E AS ESSÊNCIAS FLORAIS DE MINAS
Manual Prático de Astrologia Médica

Jaime S. Y. Camaño

Astrologia Comportamental
E AS ESSÊNCIAS FLORAIS DE MINAS
Manual Prático de Astrologia Médica

Sugestões Terapêuticas Florais:
Breno Marques da Silva e
Ednamara Batista Vasconcelos e Marques

EDITORA PENSAMENTO
São Paulo

Copyright © 1997 Jaime S. Y. Camaño.

Edição	Ano
1-2-3-4-5-6-7-8-9	98-99-00

Direitos reservados
EDITORA PENSAMENTO LTDA.
Rua Dr. Mário Vicente, 374 — 04270-000 — São Paulo, SP — Fone: 272-1399
E-MAIL: pensamento@snet.com.br
http://www.pensamento-cultrix.com.br

Impresso em nossas oficinas gráficas.

Dedico carinhosamente este livro à memória do Dr. Edward Bach, por sua vida consagrada à cura e por suas concepções filosóficas de elevada espiritualidade, que influenciaram e produziram toda uma nova geração de terapeutas com uma visão mais sensível, tanto do homem quanto da própria vida como um todo.

ÍNDICE

Sobre este Manual..	11
Prefácio	13
A Astrologia como um Instrumento de Diagnóstico Médico e Psicológico...	15
Introdução...	17

Parte I — Correspondências Astroflorais

Florais Úteis para os Signos

Áries	21	Libra	35
Touro	23	Escorpião	36
Gêmeos	25	Sagitário	39
Câncer	27	Capricórnio	41
Leão	30	Aquário	44
Virgem	33	Peixes	45

Florais Úteis para os Elementos

Falta de Fogo	49	Excesso de Água	51
Falta de Ar	50	Excesso de Terra	52
Falta de Água	50	Excesso de Água-Terra	53
Falta de Terra	50	Excesso de Água-Fogo	54
Excesso de Fogo	50	Excesso de Ar-Fogo................	54
Excesso de Ar	51	Excesso de Terra-Fogo	55

Parte II — Os Aspectos Astrológicos

Florais Úteis para os Aspectos Astrológicos

Sol....................................	59	Sol-Saturno	72
Sol-Lua	61	Sol-Urano	75
Sol-Mercúrio	63	Sol-Netuno	77
Sol-Vênus	65	Sol-Plutão	80
Sol-Marte	67	Sol-Asc.....................................	83
Sol-Júpiter	69	Sol-MC	84
Lua....................................	87	Lua-Vênus	91
Lua-Mercúrio	89	Lua-Marte................................	92

Lua-Júpiter	95	Lua-Plutão	105
Lua-Saturno	97	Lua-Asc	107
Lua-Urano	99	Lua-MC	109
Lua-Netuno	102		
Mercúrio	111	Mercúrio-Urano	121
Mercúrio-Vênus	113	Mercúrio-Netuno	123
Mercúrio-Marte	114	Mercúrio-Plutão	126
Mercúrio-Júpiter	116	Mercúrio-Asc	128
Mercúrio-Saturno	119	Mercúrio-MC	129
Vênus	131	Vênus-Netuno	143
Vênus-Marte	133	Vênus-Plutão	145
Vênus-Júpiter	136	Vênus-Asc	148
Vênus-Saturno	138	Vênus-MC	149
Vênus-Urano	141		
Marte	151	Marte-Netuno	160
Marte-Júpiter	153	Marte-Plutão	163
Marte-Saturno	156	Marte-Asc	165
Marte-Urano	158	Marte-MC	167
Júpiter	169	Júpiter-Plutão	178
Júpiter-Saturno	171	Júpiter-Asc	180
Júpiter-Urano	173	Júpiter-MC	181
Júpiter-Netuno	175		
Saturno	183	Saturno-Plutão	190
Saturno-Urano	185	Saturno-Asc	193
Saturno-Netuno	187	Saturno-MC	195
Urano	197	Urano-Asc	203
Urano-Netuno	199	Urano-MC	204
Urano-Plutão	201		
Netuno	207	Netuno-Asc	211
Netuno-Plutão	209	Netuno-MC	213
Plutão	215	Plutão-MC	219
Plutão-Asc	217		

PARTE III — O SISTEMA FLORAL DE MINAS

As Essências Florais de Minas	223
Os Florais Compostos	245
Os Fitoflorais	249
Correspondências Didáticas entre os Florais de Bach e os Florais de Minas	253
O Médico do Futuro (Dr. Bach)	255
Bibliografia	257

Quero agradecer profundamente

à minha mãe, pela paciência e tolerância com este filho desnaturado, que nunca se lembra de lhe telefonar;

à minha esposa, Motoko Tomita, por sua leal, dedicada e amorosa companhia nestes mais de vinte e um anos em que estamos juntos;

a Waldemir Marques, Gilda Franco, e à minha irmã, Carmen S. Y. Camaño, cujos comentários, sugestões e correções ajudaram a enriquecer a confecção final destes textos;

a Mário Dobal Martinez, a Murillo Nunes de Azevedo e a Arthur Armando Ferreira: o primeiro introduziu-me no Esoterismo Teosófico de H. P. Blavatsky, o segundo, na Essência da Alquimia e o terceiro, na Astrologia.

SOBRE ESTE MANUAL

Para uma melhor compreensão de como surgiu este manual de astrologia médica, gostaria de esclarecer, inicialmente, que nunca houve de minha parte uma intenção premeditada de escrever ou publicar um livro desta natureza. Trabalhando há alguns anos como terapeuta floral e fazendo uso do mapa astrológico como apoio nas consultas, sempre senti falta de um manual prático que fosse uma espécie de "Matéria Médica-Astrológico-Terapêutica", ou algo parecido. Por melhor que seja o astrólogo-terapeuta, é praticamente impossível reter na memória tantas informações, principalmente quando se trata dos Aspectos Planetários Desarmônicos, onde o repertório de patologias, em alguns casos, apresenta um quadro bastante diversificado de problemas físicos e psicológicos.

Com o tempo, percebi que tal publicação não apareceria tão cedo. Foi então que passei a fazer, em nível psicocomportamental, meus próprios apontamentos. Aproveitando as consultas com os clientes, fui lentamente coletando e registrando cada informação importante que obtinha nas entrevistas. Com o consentimento deles, introduzi, em várias ocasiões, as tradicionais anamneses usadas na clínica médica. Em outras, formulei meus próprios questionários, com perguntas baseadas em posicionamentos planetários, que me proporcionaram obter informações que ora confirmavam as afirmações de outros astrólogos, ora me permitiam descobrir coisas inéditas e surpreendentes.

Concomitantemente a essas anotações, procurei manter-me a par das mais antigas e das mais recentes pesquisas realizadas por astrólogos-terapeutas que sempre buscaram compreender aquele *fio sutil* que liga e alinha posicionamentos planetários, distúrbios de ordem psicológica e enfermidades físicas. E, com a eficiência de minhas dedicadas "pinças de arquivista", fui, pouco a pouco, enriquecendo meu *vade-mecum* particular.

A resolução de transformar essas anotações em uma publicação ocorreu quando entrei, pela primeira vez, em contato com a pesquisa floral de Breno e Ednamara[*]. Encontrava-me exatamente no meio da leitura do

---

[*] Breno Marques da Silva e Ednamara Batista Vasconcelos e Marques são terapeutas florais e pioneiros no trabalho de pesquisa das essências florais no Brasil, em especial os de Minas Gerais. Em suas atividades, seguem fielmente os princípios e os fundamentos da filosofia do Dr. Edward Bach.

livro *As Essências Florais de Minas – Síntese para uma Medicina de Almas* quando, num "estalo", me dei conta de que ali estavam as pessoas certas e as mais indicadas para realizar a parte terapêutica que faltava a estes textos. Quem melhor do que eles, com uma pesquisa toda pronta e inédita nas mãos, os "pais da matéria", para realizar tal tarefa? Vi neles profissionais seriíssimos, com um trabalho da maior credibilidade e cuja pesquisa floral não ficava nada a dever a qualquer outra pesquisa realizada em qualquer parte do mundo, depois de Bach.

A partir de então, passei a fazer uso dos florais de Minas nas minhas consultas o que me permitiu, mais adiante, desenvolver o chamado *estudo de correspondências astrológicas,* onde procurei reconhecer entre as oitenta e quatro essências que compõe o sistema floral mineiro, quais delas poderiam ser úteis para signos, planetas e elementos da astrologia. Quando senti que minha parte do trabalho estava concluída, sem nenhum contato prévio, de surpresa, remeti este material pelo correio e fiquei (apreensivamente) aguardando um retorno da parte deles.

A resposta foi a melhor possível: não apenas gostaram e aprovaram a idéia, como se dispuseram a trabalhar de imediato e com tal entusiasmo que pouco tempo depois já estávamos enviando os originais para uma editora.

Obrigado, Breno! Obrigado, Ednamara! Que os Grandes Mestres de Sabedoria continuem iluminando a mente de vocês, como têm feito até agora!

Jaime Camaño

Prefácio

Da mesma forma como anteriormente fomos o prisma entre a Essência Floral e o seu conhecimento, em si próprio, agora Jaime Camaño exerce o mesmo papel perante a Essência Floral e o conhecimento astrológico.

O Sol e o Fogo foram os agentes principais para a extração do substrato floral, a alma da flor, ao passo que os Astros Celestiais agora vêm qualificar o elemento humano para que o mesmo usufrua dos efeitos curativos das gotas florais.

Juntos, essências florais e dados astrológicos, interagem para resultar num produto decantado: o aprimoramento do Gênero Humano, a suplantação dos vícios condicionadores por meio de suas virtudes.

Inovadora no gênero, esta obra, *Astrologia Comportamental e as Essências Florais de Minas*, vem produzir mais uma expansão na matéria de estudos do terapeuta que trabalha com flores, mostrar mais um campo de atuação floral.

Breno Marques da Silva
Ednamara Batista Vasconcelos e Marques

A Astrologia como um Instrumento de Diagnóstico Médico e Psicológico

Se fizéssemos uma pesquisa de rua para encontrar uma só pessoa que não saiba qual é o seu signo, descobriríamos que tal pessoa não existe. O interessante é verificar que alguns, quando interrogados a respeito de seu signo, falam dele até com um certo orgulho. Outros sabem, inclusive, o seu signo ascendente, ou mesmo em que signo se encontram a sua Lua e outros planetas.

Uma segunda questão poderia ser levantada na mesma enquete: "Para que serve, afinal, a astrologia?" Mais uma vez a pergunta poderia ser facilmente respondida: "Quem não sabe que é para prever o futuro, para ver se vamos ter sorte neste ou naquele empreendimento, no amor, no casamento, na vida familiar, com os filhos, etc.?"

Se não estivermos enganados, isso parece ser tudo o que sabemos a respeito da astrologia. Talvez uma ou outra pessoa pudesse dizer, acertadamente, que ela é útil para o autoconhecimento, mas mesmo assim é duvidoso que tenha uma idéia mais profunda do que isso representa. Poucos, muito poucos são os que têm uma concepção da astrologia como um sistema de pensamento psíquico-filosófico-espiritual completo — um sistema simbólico, cientificamente estruturado, que permite, de forma holística ou particularizada, decodificar a natureza humana em todas as suas complexas dimensões.

Contar com um mapa astrológico durante uma entrevista é como possuir uma bússola ou um mapa cartográfico, caso tenhamos de nos aventurar numa floresta ou numa região desconhecida. Com ele ganhamos a confiança de estarmos seguindo um roteiro seguro, tanto na condução das perguntas como na averiguação das respostas obtidas. Problemas psíquicos de ordem mais profunda podem ser facilmente ocultados ou mascarados por indivíduos que aprenderam com uma certa "sabedoria" a enganar, tanto aos outros como a si mesmos. Nesses casos, como um detector de mentiras ou um bisturi cirúrgico que penetra fundo na "carne psicológica", o mapa astrológico ajuda-nos a trazer a verdade à luz.

Com o mapa astrológico não há necessidade de questionários longos e preconcebidos, mas as perguntas surgem e se desencadeiam espontaneamente, a partir de pontos específicos onde existem indicativos de possíveis anormalidades. Ao contrário do astrólogo, que interpreta e faz a leitura do mapa, muitas vezes correndo o risco de fazer afirmações sobre traços que o consulente não reconhece como pertencentes à sua pessoa, o terapeuta que usa a astrologia em suas entrevistas está totalmente isento de tal responsabilidade e, como perguntar não ofende, ponto a ponto e sem pressa, um *check-up* completo pode ser feito sem grandes dificuldades.

Rapidez e precisão na identificação das causas que estão gerando desequilíbrios e distúrbios, ou mesmo a doença — este é o ponto alto deste método ancestral de trabalho, utilizado, inclusive, por Hipócrates, que afirmava o seguinte: "Um médico sem noção de astrologia não pode corretamente denominar-se um médico."

Para todas aquelas pessoas ou terapeutas que desejarem introduzir-se no uso da astrologia como *instrumento de diagnóstico médico e psicológico,* o nosso conselho é que procurem informar-se melhor sobre o tema. Publicações não faltam. Em qualquer cidade, hoje em dia, existe pelo menos um curso de introdução à astrologia sendo anunciado. Quem procura acha! De nossa parte, fica aqui o convite a todos e a nossa esperança de que a astrologia, pelo seu passado de serviços à humanidade, possa renascer e reconquistar seu merecido espaço na aplicação médica.

INTRODUÇÃO

A astrologia médica tem por tradição a mesma simplicidade de cura que tanto Hahnemann como Bach fizeram questão de adotar na formalização de seus sistemas terapêuticos. Seguindo o princípio de que "o semelhante cura o semelhante" (*similia similibus curantur*), tudo que o astrólogo-terapeuta precisa saber é uma coisa chamada *arquétipo comum*. Qual é aquela unidade básica subjacente a planetas, signos, indivíduos, plantas e demais elementos da natureza, que paira como pano de fundo por detrás de cada um deles?

Os resultados desses estudos compõem basicamente a primeira parte deste manual, que tem por objetivo servir de auxílio ao trabalho do astrólogo-terapeuta holístico, acostumado a ver *o mapa individual e a vida como um todo*. No que se refere a estes profissionais, é possível que pouco tenhamos a acrescentar, e nem precisamos preocupar-nos com maiores explicações. Ao estudante de astrologia médica, algumas considerações de ordem prática se fazem necessárias:

Primeira: As essências indicadas como úteis para signos, planetas e elementos da astrologia não devem ser consideradas como se *fossem patrimônio exclusivo* de cada um desses signos, planetas e elementos. Seria estreiteza da nossa parte pensarmos assim e, ao mesmo tempo, uma estratificação muito rígida da aplicação floral. A essência Impatiens, por exemplo, indicada como útil para o signo de Áries e para o planeta Marte, pode tranqüilamente servir de auxílio emergencial para a impaciência, a intolerância ou mesmo a agressividade de muitos uranianos e plutonianos.

Segunda: A fim de que possamos distinguir quando estamos atuando de forma holística ou emergencial, gostaria de lembrar e deixar claro, voltando ao exemplo acima citado que, embora na aparência externa das atitudes comportamentais, uranianos e plutonianos possam confundir-se com marcianos e arianos, internamente existem diferenças arquetípicas muito bem definidas. Do ponto de vista das correspondências astrológicas, o mais acertado seria respeitar os seus respectivos símiles florais. É possível que os florais Thumbergia, Vervano ou Psidium estejam mais próximos da problemática interna de um plutoniano, enquanto Vernonia, uma essência útil para as diversas formas de rebeldia social, viria a calhar a muitos uranianos, que, na aparência externa, apenas conseguem transmitir impaciência, agressividade e intolerância para com todos à sua volta.

Terceira: Não são poucos os estudantes e astroterapeutas principiantes que se deixam seduzir por receitas prontas de prescrição floral, como por exemplo: escolher um floral para o signo de Saturno, outro para o da Lua, outro para o Ascendente, e assim por diante. A nossa opinião sobre esse assunto é a seguinte: métodos mecanicistas matam a inteligência e a sensibilidade, preciosos instrumentos de trabalho, sem os quais jamais saberemos distinguir uma pessoa da outra ou o que vieram procurar.

A segunda parte deste livro trata essencialmente dos aspectos planetários harmônicos, das conjunções e dos aspectos desarmônicos. Nessa seção passamos a contar com a participação especial de Breno da Silva e Ednamara Marques, fornecendo-nos valiosas indicações florais para o repertório das dificuldades psicocomportamentais e para os problemas de ordem física[*]. As sugestões florais são indicadas, sem dúvida, a partir de um quadro de sintomas, mas temos a certeza de que o terapeuta experiente saberá observar e cruzar as informações mais importantes que tendem a repetir-se no mapa natal e, com isso, obter uma interessante fórmula floral que atenda à tônica central do indivíduo ou à problemática existencial com que sua alma possa estar envolvida.

Por último, é bom que se diga que todas as informações contidas neste manual sobre os florais de Minas foram extraídas de obras publicadas destes jovens pesquisadores (ver Bibliografia), o que também ocorre com as informações que constituem a Parte III, intitulada "O Sistema Floral de Minas". Essa seção é praticamente um dicionário do Sistema Floral de Minas acompanhado de sucintas observações do ponto de vista astrológico. A intenção é que possam servir de apoio ao terapeuta, como forma de consulta rápida ou mesmo como uma primeira apresentação deste maravilhoso sistema floral.

---

[*] A menção de sintomas físicos ou psíquicos no presente livro não significa que os Florais de Minas tenham efeito curativo específico sobre os mesmos. Como nos dizem Breno e Ednamara: "Os florais não combatem, diretamente, as doenças físicas ou psíquicas, mas simplesmente aumentam o bem-estar geral da pessoa, ampliando sua consciência e iluminando sua mente, trazendo, assim, as condições propícias à sua pronta recuperação."

Parte I
Correspondências Astroflorais

Part I
Correspondencias Astrologicas

> *"As doenças reais e básicas do homem são certos defeitos como o orgulho, a crueldade, o ódio, o egoísmo, a ignorância, a instabilidade e a ambição; e se cada um deles for considerado individualmente, notar-se-á que todos são contrários à Unidade."*
>
> — Bach, *Cura-te a ti mesmo.*

FLORAIS ÚTEIS PARA OS SIGNOS

O amplo raio de atuação floral nos obriga a chamar a atenção para o fato de algumas essências em particular estarem indicadas para mais de um signo. Florais como Cauliflora, Phyllanthus e Mirabilis por exemplo, indicados como úteis para o elemento Terra, podem, seguramente, ser úteis para qualquer dos três signo da trilogia da Terra, a saber : Touro, Virgem e Capricórnio. O mesmo pode ser dito para as essências indicadas para os elementos Fogo, Água e Ar.

Os textos entre aspas ao final de cada comentário foram extraídos do livro *As Essências Florais de Minas — Casos Clínicos e Depoimentos*, de Breno da Silva e Ednamara Marques.

♈ ÁRIES 21 de março — 20 de abril

Nicociana. Indivíduo valente, forte, aventureiro, competitivo. Egocêntrico. Solitário. Emocionalmente grosseiro. Tipos: guerreiro, atleta, soldado, praticante de artes marciais. Propensão a acidentes físicos.

Floral número "um" para os excessos da energia ariana e, principalmente, de Marte. Útil quando houver muitos planetas em signos do Fogo, impulsivos e propensos a acidentes.

"Nicociana sublima a coragem física em coragem moral, mostrando que há limites e fronteiras materiais para a capacidade humana, o que não ocorre na esfera espiritual. A essência é um excelente coadjuvante na agitação psicomotora infantil, proporcionando um estado mais contemplativo, não só à criança, mas também ao adulto com tais traços de personalidade."

Impatiens. *Rápido na ação e no pensamento. Franco, tenso, nervoso, impaciente. Irrita-se com detalhes. Inquietude física. Impetuosidade. Pressa. Ansiedade. Impulsividade. Agressividade. Raiva. Insônia. Pressão alta. Dor de cabeça.*

Como a Nicociana, esta essência pode ser de grande utilidade para todos aqueles indivíduos de natureza marciana-ariana. Assim como a Nicociana, este é outro floral útil na agitação psicomotora infantil.

"Impatiens resgata na alma os conceitos de tolerância, paciência, tranqüilidade e serenidade."

Ícaro. *Personalidade desmesuradamente audaciosa, com elevadas ambições ou pretensões. Assume riscos sem avaliar as situações. Busca a glória, a ascensão e o reconhecimento através de uma escalada impetuosa. Aventureiro.*

Floral útil quando houver muitos planetas em signos do elemento Fogo. Áries, Fogo-Cardinal e super-Yang (masculino), não tem tempo para ficar traçando estratégias ou fazendo "tolos" planejamentos — as suas idéias ambiciosas exigem ação, e ação imediata. Ele precisa provar ao mundo do que é capaz de fazer. Idéias, força e coragem não lhe faltam — então, o que poderia dar errado? E, por antecipação, sonha com o dia em que será reconhecido e aclamado publicamente por seu pioneirismo e suas realizações.

"Ícaro ajuda a aplacar o impulso exagerado de ascensão e deve ser usado quando a escalada é por demais impetuosa, repleta de falsos apoios e apenas ilusória de valor."

Helianthus. *Pessoa exclusivamente centrada em si, nos seus próprios problemas ou interesses. Exagerada extroversão e loquacidade. Fala muito perto do ouvido das pessoas, toca-as, faz cenas e gestos, de modo a atrair a atenção do ouvinte. Não presta atenção à opinião alheia. Auto-obsessão. Individualismo.*

Apesar de Helianthus ser uma essência cem por cento do Sol, é no signo de Áries que este astro encontra a exaltação de suas energias, sendo, portanto, útil para equilibrar o excesso de autocentramento da personalidade.

Alguns arianos praticamente "se agarram" à primeira pessoa que lhes aparece pela frente. Para manterem a sua atenção, cutucam-na com o dedo, agarram seu braço, gesticulam dramaticamente e, mesmo não sendo necessário, falam cada vez mais alto ao seu ouvido. Projetam-se de tal forma por cima de suas vítimas, que estas se vêem obrigadas a recuar. Floral útil para planetas mal aspectados em signos do Fogo.

"A essência ajuda a alma a trabalhar o silêncio interno e externo, traz controle sobre a própria atitude criativa e desperta para a verdadeira empatia."

Salvia. *Dificuldade de aprender as lições da vida. Comete sempre os mesmos erros, apesar das experiências passadas. Compelido à ação mecânica e impensada.*

Áries, por sua natureza impulsiva e precipitada, tende a cometer os mesmos erros várias vezes. Áries muitas vezes é comparado com o aríete romano, que vai e volta inúmeras vezes, parando apenas quando a porta vem abaixo. Em defesa, no entanto, deste voluntarioso e destemido signo, gostaria de fazer a ressalva de que esta questão não se restringe a nenhum signo em particular; todos nós, em maior ou menor grau, temos nossas próprias lições a aprender e só Deus sabe o quanto custamos a entendê-las. Segundo Breno e Ednamara, Salvia é uma essência que deveria ser utilizada por todas as pessoas, pois ajuda no amadurecimento da alma.

TOURO 21 de abril — 20 de maio

Ambrosia. *Preocupações com a escassez de recursos materiais. Medo do fracasso financeiro, do desemprego, da falta de dinheiro, de não ser capaz de suprir as necessidades da família. Inseguranças. Para quadros de obesidade.*

Preocupações dessa natureza podem ser vistas com planetas mal aspectados em signos da Terra. Touro, em particular, talvez seja, dentre todos, o signo com maior tendência à acumulação e, possivelmente, o mais inseguro com as questões materiais e o mais preocupado em não ser capaz de suprir as necessidades da família.

A obesidade de alguns taurinos deve-se ao fato de não se contentarem simplesmente com o necessário, abusando do direito ao alimento. Tamanha é sua gula que podem ser capazes, enquanto se alimentam, de estar pensando no que vão comer dali a pouco.

"Ambrosia trabalha as energias de aceitação, entrega e fé na Providência Divina."

Phyllanthus. *Pessoas sistemáticas, metódicas, perfeccionistas, organizadas e teimosas. Dificuldades de adaptação. Conservadorismo. Egoísmo. Aprisionamento interno a formas cristalizadas de sentimentos e pensamentos.*

Floral útil para planetas em signos da Terra que podem produzir indivíduos por demais cristalizados em suas atitudes mentais e emocionais. Touro é, reconhecidamente, um dos mais teimosos em seu hábito e em sua particular forma de fazer as coisas. Como signo Fixo tem por natureza a falta de flexibilidade e uma grande dificuldade de adaptar-se a novas circunstâncias.

Avesso a mudanças ou inovações, fica enfurecido quando tentam tirá-lo de sua morosa sistemática (ver floral Piperita).

"Phyllanthus ajuda a quebrar resistências e traz de nossa alma maravilhosas vibrações de adaptabilidade e de liberdade interior."

Piperita*. Indivíduo física e mentalmente lento. Fala e move-se devagar e também reage muito vagarosamente frente às excitações externas. Chega atrasado aos compromissos. Demora em terminar todas as atividades.*

Touro não é um signo mentalmente lento. Talvez fisicamente, sim. O seu problema maior, como mencionamos acima, está relacionado com os seus teimosos e arraigados hábitos de fazer as coisas. Indiferente aos apelos dos outros, segue o ritmo que lhe parece apropriado e não está nem um pouco interessado em sincronizar-se com os "relógios" do esquema social.

Como signo Terra-Fixo-Passivo, seu segundo problema reside no fato de ser tranqüilo demais (quando não provocado) e pouco dado a buscar qualquer forma de estímulo externo. Sua maior excitação é sonhar com uma casa no campo, boa comida e uma rede aconchegante.

"Piperita trabalha na alma a rapidez, e contribui para que o indivíduo possa estar mais vivamente presente nas circunstâncias à sua volta e no seu dia-a-dia."

Sonchus*. Indivíduo metódico, materialista e com índole aquisitiva. Conservadorismo. Moralismo. Teimosia. Avesso às mudanças. Busca apoio em normas rígidas de conduta moral. Desanima diante do menor obstáculo. Dúvidas. Vacilação. Incertezas. Falta de fé. Pessimismo. Falta de confiança. Melancolia. Depressão.*

A busca de segurança e a dificuldade de relacionar os diversos fatos da vida geralmente levam o taurino a extravasar numa forte índole aquisitiva. Essência útil para planetas mal aspectados no signo de Touro, com a tendência a desanimar com facilidade frente ao menor obstáculo.

"Quando polarizada nos aspectos positivos desta essência, a individualidade é um exemplo de resistência, fé, obstinação, principalmente na ajuda a seus irmãos."

Rosa canina, Ruta*. Resignação, apatia, conformismo, rotina, monotonia. Falta de iniciativa. Perda de autoconfiança. Impotência física e psíquica, "anemia psicoespiritual". Subserviência.*

Touro ou Virgem no Ascendente, ambos signos da Terra e voltados para o trabalho rotineiro, podem sentir-se, muitas vezes, apáticos e impotentes para mudar as circunstâncias à sua volta. Touro, em particular, devido à rotina monótona de um dia-a-dia *produtivo*, porém pouco *criativo*, precisa cuidar-se para não cair no chamado "esquema bovino" (o boi, animal tranqüilo e pacífico, é, na verdade, um touro castrado).

A palavra "criativo" é muito significativa para Touro. É mais fácil para um taurino demonstrar força física, virilidade e capacidade reprodutiva, do que agir propriamente como um indivíduo criativo. Como signo de pureza pastoril, seu problema começa todas as vezes que tenta lidar com as forças instintivas e irracionais de sua polaridade oposta: Escorpião – signo capaz de arremessar aos infernos o mais santo dos homens. Quando ocorre o primeiro choque traumático, como uma espécie de ação em contrapartida, muitas pessoas levantam um muro de proteção à sua volta (rotinas de trabalho) e encerram o assunto dando uma "ducha de água fria" no setor. Domar o touro é muito diferente que castrar o touro. A energia criativa da Kundalini, que deveria subir chacra a chacra, desde a base da coluna ao topo da cabeça, sem temer os naturais e inevitáveis embates da vida — como cobra sonolenta — e retornar para o seu recôndito, enrola-se sobre si mesma e adormece para não mais incomodar. Como o desinteresse sexual e a apatia andam *pari passu*, o taurino, mais que outros signos, nem chega a dar-se conta do momento em sua vida, em que o conformismo, o desinteresse pela vida e a resignação tomaram conta dele.

Estes florais ajudam a restaurar o ânimo e a sair desse estado de "anemia psicoespiritual" fortalecendo a vontade do indivíduo para que ele possa encontrar seu próprio sentido de autodeterminação e auto-realização.

"As essências trazem das profundezas do ser as energias de motivação interna e propósito de vida."

♊ GÊMEOS 21 de maio — 20 de junho

Eucalyptus*. Pessoas psiquicamente instáveis, que experimentam uma aguda contradição entre a idealização e a ação concreta. Supervalorizam as aparências, as formas exteriores das coisas, tornando-se prisioneiras de estruturas superficiais e artificiais.*

Floral extremamente útil para eliminar a distância entre a teoria e a prática de planetas situados em signos do Ar e, em particular, em Gêmeos, o mais instável e superficial dos três.

A essência pode ser utilizada como coadjuvante em todos os distúrbios respiratórios, como a bronquite asmática e a alérgica, a asma nervosa, as gripes catarrais, as pneumonias — enfim todos os problemas que podem surgir de planetas mal aspectados neste signo ou de Mercúrio debilitado por trânsitos difíceis.

"Eucalyptus traz as energias de concretização do fluxo imaginativo, sincronizando os elementos rítmicos e respiratórios, mediadores dos processos gerais catabólicos e anabólicos."

Emília, Silene. *Fraco sentimento de identidade pessoal. Falta de autoconfiança. Dependente dos conselhos e das opiniões alheias. Dúvidas e indecisões nas coisas mais banais. Avidez por informações. Muda freqüentemente de idéia quando influenciado. Imitação. Falsidade. Mentira. Camaleão.*

Gêmeos, com sua tradicional psicologia de "beija-flor", deixa o tempo passar sem jamais construir algo sólido para ele mesmo e, com isso, enfraquece o eu pessoal e a autoconfiança. Pessoas com o Nódulo Sul nesse signo podem trazer tendências cármicas bastante acentuadas do quadro acima descrito, principalmente no que diz respeito à curiosidade e avidez de informações. Útil para um Mercúrio mal aspectado, ladino por natureza, que pode levar muitos indivíduos a um espírito de falsidade e mentira.

Estes florais podem vir em auxílio na velha questão da dualidade geminiana: Castor e Polux, duas naturezas opostas em eterno conflito.

"As essências propiciam a conexão da consciência com os níveis intuitivos, integrando-os numa unidade harmônica de ser."

Fuchsia. *Pessoas que não revelam suas preocupações e ansiedades, escondendo-as por trás de brincadeiras e atitudes bem-humoradas. Necessita de estímulos sensoriais contínuos: drogas, álcool, cigarro, café, televisão, vida social intensa. Gostam da companhia de pessoas, pois são muito extrovertidas e loquazes. Têm extrema dificuldade em ficar sós, para não terem que enfrentar a si mesmos. Quando isto ocorre, sentem um vazio assustador, como se a vida perdesse seu significado. Inquietações. Insônia. Problemas psicossomáticos.*

Floral útil para o eixo Gêmeos-Sagitário e para os excessos do elemento Ar-Fogo, que tem dificuldades para encarar as realidades materiais, preferindo refugiar-se na satisfação de excitações externas. Gêmeos, Ar-Mutável, tem extrema dificuldade em ficar só, quieto, consigo mesmo. Qualquer estado introspectivo lhe soa como um atentado à sua natureza inconstante e sedenta de novidades. Como agravante, a coisa de que o geminiano mais se orgulha, internamente, é a sua inteligência, perspicácia e vivacidade de espírito frente aos outros; quietude e silêncio mental são, para ele, coisas inconcebíveis e que podem dar-lhe a impressão de estar ficando lento, entorpecido ou decaindo em sua genialidade; ele prefere recorrer a qualquer droga estimulante antes que isso aconteça. O problema desse círculo vicioso de atitudes exteriorizadas é que o indivíduo não percebe o quanto se encontra distanciado de si mesmo e de suas reais necessidades.

"Fuchsia busca no interior do ser as energias relacionadas à verdadeira alegria e à coragem de enfrentar a vida."

CÂNCER 21 de junho — 21 de julho

Madressilva. Preso aos acontecimentos do passado, conservador, nostálgico e saudosista. A distância ou a separação de pessoas queridas causam-lhe profunda dor. Emocionalismo exacerbado.

Floral número 'um" do canceriano clássico e dos tipos lunares, que sofrem por sentirem saudades de épocas passadas, com as lembranças de momentos felizes, da terra natal ou mesmo de um amor perdido.

Útil nos estados temporários de menopausa, andropausa e no envelhecimento precoce, assuntos referentes ao eixo Câncer-Capricórnio ou Lua-Saturno.

"A essência ajuda a secar o excesso de emocionalismo da alma e resgata a capacidade de estabelecer novas ligações e novos vínculos."

Matricária. *Pessoas maternais, que se entregam ao serviço que lhes apraz, mas sofrem ao não observar a mesma solidariedade à sua volta. São almas nutridoras, conscientes de que sacrificam parte de si, mas não aceitam que os outros também não façam isso. Tensas em decorrência da sobrecarga de trabalho, irritam-se com atitudes egoístas no ambiente.*

Floral útil para pessoas com planetas localizados no signo de Câncer, Água-Cardinal, que podem sentir-se cansadas e exploradas depois de longos períodos de dedicados serviços aos outros, principalmente a seus familiares e entes queridos.

"A essência equilibra a capacidade de nutrição cósmica e desperta o indivíduo para um conceito mais luminoso de solicitude e amor ao próximo."

Lavândula, Ficus. *Sensação de estar preso a alguma coisa que prejudica o seu pleno desabrochar. Atrasos no crescimento biológico ou psíquico. Imaturidade. Infantilidade. Humor instável. Timidez. Hesitação. Problemas psicossomáticos. Regressões.*

Estes florais podem dar um empurrão definitivo, de força e coragem, no que se refere aos problemas de insegurança emocional dos cancerianos, que dão dois passos para a frente e três para trás, de volta para os seus refúgios. Quando Câncer ou a Lua estiverem muito destacados no mapa natal — no Asc ou no MC — geralmente se trata de pessoas psiquicamente instáveis, que mudam repentinamente de humor.

"As essências reforçam o *eu* debilitado, trazendo força, coragem, clareza mental, autoconfiança e estabilidade psíquica."

Chicorium. *Forte carência afetiva. Sufoca as pessoas que ama. Cobra retornos afetivos. Chora facilmente. Cultiva mágoas. Gosta de manter os entes queridos nas proximidades, para melhor controlá-los e corrigi-los, principalmente no que se refere aos sentimentos. Apegos. Ciúmes.*

Primeira essência a ser lembrada para a carência afetiva e a hipersuscetibilidade de planetas no elemento Água e, em particular, nos signos de Câncer e Escorpião. A Lua regendo o mapa ou muito destacada, apresenta pessoas que se melindram e choram por qualquer coisa. Câncer e Escorpião sufocam as pessoas que amam, controlam os seus movimentos e cobram retornos afetivos. Quando feridos, guardam mágoas e ressentimentos por toda a vida.

"A essência traz a energia do amor altruísta, incondicional, ajuda a sublimar as ligações afetivas doentias e desperta para a capacidade de amar a todos indistintamente."

Passiflora. *Pessoas amedrontadas por medos vagos de origem desconhecida. Pressentimentos. Presságios de eventos negativos. Sensação de perseguição. Ansiedades. Mudanças de humor imotivadas. Idéias obsessivas. Superstição. Pesadelos. Sonambulismo. Bruxismo. Para os supersticiosos que às vezes sentem calafrios, tremores, suores, arrepios. Medo da escuridão, de fantasmas, de velórios e cemitérios. Percepção de espectros.*

Pessoas com planetas mal aspectados em signos da Água têm facilidade de conectar-se com as correntes suprafísicas dos planos ocultos, o que nem sempre lhes traz benefícios para a saúde psicológica. Em maior ou menor grau, todas estão sujeitas a sofrer transtornos, e talvez o menor deles seja um arrepio na espinha, de vez em quando. A Lua no Ascendente ou no Meio-céu geralmente revela pessoas bastante sensíveis e com tendências mediúnicas que se desequilibram a cada cinco minutos devido aos presságios de eventos negativos que lhes percorrem a alma. Caso a Lua esteja mal aspectada com Netuno ou Plutão, podem abrir o indivíduo para idéias obsessivas, sentimentos paranóicos de perseguição, pesadelos, bruxismo, sonambulismo, etc. (havendo rompimento da aura, ver os florais Linum e Luceris, logo abaixo). Câncer passa a maior parte do tempo acometido de medos vagos e maus pressentimentos sem motivo aparente, sendo levado, muitas vezes, a proteger o Plexo Solar com as mãos ou cruzando os braços na altura do abdômen.

"Passiflora faz desabrochar internamente os conceitos de fé, coragem e ressurreição."

Linum, Luceris. *Rompimentos na aura em decorrência de traumas físicos ou psíquicos. Mediunidade desequilibrada. Astralismo. Emotividade* *exacerbada. Capta emoções e pensamentos do meio ambiente. Sistema nervoso abalado por contatos mediúnicos ou magia. Degradações energéticas. Expansões de consciência traumáticas. Confusão mental. Incapacidade de concentração.*

Planetas mal aspectados em signos da Água tendem em geral a fazer padecer destes males. Câncer e Peixes no Ascendente são os campeões de problemas relacionados com rompimentos da proteção áurica, ficando facilmente expostos às força negativas do astral inferior.

Florais úteis para a fé cega, as ilusões e o auto-engano de certos cancerianos com tendências místicas e que atraem, com a força de sua devoção e fervor religioso, forças muito maiores do que as que podem compreender ou manipular.

Devemos sempre lembrar-nos destas essências, de forma preventiva ou emergencial, nos trânsitos planetários desarmônicos em relação à Lua, geralmente acompanhados de crises e choques emocionais por demais dolorosos.

Indivíduos de natureza lunar e netuniana possuem um frágil eu pessoal e uma proteção etérica mais frágil ainda. Costumam ser as maiores vítimas de todas as formas de astralismo e seus conseqüentes transtornos. Fariam bem em usar estas maravilhosas essências de forma preventiva, pois fortalecem o estado de vigília.

Juntas ou em separado, qualquer uma destas essências ajuda na proteção espiritual e na clareza mental.

Ambrosia. *Medo do fracasso financeiro, do desemprego, da falta de dinheiro, de não conseguir suprir as necessidades básicas da família. Insegurança. Instinto acumulativo. Medo de mudanças drásticas na organização social. Não se arrisca por temor ao fracasso. Compulsão à comida.*

Câncer e Touro talvez sejam os dois signos do zodíaco mais preocupados com a questão da família e com uma possível escassez de recursos. A base da segurança emocional de muitos destes indivíduos apóia-se muito mais nos bens materiais e numa sólida poupança, do que numa atitude despojada e confiante. Essencialmente corporativistas, defendem certos padrões sociais que lhes sugerem a sensação de segurança e lutam para que estes mesmos padrões jamais sejam alterados. Ambos os signos são acumulativos e se deixam facilmente levar pela boca e pelo estômago.

De todos os signos, Câncer é o mais religioso e, talvez, o que mais fale em fé, devoção e confiança na Providência Divina ou em deixar as coisas fluírem. O seu problema é que, na hora "H", quando chegam os tempos difíceis, os seus medos, inseguranças e ansiedades continuam todos lá, revelando que seu discurso de fé e conexão era muito mais uma proposta do que uma conquista de fato.

"Ambrosia, mitologicamente, significa '*manjar dos deuses, aquilo que dá e conserva a imortalidade*' e, como tal, ajuda a trabalhar as energias de aceitação, entrega e fé na Providência Divina de uma forma mais profunda e verdadeira."

Essência útil para todos nós, homens de pouca fé!

♌ LEÃO 22 de julho — 22 de agosto

Helianthus. *Para pessoas que querem ser o centro das atenções. Egocentrismo. Exagerada extroversão e loquacidade. Não prestam atenção à opinião alheia. Egos agigantados. Narcisismo. Egoísmo manifestado por introversão ou extroversão.*

O nome *Helianthus* vem das palavras gregas *hélio* e *anthos* e quer dizer "flor do sol". Helianthus é uma essência obtida da flor do girassol e, segundo nos dizem Breno e Ednamara: "O girassol é essencialmente um remédio floral dos mais úteis para a cabeça e o coração do homem. O amarelo solar do girassol sugere um avançar infinito, representando a qualidade maior do espírito humano à procura de sua evolução cósmica, pelo caminho da suprema honra e privilégio de ter uma mente."

Útil para planetas no signo de Leão. Basta haver um único planeta nesse signo e lá encontraremos um aspecto da natureza do indivíduo notoriamente autocentrado e que deseja, de uma ou de outra forma, chamar a atenção dos outros para si. Nem mesmo Netuno, que tudo dissolve, pode resolver a questão, já que o ego se internaliza, mantendo um silêncio exterior, apenas aparente. Internamente o monólogo assenhoreia-se da mente, geralmente com pensamentos de grandeza e auto-importância.

Quer se trate de introvertidos ou extrovertidos, este floral é de grande ajuda para qualquer forma de egocentrismo. Útil para indivíduos da geração de Plutão em Leão, que não ouvem ninguém e disputam acirradamente cada milímetro de espaço psicológico que possam obter para si.

"A personalidade Helianthus precisa apreender o verdadeiro significado do silêncio interior e do controle da palavra, sem os quais a própria voz divina não se faz presente no ser. A essência auxilia a Alma a controlar sua própria auto-expressão e desperta para a verdadeira empatia nos relacionamentos."

Verbenácea. *Geralmente são líderes, voluntariosos, altivos, amantes da justiça, sinceros e, ao mesmo tempo, tensos e superansiosos. Pessoas inflamadas, propensas aos fanatismos, às discussões e que lutam por causas justas. Para o excesso de entusiasmo.*

Essência útil quando houver planetas em qualquer um dos três signos do Fogo, que se inflamam com facilidade quando vêem injustiças à sua volta.

"Verbenácea ajuda a canalizar o entusiasmo e a empolgação emocional para linhas mais pacíficas e sábias de ação, redobrando a confiança na justiça divina."

Vervano. *Possui mais ou menos as mesmas características de Verbenácea, com o agravante de querer fazer justiça com as próprias mãos ou corrigir os outros de forma extremamente enérgica.*

Floral útil para qualquer um dos três signos do Fogo. Leão faria bem em utilizar este floral de forma preventiva, caso esteja planejando tomar sol na praia ou na piscina do clube. Como signo regido pelo Sol, suas "baterias" podem sobrecarregar-se quando excessivamente expostas às irradiações deste astro e, subitamente, o nosso generoso e magnânimo amigo poderá ver-se transformado num déspota exigente e briguento. O álcool produz nele os mesmos efeitos — por isso é bom que o evite. Áries, quando o sangue lhe sobe à cabeça, esmurra a mesa e enlouquece com o turbilhão de pensamentos assoberbados que lhe afluem à mente. Sagitário, inflamado, pode semear uma revolução em favor dos menos privilegiados ou erguer a bandeira de uma nova cruzada de ordem filosófico-religiosa.

Pessoas com o Sol mal aspectado por planetas como Marte e Plutão são propensas a fazer uso da força bruta, desejando castigar ou agredir quem se oponha ou faça resistência à sua vontade. Vervano, tal como a Verbenácea é outro antiinflamatório floral, que pode ser usado emergencialmente por qualquer pessoa.

"Essência para indivíduos de índole biliosa, Vervano traz dos planos internos as vibrações positivas de harmonia, paz e sabedoria para a mente e os sentimentos."

Vernonia. *Pessoas inconformadas com suas posições na sociedade, em grupos ou na família. Não aceitam a hierarquia profissional. Inadequação. Conflitos com autoridades. Insubordinação. Útil para crianças desobedientes, que criam conflitos no relacionamento familiar. Adolescentes rebeldes.*

Floral útil para planetas localizados no eixo Leão-Aquário. Para a geração de Urano ou Plutão em Leão. Sol em Aquário opondo-se a planetas em Leão, e vice-versa. Egos fortes, mantêm uma luta permanente na defesa de sua liberdade pessoal, independência e autonomia. No trabalho, por exemplo, são felizes enquanto estão no comando, na liderança do grupo, realizando atividades importantes ou que alimentem seu *status quo* egóico; quando isso não ocorre, são os famosos encrenqueiros da empresa, reclamam de tudo e de todos, principalmente do salário (se não podem obter a devida satisfação pessoal, cobram caro cada esforço realizado). Odeiam sentir-se por baixo ou anulados em sua auto-expressão.

As energias do eixo Leão-Aquário têm por função despertar a alma humana para o senso da individualidade, para a autoconsciência, o autovalor e o amor-próprio. Os desvios destas mesmas energias produzem indivíduos exageradamente altivos, críticos e orgulhosos que, ao olharem para o mundo e a humanidade no seu conjunto, vêem apenas uma massa de seres passivos, torpes e manipulados por todos os meios. Geralmente sofrem com a idéia de serem mais um no meio dessa *massa ignara* (ver o floral Tropaeolum).

"Vernonia ajuda na compreensão de que a desigualdade de posições externas é apenas ilusória e passageira. Harmoniza a convivência recíproca para trabalhar igualmente por qualquer um que esteja acima ou abaixo."

Thumbergia. *Grande força de vontade. Para pessoas autoritárias, inflexíveis e dominadoras. Sentimentos de superioridade acompanham suas ações. Tirania. Mão de ferro. Arrogância. Desejam receber obediência incondicional. Menosprezo pela opinião alheia. Egotismo. Ambição. Para a criança agressiva e tirânica e para os pais excessivamente severos.*

Este floral parece uma expressão de Plutão em Leão, cujas energias, segundo nos dizem alguns astrólogos, estariam exaltadas nesse signo. Genericamente falando, pode ser útil a todos os representantes desta geração.

Leão talvez seja o signo do zodíaco que mais deseja receber obediência incondicional. A essência pode vir a calhar para os egos mais autoritários e inflexíveis deste poderoso signo Fogo-Fixo.

Estando o Sol em Leão mal aspectado por Marte, Saturno, Urano e/ou Plutão, com raras exceções, lá estará, em maior ou menor grau, a marca do indivíduo onipotente, arrogante, ditatorial, impiedoso, maquiavélico e que ambiciona o poder. Não perdoa (e, se puder, castiga) quem não esteja do seu lado ou a seu favor (Leão divide as pessoas em boas e más, mas estes conceitos estão diretamente relacionados com o fato de estas mesmas pessoas serem seus amigos ou inimigos, leais ou infiéis à sua pessoa).

"Há uma grave crise de autoridade nesta atual civilização; é a crise da ausência de valores divinos; é um drama coletivo e também pessoal, cujo cerne está no esquecimento do Eu Superior. Thumbergia relaciona-se com as energias positivas de verdadeira autoridade, de liderança e da capacidade de assumir convicções."

♍ VIRGEM 23 de agosto — 22 de setembro

Phyllanthus. *Pessoas sistemáticas, metódicas, perfeccionistas, organizadas, teimosas, exigentes, preconceituosas, excessivamente sóbrias e severas consigo mesmas. Auto-repressão. Rigidez mental e emocional. Cristalização. Crítica. Intolerância. Restrições.*

Sem dúvida, esta essência pode trazer benefícios de suma importância a qualquer um dos três signos da Terra, rígidos e inflexíveis em seus pontos de vista. Resistem às mudanças e, por isso mesmo, têm sérias dificuldades de adaptação (Virgem, apesar de Mutável, é um signo da Terra e, em certas questões de ordem prática, esse elemento fala mais alto e a sua teimosia também!).

O Phyllanthus, junto com Mirabilis, pode ser útil, de modo geral, para todas as pessoas da geração de Plutão em Virgem, bem como de planetas mal aspectados nesse signo. Não nos esqueçamos do Nódulo Sul — certos atavismos comportamentais como os acima descritos foram gerados pacientemente em inúmeras vidas passadas e também precisam de ajuda.

"A essência permite ao ser englobar muitas informações num todo integrado, ajudando-o a galgar novos estágios de consciência."

Margarites. *Visão fragmentária da vida. Intelectualismo árido. Visão materialista da realidade. Cientificismo racional. Acumulação de conhecimentos estéreis e separados entre si.*

Virgem é, sem dúvida, um signo inteligente, mas trata-se de uma inteligência que, para melhor compreender a vida, o mundo, ou qualquer questão em particular, sente que precisa setorizar cada assunto, dividi-lo em partes menores, esmiuçar cada pequeno detalhe, fazer classificações, registros, catalogações, etc. O seu problema é que faz tantas subdivisões e compartimentalizações estanques, que tudo parece ficar reduzido a um jogo de peças desconexas, em que uma não se encaixa na outra. Vê a árvore, mas não enxerga a floresta. Diz que precisa ver para crer, mas, como o milagre não acontece, prefere fincar seu reduto filosófico num materialismo dialético e mecanicista.

"Margarites permite ao ser englobar muitas informações num todo ordenado, ajudando-o a galgar novos estágios de consciência. Unifica a mente e o coração, a razão e a intuição, levando o indivíduo a perceber aquele pano de fundo oculto que tudo interliga."

Mirabilis. *Indivíduo sistemático, deseja que as coisas aconteçam à sua maneira. Frieza e indiferença para com os sentimentos alheios. Crítica mordaz. Ironia. Cinismo. Separatividade. Sectarismo. Racismo.*

Esta essência jamais será mal-empregada quando houver planetas no elemento Terra e, em particular, no signo de Virgem, o mais crítico de todo o zodíaco. Pode ajudar pessoas com o Nódulo Sul nesse signo, pois geralmente trazem de vidas passadas uma índole altamente discriminativa e indiferente aos sentimentos dos outros. Útil nas debilidades imunológicas e sensoriais.

"Essência que ajuda a compreender o equívoco da separatividade, abrindo a alma para as energias do verdadeiro amor altruísta e incondicional (melhores qualidades de Peixes, o oposto zodiacal de Virgem)."

Malus. *Pessoa exageradamente detalhista e obsessionada por limpeza. Medo de contaminação por germes. Vergonha de alguma parte de seu corpo ou de sua aparência em geral; complexos. Sentimentos de autodesgosto e auto-aversão. Antibiótico natural de largo espectro.*

Planetas no signo de Virgem apresentam indivíduos que, de uma ou de outra forma, têm por preocupação a questão da limpeza, da saúde, da higiene, ou mesmo um certo temor paranóico de contaminação por germes. Algumas mulheres com o Sol, e/ou Vênus nesse signo, além da preocupação excessiva com a limpeza doméstica e a higiene pessoal (compulsão a tomar vários banhos ao dia ou lavar as mãos a todo instante), costumam apresentar problemas de auto-aceitação ou certos complexos ligados a alguma parte do corpo.

Virgem no Ascendente apresenta um sério problema de assimilação e metabolização lenta, tanto das impressões sensoriais quanto na absorção intestinal dos alimentos. Malus vem de encontro à problemática destas pessoas, que precisam submeter-se periodicamente a processos depurativos e desintoxicantes. Com a Lua neste signo e também desejando realizar uma ação depurativa, pode-se substituir Malus por Artemísia (origina-se de Ártemis – "a caçadora" – deusa grega da Lua). Ambas as essências são fortalecedoras do sistema imunológico.

"A verdadeira pureza é a que existe dentro da alma, e através dela se consegue espontaneamente a pureza exterior. A impureza nada mais é que o produto irremediável da ação realizada no mundo por meio do corpo mental inferior e sua mola-mestra egoísta. A grande lição a ser absorvida por essa individualidade é a de que a 'sujeira' externa nada mais é que um reflexo de nossa incapacidade de discernir o justo do injusto, o real do irreal, o verdadeiro do falso e o puro do impuro."

Ruta. *Indivíduo minado pelos compromissos e responsabilidades de um servir desmesurado. Submissão. Apatia. Enfraquecimento da vontade. Servilismo. Capacho dos outros. Não sabe dizer "não". Auto-anulação. Esgotamento físico e psicológico.*

Alguns virginianos mostram-se demasiadamente ansiosos em servir aos demais, porém podem escravizar-se às rotinas de suas funções e obrigações profissionais ou mesmo do lar e, com o tempo, perdem a capacidade de lutar por eles mesmos ou de sair em sua própria defesa, quando necessário.

Primeira essência a ser lembrada quando a atitude submissa e servil, de Virgem no Ascendente levar certos indivíduos a um estado de auto-anulação e de esgotamento físico e psicológico.

"Ruta é uma essência que desperta para as vibrações de autodeterminação e auto-realização, além de trazer a vitalidade necessária para cumprir a vontade mais profunda da alma."

Aristolóquia. *Sentimentos de culpa de origem religiosa. Medos sombrios de pecado e do inferno. Problemas sexuais devidos ao conceito deturpado de pecado. Autopunições inconscientes do ego com remorsos terríveis.*

Algumas mulheres com a Lua e, principalmente, Vênus em Virgem, signo da pureza da alma, podem exacerbar a questão do pudor, apresentando inibições no corpo ou em sua sexualidade, pelo medo de que algo possa ferir a decência.

Importante floral quando houver planetas mal aspectados no signo de Virgem e, simultaneamente, este signo for o regente da Casa 12, onde questões como pecado, inferno, culpa e remorso ganham dimensões cármicas muito estranhas e difíceis de resolver enquanto o indivíduo não fizer uma revisão ou uma reformulação conceitual profunda sobre o assunto.

"Aristolóquia ajuda a corrigir posicionamentos errôneos em nossos conceitos existenciais e busca na alma as energias do verdadeiro perdão, trazendo compreensão da profunda Misericórdia Divina."

♎ LIBRA 23 de setembro — 22 de outubro

Emília, Ficus. *Dúvidas e indecisões nas coisas mais banais. Muda de opinião quando influenciado. Dependente de conselhos e opiniões alheias. Falta de autoconfiança. Dificuldades de contrapor suas idéias às dos outros. Fraco sentimento de identidade.*

Qualquer planeta neste signo tem por tarefa a difícil missão de estabilizar uma balança, cujos pratos não param de oscilar de um lado para o outro, antes de encontrar o seu ponto de equilíbrio. Capaz de ver os dois lados de uma mesma questão, Libra fica, muitas vezes, perdido, sem saber qual é sua posição.

"Estas essências ajudam a trazer clareza mental mediante o despertar da voz interna e da convicção pessoal."

Ruta. *Superinfluenciável. Facilmente dominado pelos outros. Ânsia por agradar e atender aos outros. Não sabe dizer "não". Enfraquecimento da vontade pessoal. Auto-anulação.*

Na sua ânsia de agradar, a coisa mais difícil para Libra é dizer "não". Mas como quem cala consente, alguns representantes deste sociável e cooperativo signo podem terminar numa situação de verdadeira auto-anulação e com a vontade pessoal bastante enfraquecida.

"Ruta devolve o sentido de individualidade, e desperta para as vibrações positivas de independência e do autodirecionamento."

Ígnea. *Vaidade. Narcisismo. Apego ao luxo, às convenções, aos ornamentos e adornos materiais, às aparências e às ilusões das formas.*

Este floral cai como um luva para o libriano clássico, vaidoso, narcisista e deslumbrado com as aparências externas. Genericamente, pode ser útil para a geração de Plutão em Libra.

"A essência equilibra espiritualidade com manifestação terrena e ajuda a 'queimar' a ilusão material."

♏ ESCORPIÃO 23 de outubro — 21 de novembro

Agave. *Pessoas corajosas, fortes, lutadoras, que trabalham com muita obstinação e escondem o cansaço. Trabalham compulsivamente. Desconhecem os limites energéticos do próprio corpo e os sinais que antecedem sua exaustão, tais como tensões nas costas e rigidez nos ombros e pescoço.*

Conforme vão ficando com mais idade, alguns escorpianos mudam em sua natureza e seu comportamento. O jovem apaixonado, cheio de desejos e, muitas vezes, irracional nas suas atitudes passa, num dado momento, a refrear toda a sua natureza instintiva. Muitos indivíduos, no entanto, não sabendo o que fazer com as poderosas energias criativas que carregam consigo, encontram no trabalho duro e obstinado a única saída, que de imediato lhes parece a menos danosa.

Este floral é sempre bem-vindo para todos aqueles indivíduos que, depois de desgastarem suas forças vitais, praticamente desmoronam de exaustão. Tônico útil nos colapsos nervosos.

"Agave relaciona-se num nível mais profundo com a noção de imortalidade da alma" (Plutão, como regente de Escorpião, revela aos seus mais dignos representantes essa mesma noção de imortalidade, quando a alma sobrepuja os desejos ilusórios e escravizantes de sua natureza inferior).

Trimera. *Superapreensivo com o bem-estar dos outros. Exageros nas recomendações de cuidado. Quando alguém se atrasa, não relaxa enquanto não tiver uma notícia. Congestão mental. Mente permanentemente invadida por negativismos. Medos excessivos de que ocorram infortúnios com seus entes queridos. Relacionamentos simbióticos, com laços afetivos doentios.*

Essência útil para a excessiva preocupação de Escorpião com seus familiares e pessoas queridas. Plutão, em conjunção ou desarmônico com planetas como Lua, Vênus ou mesmo o Sol, pode apresentar um quadro de patologias muito parecidas com as acima descritas. Trimera ajuda as (super) mães de natureza escorpiana, paranóicas com a segurança de seus filhos. Excessivamente controladoras, permitem bem pouco espaço à manifestação de suas individualidades.

"A essência resgata os conceitos de solicitude e amor altruísta, ajuda a vencer nossas fraquezas, impedindo-nos de tolhermos a liberdade de quem nos ama."

Chicorium, Fortificata. *Amor possessivo. Extrema carência afetiva. Sufoca as pessoas que ama. Egoísmo. Ciúmes. Possessividade. Desconfiança. Pessoas dominadoras, que interferem na vida dos que lhes estão próximos. Mágoas.*

Como Trimera, estas duas essências têm grande afinidade com os principais traços negativos das energias de Escorpião e Plutão.

"Chicorium ajuda a conectar as forças curativas em seus aspectos mais elevados, ou seja, os pensamentos de compreensão e amor, tão necessários em qualquer processo de cura."

"Fortificata ajuda a sublimar as ligações afetivas estreitas e pessoais em padrões planetários cósmicos e universais."

Camelli. *Ausência de amor, na forma de ódio, inveja, ciúme, ganância, desconfiança, sentimento de vingança, amargura, raiva, agressividade, crueldade e violência.*

Este quadro de patologias parece a descrição exata do famoso Escorpião-lagarto-cinzento, classificação dada ao mais primitivo de todos os escorpiões, desconfiado, arisco, amargurado, tomado de ódio e inveja por todas as pessoas.

Útil quando Plutão ou Marte fizerem aspectos desarmônicos com outros planetas ou nos seus trânsitos desarmônicos, nos quais, em certos casos, poderão desencadear verdadeiras ondas cármicas de desamor e crueldade.

"A essência permite a conexão com níveis internos, onde brotam idéias benevolentes e sentimentos maravilhosos de amor altruísta e incondicional."

Psidium. *Medo de perder o controle sobre a razão e os sentimentos. Pensamentos irracionais. "Pavio curto": Explosões incontroláveis de raiva. Ataques histéricos. Estados obsessivos. Tremores. Pesadelos. Bruxismo. Medo da loucura e do suicídio. Autodestrutividade.*

Planetas em Escorpião ou mal aspectados por Plutão no Mapa Natal podem apresentar indivíduos como que possuídos por forças irracionais e demoníacas. A Lua em Escorpião ou desarmônica com Plutão traz coisas como tremores, pesadelos, terrores noturnos, bruxismo, histeria, loucura, etc.

Plutão no Ascendente (principalmente no signo de Leão), poderia sair-se altamente beneficiado com esta essência, que ajuda a conter os ataques histéricos e as explosões incontroláveis de raiva, quando as coisas não saem como a pessoa pretende.

"Psidium desperta na alma formas criativas de abertura e suavidade, convidando assim o indivíduo a se conectar com suas poderosas reservas espirituais, fontes puríssimas de serenidade."

Thumbergia. *Pessoas dominadoras, de índole marcadamente autoritária, inflexíveis e dotadas de enorme força de vontade. Dominam os outros com mão de ferro. Personalidade agressiva, tirânica, onipotente, ditatorial, impiedosa, maquiavélica, ambiciosa e excessivamente severa com todos ao seu redor.*

Floral útil para o plutoniano clássico: voluntarioso, autoritário, exigente e inflexível em seus pontos de vista e na sua particular forma de agir.

A predominância das energias conjuntas de Plutão e Saturno num determinado mapa natal pode dar a seus representantes uma tônica de impiedade, com fortes ambições de poder, sendo capazes, inclusive, de fazer uso de maquiavélicas manipulações psicológicas para obterem o que desejam. Muitos planetas em Escorpião, incluindo-se Marte, produzem o desejo de dominar os outros pelo uso da força. Genericamente, Plutão retrógrado, ou em aspecto desarmônico com qualquer planeta pessoal, pode se beneficiar muito com este floral.

"Thumbergia relaciona-se com as energias positivas de verdadeira autoridade, de liderança e da capacidade de assumir convicções."

Hibiscus. *Dificuldades de fusão psíquica com o parceiro. Relacionamentos repletos de rusgas, dissabores, desentendimentos, intolerância e repreensões. Falta de motivação sexual. Impotência. Frigidez.*

Particularmente útil quando Saturno estiver no signo de Escorpião ou na Casa 8, onde pode apresentar indivíduos com sérias dificuldades de se entregarem ao parceiro, tanto física como psiquicamente. Exotericamente, o sexo é conhecido como a "pequena morte do ego", quando a união de dois seres que se amam produz, temporariamente, uma fusão mística transcendente, transformando a dualidade em unidade. Saturno (superego) por natureza não gosta de ser dominado, nem de perder o controle, seja das situações, seja das pessoas. Sendo assim, como poderia estar à vontade nesse signo, cujas águas profundas o arrastam a um "abismo" tão perigoso e incerto? Além do medo do desconhecido, a pergunta que Saturno costuma fazer-se é: "Será que, ao perder a consciência nessa entrega, o outro, aproveitando-se dessa minha 'fraqueza', não passaria a querer ter ascensão sobre a minha pessoa?" Como não dá o braço a torcer e não deseja pôr em risco o seu "cargo" de autoridade máxima na relação, prefere manter a guarda levantada, perdendo, com o tempo, qualquer interesse de ordem sexual. Quanto à questão de estar sempre no controle das situações, seja por orgulho, seja por medo do desconhecido, gostaríamos de acrescentar que, embora pareça ser, uma problemática de polaridade masculina, há muito mais mulheres nesta situação do que se imagina. Nossa recomendação para este tipo de problemática é que se faça uso de Hibiscus, sempre acompanhado de Thumbergia: os resultados aparecem em pouco tempo.

"A essência ajuda a pessoa a suplantar o conflito e a usufruir do enorme potencial criativo latente nas polaridades em harmonia."

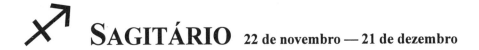

SAGITÁRIO 22 de novembro — 21 de dezembro

Fuchsia. Esportivo, extrovertido, falante, brincalhão, não revela suas preocupações e ansiedades, escondendo-as por meio de muito senso de humor. Gosta de esportes em geral e programas de humor, como válvula de escape para suas preocupações. Não se expõe diretamente aos embates da vida, optando por amenidades e por coisas que mantenham a mente distraída. Na ânsia de buscar uma fonte de estímulos sensoriais, pode tornar-se viciado em drogas, álcool, cigarro, televisão, vida social intensa.

Essência do Eixo Gêmeos-Sagitário: Ar-Fogo. Pode ser útil ao sagitariano, que tem por hábito não participar seus problemas internos a ninguém, dissimulando-os por detrás de bem-humoradas brincadeiras. Tratando-se de um signo representante da fé, do otimismo e do entusiasmo, é muito difícil para estas pessoas admitirem qualquer sinal de fraqueza ou de esmorecimento em sua particular missão de trazer ao mundo um pouco de alegria, jovialidade e bom humor. Mesmo estando enfermo, consegue encontrar forças para zombar de si mesmo ou de sua situação. Para manter esse alto astral, está convencido de que precisa correr permanentemente atrás de novos e renovados estímulos externos. Esse é um erro que não lhes traz nenhum benefício, pois, com isso, apenas protelam o desenvolvimento do outro lado de sua natureza, o qual, arquetipicamente, também são chamados a cultivar e que envolve coisas como o pensamento filosófico, a meditação introspectiva e o silêncio mental.

"A personalidade Fuchsia poderia ser associada ao virtuoso, mas vacilante centauro, meio homem e meio animal, com sua flecha prestes a ser disparada num ângulo de quarenta e cinco graus, não atingindo nem o céu nem a terra (...) A alma parece estar preparada para dar um grande salto evolutivo, mas reluta em fazê-lo, pois sabe em seu íntimo que uma prévia luta interna lhe está reservada, cuja vitória exigirá uma grande demonstração de desapego."

Verbenácea. *Pessoas entusiastas, meio quixotescas e superpreocupadas com a justiça. Inflamam-se com suas próprias idéias e opiniões. Gostam de convencer os outros. Propensas ao fanatismo. Esforços concentrados, obstinados e mal direcionados esgotam suas energias físicas e psíquicas.*

Verbenácea talvez seja o floral número "um" do sagitariano clássico, cujo entusiasmo é capaz de contagiar a todos.

"O germe do entusiasmo é a semente que sustenta os movimentos e as justas transformações, sendo o timbre central e o tom mais característico dessa personalidade."

Taraxacum. *Idealista, criativo, cheio de fervor, mas com uma visão superficial das experiências cotidianas. Dificuldade de "digerir" a realidade. Comete erros por não analisar detalhadamente os fatos, apenas os seus contornos. Mastiga mal os alimentos.*

Sagitário (Fogo) e Peixes (Água), devido à necessidade de viverem polarizados numa visão macro, muitas vezes carecem das melhores qualidades do elemento Terra, tais como: a atenção aos detalhes, a análise pormenorizada dos fatos, ou mesmo a capacidade de ter os pés bem plantados no chão, com base na realidade.

Este floral pode ser de grande utilidade para as crianças deste signo. Distraídas e distanciadas do momento presente, têm sérias dificuldades para estar atentas ao que fazem. Não olham por onde andam, tropeçam nos objetos, "arredondam" os cantos das mesas, esbarram nas prateleiras, derrubam tudo com o movimento estabanado das mãos. Taraxacum, juntamente com Salvia, pode fazer milagres, nestes casos.

Por outro lado, a "fome" de aventura é tão grande neles que chegam a mastigar mal os alimentos para logo saírem da mesa, que lhes tolhe a liberdade e os movimentos. Vão mal na escola pela mesma razão; estes jovens tipo Indiana Jones, inquietos, têm o poder de abstrair-se em sua própria mente, escapando para outras pradarias, onde o assunto é "bem mais interessante". Utilizando-se Taraxacum junto com Nicociana ou Ícaro, os resultados poderão ser observados em poucos dias.

Indivíduos com Júpiter retrógrado ou em mau aspecto com outros planetas, podem apresentar anomalias visuais. Taraxacum, ou Dente-de-Leão, como planta de Júpiter, pode ser de grande ajuda nesta questão, cuja origem se encontra, muitas vezes, numa visão desfocada da realidade imediata. Pode ainda auxiliar nos transtornos hepatobiliares e nos conseqüentes problemas digestivos; coadjuvante na eliminação de resíduos e impurezas do sangue.

"Taraxacum resgata a dignidade do detalhe como participante da vida do todo, refinando a interação da alma com a realidade externa."

Ícaro. Pessoas desmesuradamente audaciosas, com elevadas ambições ou pretensões. Correm riscos sem avaliar as conseqüências. Corrida cega e impetuosa para vir-a-ser-alguém-importante ou, então, ânsia por progredir na senda, levando a extremos o caminho ascético. Sensação de opressão e de acorrentamento à Terra.

Sagitário, Aquário, Peixes são signos que se sentem como que acorrentados à Terra, mas dos três, Sagitário é o que pode ser mais obstinado no seu impulso de progredir no caminho espiritual e, como Ícaro, deseja voar para além de onde podem levá-lo suas asas de cera.

"A essência trabalha o equilíbrio entre o impulso anímico natural de retorno ao mundo cósmico e os compromissos de uma estada perfeita aqui na terra."

Útil para planetas neste signo regido por Júpiter, que tudo expande, e, esotericamente, regido pela Terra, sendo que a junção dessas energias traz a seus representantes sonhos de grandeza e projetos que geralmente envolvem empreendimentos de megadimensões.

"Não se trata de uma personalidade autoritária, cruel ou dominadora, pelo contrário, pode ser silenciosa e delicada, porém vive o ímpeto de se destacar do mundo vulgar. Ícaro sincroniza e aplaca o impulso exagerado de ascensão."

CAPRICÓRNIO 22 de dezembro — 20 de janeiro

Phyllanthus. Pessoas sistemáticas, metódicas, perfeccionistas, organizadas, teimosas, exigentes, excessivamente sóbrias e severas consigo mesmas. Rigidez emocional e cristalizações mentais. Preconceitos morais, éticos e religiosos.

Floral do saturnino clássico, internamente prisioneiro de uma maneira inflexível, severa e rigorosa de ser, tanto consigo mesmo como nas exigências que faz aos outros. Essência útil para as cristalizações mentais e emocionais e para problemas de rigidez na estrutura óssea, tensões nas juntas e nos músculos, artrite, artrose, reumatismo, cálculos renais e biliares, dores generalizadas.

"Phyllanthus parece ser tanto mais útil quanto mais idosa a pessoa, principalmente no que se refere a quebrar resistências. A essência evoca em nossas profundezas as maravilhosas vibrações de adaptabilidade e de liberdade interior."

Sonchus. *Depressão e melancolia diante dos obstáculos. Falta de fé e de autoconfiança. Pessimismo. Negativismo. Indivíduo materialista, conservador, teimoso, moralista, inseguro e que busca apoio em normas rígidas de conduta moral.*

Útil para o negativismo de planetas com mau aspecto em Capricórnio, que estão sempre lançando dúvidas sobre as boas perspectivas, faltando-lhes um mínimo de fé. A Lua, regente de Câncer, encontra-se em detrimento nesse frio signo da Terra e pode provocar profundas depressões logo diante dos primeiros insucessos.

"Sonchus traz a luz do sol interno para disseminar as densas sombras que os pequenos obstáculos lançam sobre essa personalidade. Os conceitos de fé, esperança e crença são então evocados na alma."

Cauliflora. *Ganância material. Cobiça. Ambições de poder. Instinto aquisitivo. Possessividade. Avareza. Dificuldades em viver integrado na comunidade.*

Saturno fortalecido no mapa natal, por posicionamento ou pelos aspectos que leva a outros planetas, pode produzir um quadro muito parecido com este, onde o materialismo, as ambições de poder ou a necessidade de possessões são a tônica de indivíduos que têm sérias dificuldades de compartilhar seus recursos e em viver integrados na comunidade.

"A essência ajuda a despertar a generosidade, a empatia e a solidariedade."

Mirabilis. *Indivíduo sistemático, deseja que as coisas aconteçam à sua maneira. Crítica mordaz, cinismo, separatividade, racismo. Frieza e indiferença para com os sentimentos alheios.*

Útil para o capricorniano e saturnino mal-humorado, antipático e supercrítico, que tem uma forte auto-identificação com o ambiente circundante, julga as pessoas e vê defeitos em cada palavra, sentimento ou ação destas. Pode ou não expressar a condenação que faz dos outros, mas, se o fizer (indiferente aos sentimentos dos outros), procurará ser o mais mordaz possível, não escondendo de ninguém o cinismo de suas considerações.

Capricórnio no Nódulo Sul ou este signo no Ascendente apresenta indivíduos altamente separatistas, com um temperamento arrogante e autoritário.

"A essência desperta os conceitos, latentes na alma, de simpatia e tolerância para com o próximo, ajudando a mente a compreender o equívoco da separatividade e da intolerância."

Pastoris. *Retraimento. Falta de sociabilidade. Isolamento pessoal, familiar ou grupal. Desconfiança das intenções e atitudes alheias. Julgamentos alienados. Separatividade. Hostilidade.*

Capricórnio e Saturno são energias arquetípicas tradicionalmente associadas às figuras de homens velhos. Podem ser sábios, como o eremita do tarô, ou velhos rígidos, rabugentos e avarentos. Planetas em contato com estas energias, tendem a tornar as pessoas, no menor dos casos, retraídas e reservadas, podendo estas características estenderem-se até uma necessidade premente de isolamento pessoal, com posturas de franca insociabilidade. Pastoris pode ainda vir em auxílio quando o excesso do elemento Terra produziu indivíduos com uma exagerada desconfiança e hostilidade diante de estranhos, com uma associação de imagens diretamente ligadas a possíveis perdas materiais.

A essência é útil nas auto-intoxicações, nas urticárias e nas dificuldades imunológicas e como coadjuvante floral de valor nos tratamentos dermatológicos, especialmente quando se trata de manchas na pele (reflexos dos obscurecimentos mentais?).

"Pastoris é importante na conquista de um relacionamento pessoal mais leve, confiante e criativo; a essência contribui para eliminar os julgamentos alienados e as barreiras da separatividade, desenvolvendo maior moderação, benevolência e fraternidade na convivência mútua."

Sempervivum, Anil, Tabebuia. *Cansaço. Esgotamento. Debilidade. Transição. Autocura. Rejuvenescimento. Recuperação. Força. Superação. Restauração. Oportunidade. Resistência. Energia. Vitalidade.*

Essências úteis para a falta de vitalidade do saturnino clássico. Juntas ou em separado, cada uma delas pode ser de grande auxílio para os estados depressivos, para a fraqueza física e a prostração psicológica que aparecem depois de longos períodos de trabalho duro ou mesmo nas crises e adversidades.

Florais de natureza tônica, ajudam na regeneração psíquica. Podem ser utilizados em situações emergenciais, por qualquer pessoa.

"A essência Sempervivum presenteia-nos com ondas energéticas de regeneração e superação, captadas da fonte eterna de energia vital."

"Anil é uma essência útil no envelhecimento mental precoce, senilidade, esclerose, atrofia e degenerescência cerebral."

"Tabebuia é uma essência vitalizadora e concentradora de energias curativas, sendo recomendável em inúmeras e diferentes situações."

♒ AQUÁRIO 21 de janeiro — 19 de fevereiro

Plantago. *Excesso de intelectualização. Esterilidade espiritual. Aridez. Tecnicismo. Falta de calor humano e de apetite pela vida. Medo de sonhar, de ter os próprios desejos, de sair de coração aberto ao encontro das pessoas. Medo da encarnação. Ansiedades, com sentimentos de inadequação e sensação de "estar fora de lugar".*

Floral que atende a um amplo quadro de problemas e questões ligados a planetas no signo de Aquário ou em aspecto com Urano. Aquário-Urano produz padrões de energia que podem polarizar excessivamente a consciência no plano espiritual-mental, em detrimento do emocional, do afetivo ou mesmo do contato com o próprio corpo (veículo de conexão com o plano físico e com o mundo material). O resultado final dessa tendência comportamental é aquela sensação de ser um "estranho no ninho", de estar fora de lugar ou mesmo de época.

"Plantago procura trazer dos níveis internos as energias de humanização, de confiança, de fé, de coragem e de compreensão nos desígnios de amor subjacentes aos eventos externos."

Millefolium. *Pessoas espiritualmente inquietas, idealistas, pioneiras em suas realizações. Revolucionárias, estão sempre querendo a transformação das coisas ao seu redor. Têm dificuldades para adaptar-se à estrutura social, familiar e escolar e estão sempre propondo novos valores e modos de conduta.*

Sem dúvida um floral com todas as características psicológicas e os traços comportamentais de aquarianos e uranianos. A essência equilibra as inquietações de espírito destes indivíduos, nem sempre bem compreendidos pelas outras pessoas.

Primeira essência a ser lembrada nos trânsitos de Urano e para pessoas que estejam atravessando mudanças que lhes possam ser dolorosas. Deve ser ministrado nos estágios de transição espiritual, psíquica ou biológica, como por exemplo: puberdade, menopausa, andropausa, separações, mudanças de trabalho, de casa, perdas de emprego, etc.

"Millefolium ajuda a alma a garantir o destino que lhe foi traçado, a cumprir seus desígnios mais profundos, sem permitir a interferência indevida de elementos estranhos à individualidade. Desperta as qualidades de aceitação e adaptabilidade, imprescindíveis à verdadeira liberdade."

Lantana. *Equilíbrio e harmonização entre o individual e o coletivo, entre o saber falar e o saber ouvir. Útil para todos aqueles indivíduos que, de uma forma ou de outra, trabalham com grupos de pessoas: oradores, terapeutas, instrutores, etc.*

Talvez este seja o floral que mais revela as características positivas do signo de Aquário, do planeta Urano e da Casa 11.

"Trata-se de uma essência apropriada para a harmonização de grupos humanos reunidos em assembléias, congressos, locais de trabalho, etc. (pode ser utilizado por aspersão). Ajuda a pessoa a captar em profundidade a psique do outro, criando assim um plano de maior entendimento mútuo."

Tropaeolum. *Indivíduos solitários e independentes, acometidos, em certo grau, por vaidade, orgulho e excessiva auto-estima. Indiferença. Frieza emocional. Sentimento de superioridade e de separação em relação aos outros.*

Floral útil para o orgulho e a arrogância de algumas pessoas de natureza uraniana que tendem a sentir-se intelectualmente superiores aos demais. Aquário no Nódulo Sul revela indivíduos que dão grande valor à individualidade, à independência e à auto-suficiência, procurando não interferir na vida das pessoas. Seu maior pecado talvez seja o deixar-se levar pelo conceito de inferioridade que atribuem aos outros.

"A essência auxilia o indivíduo a perceber a superioridade dos sentimentos de humildade, modéstia e o valor da verdadeira sabedoria."

♓ PEIXES 20 de fevereiro — 20 de março

Mimosa, Viola. *Pessoas frágeis e delicadas, com dificuldades para suportar as pressões e tensões da vida material. Sensitivas, captam as vibrações à sua volta. Timidez. Retraimento. Falta de confiança nos relacionamentos de grupo.*

Florais úteis para as pessoas mais sensíveis e delicadas do signo de Peixes ou com planetas na Casa 12 que possuem um forte impulso interno de empatia e solidariedade pelas outras pessoas, mas se sentem vulneráveis ao se abrirem para os relacionamentos ou quando têm de se expressar em público.

"Mimosa auxilia na timidez, no acanhamento, na gagueira e no nervosismo com as tarefas cotidianas. A essência resgata na alma os conceitos de fé, coragem e autoconfiança."

"Viola ajuda a personalidade a encontrar padrões mais livres de comportamento, principalmente quando isto é imprescindível para a realização da meta espiritual."

Rosmarinus. *Personalidade aérea, avoada, desatenta, sonhadora, distraída e "lunática". Desprovida de senso prático. Insensibilidade às estimulações externas. A alma parece não se encarnar completamente. Ausências. Dificuldades de concentração. Perdas de memória.*

Útil para as dificuldades com a atenção apresentadas por crianças com planetas em Peixes, na Casa 12 ou com Netuno fortalecido no mapa natal, no Ascendente, no Meio-céu ou influenciando outros planetas. Essas crianças geralmente apresentam dificuldades nos estudos, em virtude de sua mente fugidia, que se afasta da realidade objetiva, vagando caoticamente em elucubrações irrealistas, e se internaliza cada vez mais em seu mundo particular de sonhos e fantasias.

"Rosmarinus fortalece a ligação entre o corpo físico e os planos mais sutis, sendo assim uma espécie de fertilizante psicológico. A essência traz ao nosso nível consciente uma energia de criação divina ligada aos nossos propósitos supremos aqui na Terra."

Jasminum. *Libertar das fantasias e devaneios de auto-ilusão e de falsas imagens que o indivíduo tem de si. Facilita o processo de reciclagem, morte do ego e segundo nascimento. Para despertar dos estados "mayávicos" (ignorância espiritual) em que nos encontramos mergulhados.*

No presente estágio evolutivo em que nos encontramos é mais comum ver as energias de Netuno, espiritualizadas e sutis transformadas em estados de ilusão, de sonho e auto-engano na mente humana, do que produzindo seres amorosos, compassivos e iluminados, como sugere sua fonte arquetípica.

"A essência é proveitosa em qualquer etapa e gradação de conflitos onde o cerne seja a auto-ilusão. Jasmim pode ser escrito como 'jaz mim', *jaz* quer dizer 'morto' e *mim* significa 'eu', ou seja, sendo que a 'morte do próprio eu' e, por conseguinte seu renascimento. Jasminum induz a identificação da personalidade com o Eu real, interno, superior e Divino."

Luceris, Linum, Millefolium. *Pessoas idealistas com problemas de mediunidade desequilibrada. Vítimas de magias ou vampirismos energéticos. Confusão mental. Cansaço. Bocejos. Hipersensibilidade emocional.*

Drogas. Alcoolismo. Rompimento áurico. Para repelir emoções e pensamentos alheios. Para o fortalecimento da individualidade.

Juntas ou em separado, estas essências cobrem um quadro bastante amplo dos principais problemas que planetas em signos da Água costumam produzir. Útil para indivíduos de natureza lunar e, em particular, para piscianos e netunianos. De forma preventiva ou emergencial, estes florais deveriam estar sempre ao alcance da mão destes indivíduos sensitivos e mediúnicos que desconhecem as fronteiras entre um plano de manifestação e o outro.

"Luceris aumenta a capacidade de vigília com relação à natureza dos afluxos energéticos provenientes dos níveis extrafísicos de manifestação. Trata-se de uma essência tonificante da imaginação visionária, sem a qual não é possível 'olhar' a corrente de imagens interiores."

"Linum é de ajuda nos problemas de auras manchadas ou rompidas, as quais permitem o livre acesso de material estranho ao *eu*. A essência busca no âmago do ser os conceitos de restauração e regeneração, tendo uma atuação protetora, atingindo os corpos densos da individualidade."

"Millefolium fortalece os contornos da aura, tornando-a mais impenetrável às vibrações incompatíveis com os padrões da individualidade. Ajuda a alma a garantir o destino que lhe foi traçado, a cumprir seus desígnios mais profundos, sem permitir a interferência indevida de elementos estranhos."

> *"Era o método simples que ele (Bach) havia procurado, a simplicidade das coisas poderosas, porque o fogo, a terra, o ar e a água, os quatro elementos, estavam incluídos e trabalhavam juntos para produzir remédios de grande poder. A terra para nutrir a planta, o ar do qual se alimenta, o sol e o fogo lhe infundem seu poder e a água recolhe e enriquece seu poder curativo."*
>
> María Luisa Pastorino,
> *La Medicina Floral de Edward Bach.*

FLORAIS ÚTEIS PARA OS ELEMENTOS

Por tratar-se de um manual essencialmente prático e não desejando torná-lo por demais longo e enfadonho, deixamos de lado os comentários astrológicos da forma como vínhamos fazendo. A maior parte deles já foi mencionada na seção anterior, e aqueles que ainda não foram citados, poderão ser encontrados na seção "As Essências Florais de Minas".

FALTA DE FOGO:

Origanum. Pessoas entediadas e aborrecidas com o dia-a-dia. Almas fracas que, na encarnação, se tornam escravas das forças materiais instintivas e se entregam aos vícios e a toda sorte de egoísmo e separatividade. Para a falta de vocação, a falta de idealismo, as inquietações com a criatividade. "A essência ajuda no despertar de um ideal que traga sentido profundo à vida, buscando nas profundezas da alma os conceitos de motivação interna e propósito superior."

Rosa canina. Indivíduo conformado com a própria condição adversa e que se sente incapaz de dar um novo passo na tentativa de alterá-la. Falta de iniciativa própria. Passividade. Retraimento. Pessimismo. Frustrações. Anemia psíquica e espiritual. "A essência traz das profundezas do ser as energias de motivação interna e propósito de vida."

Ruta. Vontade fraca. Falta de vitalidade. Esgotamento físico e psicológico. Subserviência. Servilismo. Timidez. Vulnerabilidade. Facilmente dominado por terceiros. Não sabe dizer "não". Influenciável. Auto-renúncia. Automartírio. Escravidão. "A essência ajuda no fortalecimento da individualidade, trazendo, no nível do ser, as vibrações positivas de autodeterminação e auto-realização."

Falta de Ar:

Salvia. Dificuldades gerais de aprendizado. Bloqueios mentais. Dificuldades de entendimento e assimilação na escola. Dificuldades de "digerir" fatos novos, novas idéias, impressões, sentimentos. "A essência ajuda a dar grandes passos de consciência e integralização."

Margarites. Visão fragmentada da vida. Falta de integração de eventos, inclusive estímulos e percepção visual. Auxilia no aprendizado. É recomendável para deficientes mentais, excepcionais em geral. "A essência permite ao ser englobar muitas informações num todo integrado, ajudando-o a galgar novos estágios de consciência, através do contato com o corpo intuitivo."

Piperita. Para a pessoa física e mentalmente lenta, que fala e se move devagar e demora para ter um claro discernimento das situações da vida. "Essência relacionada com o aprendizado, útil para as crianças com dificuldades escolares ou vítimas de algum acidente neurológico."

Falta de Água:

Tropaeolum. Pessoas solitárias e independentes, acometidas, em certo grau, por vaidade, orgulho, excesso de arrogância e de auto-estima, indiferença, frieza emocional. Sentimento de superioridade e de separação em relação aos outros. "A essência auxilia o indivíduo a perceber a superioridade dos sentimentos de humildade e modéstia e o valor da verdadeira sabedoria."

Falta de Terra:

Rosmarinus. Pessoa aérea, avoada e desprovida de senso prático. Vive afastada da realidade, envolvida em seu mundo próprio de fantasias e sonhos. Para os desatentos, distraídos e "lunáticos". "Esta essência traz para a realidade do aqui e agora aquelas almas que parecem não se encarnar integralmente no corpo físico, na Terra."

Excesso de Fogo:

Nicociana. Indivíduos destemidos, valentes, fortes, aventureiros, competitivos; tipos guerreiros, atléticos, soldados, bombeiros, praticantes de artes marciais. Egocentrismo. Propensão a acidentes. "A essência sublima a coragem física em coragem moral, mostrando que há limites e fronteiras materiais para a capacidade humana, o que não ocorre na esfera espiritual."

Impatiens. Indivíduo rápido na ação e no pensamento. Perde a paciência com pessoas mais lentas. Franco, tenso, irritadiço, nervoso com detalhes, impetuoso, impulsivo, ansioso e fisicamente agressivo. Insônia. Pressão alta. Dor de cabeça. "A essência resgata na alma os conceitos de tolerância, paciência, tranqüilidade e serenidade."

Ícaro. Personalidade desmesuradamente audaciosa e com elevadas ambições ou pretensões. Corre riscos sem avaliar as conseqüências. Busca a glória e o reconhecimento. Ânsia de crescer ou fazer sucesso através de uma escalada muito impetuosa. Leva a extremos o caminho ascético ou espiritual. "Ícaro equilibra o andamento e o ritmo evolutivo, contendo o impulso exagerado de ascensão."

Verbenácea. Indivíduo superentusiasta com suas próprias idéias e opiniões. Preocupado em que haja justiça. Inflama-se e discute com facilidade. Luta por causas justas. Atitudes quixotescas. Fanatismo. Esforços concentrados, obstinados e mal direcionados esgotam suas energias físicas e psíquicas. Antiinflamatório floral. "A essência busca desobstruir os canais de comunicação com aquelas regiões interiores da alma onde estão guardados os registros da extrema sabedoria, da vontade sábia e os conceitos da justiça divina."

Vervano. Indivíduo de índole biliosa e com um exacerbado senso de justiça, propenso às punições, a castigar, surrar, bater ou agredir, psíquica e fisicamente. Natureza voltada para a liderança. Voluntarioso. Altivo. Fanático. Justiceiro. Fica irado quando detecta algo injusto à sua volta. Ansiedades. Antiinflamatório emergencial. "A essência traz dos planos internos para a mente os sentimentos, as vibrações positivas de harmonia, paz e sabedoria."

EXCESSO DE AR:

Eucalyptus. Indivíduo psiquicamente instável, que experimenta uma aguda contradição entre o querer mais profundo e a prática cotidiana, entre a idealização e a ação concreta. "A essência trabalha na alma um sincronismo refinado entre as atitudes mais simples do cotidiano e os propósitos superiores."

EXCESSO DE ÁGUA:

Madressilva. Conservador, nostálgico e saudosista. Preso aos acontecimentos do passado. Para aqueles a quem a passagem do tempo e as distâncias sempre trazem dor. Emocionalismo exacerbado. Choro. "A essência ajuda a 'secar' o excesso de emocionalismo da alma."

Mimosa, Viola. Pessoa recatada, sensível, frágil e delicada. Índole devocional. Dificuldades para suportar as pressões e tensões da vida material. Capta toda sorte de vibrações à sua volta, muitas delas grosseiras o suficiente para assustá-la. "As essências resgatam na alma os conceitos de fé, coragem e autoconfiança, ajudando a personalidade a encontrar padrões mais livres de comportamento em grupo."

Lavândula. Personalidade perturbada e entravada por problemas de ordem emotiva e afetiva. Regressão. Infantilidade, hesitação. Problemas psicossomáticos. "Essência útil onde há atrasos no pleno florescimento biológico ou psicológico. Ela reforça o eu debilitado, esquecido de suas próprias reservas internas de força e coragem."

Chicorium. Amor possessivo. Ciúmes. Extrema carência afetiva. Cobra retorno de afeto. Sufoca as pessoas que ama ao invés de amar. Controla as ações das pessoas. Magoa-se e chora com facilidade. Desconfianças. "Chicorium nos conecta com aspectos planetários e cósmicos, baseados na ausência de possessividade em nossos relacionamentos afetivos."

Psidium. Pessoa com a alma encharcada pela fluidez emotiva. Pensamentos irracionais. Descontrole emocional e mental. "Pavio curto". Fúria. Autodestruição. Estados obsessivos. Histeria. Medo da loucura e do suicídio. Tremores. Pesadelos. Bruxismo. Enurese. Sonambulismo. "A essência nos avisa que não precisamos mais esperar: basta nos abrirmos aos aspectos santos de nossa alma e então atuaremos no mundo com força e presteza na ajuda ao próximo."

Ageratum. Para a purificação ou sublimação gradativa e constante das emoções e sentimentos mais dolorosos do ser. Desperta a clareza de intenções naqueles que almejam realizar um serviço amoroso ou altruísta. "Ageratum é um floral para a limpeza profunda do corpo emocional. Útil para o trabalho hercúleo de 'limpar estábulos', de 'desviar rios ou emoções' de seus atuais cursos."

EXCESSO DE TERRA:

Cauliflora. Indivíduo materialista, avarento e ganancioso. Ambição de poder. Instinto aquisitivo e acumulativo. Dificuldade de viver integrado na comunidade. Não sabe compartilhar recursos. Egoísmo. "A essência desenvolve o conceito de generosidade, a empatia e a solidariedade."

Phyllanthus. Pessoas sistemáticas, metódicas, perfeccionistas, organizadas, teimosas, exigentes, excessivamente sóbrias e severas consigo mesmas. Frieza psíquica e espiritual. Rigidez. Inflexibilidade. Cristalização mental e emocional. Preconceitos. Auto-repressão. Depressão diante do fracasso. A planta nos ensina a virtude da adaptabilidade, sem a qual não é possível almejarmos a tão sonhada liberdade da alma. "A essência nos ajuda na opção por um estilo de vida com necessidades mínimas."

Sonchus. Indivíduo conservador, materialista, teimoso, metódico, inseguro. Depressão e melancolia diante dos obstáculos. Pessimismo. Falta de fé. Desencorajamento. Negativismo. Falta de confiança em si mesmo. "A essência permeia-nos de fé quando temos de enfrentar os obstáculos da vida."

Mirabilis. Pessoas sistemáticas, irritáveis, irônicas, egoístas e antipáticas. Intolerância para com as atitudes dos outros. Mau humor. Crítica. Cinismo. Mordacidade. Maledicência. Desprezo. Separatividade. Racismo. "A essência desperta na alma os conceitos de empatia e tolerância para com o próximo e no convívio coletivo."

Ruta. Vontade fraca. Apatia. Indicada para pessoas submetidas a qualquer tipo de servilismo, submissão ou exploração (capacho). "Útil àquelas pessoas com escassez de individualidade, minadas por responsabilidades de um servir desmesurado."

EXCESSO DE ÁGUA-TERRA:

Piperita. Indivíduo física e mentalmente lento. Fala e move-se devagar e também reage muito vagarosamente às excitações externas. Chega atrasado aos compromissos, demora para terminar todas as suas atividades. "A essência desperta uma maior capacidade de digerir as impressões sensoriais, contribuindo para que a pessoa possa estar vivamente presente nas circunstâncias do seu dia-a-dia."

Momordica. Para indivíduos detalhistas e perfeccionistas, cuja mente se apega obsessivamente a certas idéias ou preocupações, de modo que os pensamentos se tornam persistentemente repetitivos. Diálogo interior. Preocupação excessiva com problemas corriqueiros. Congestão mental. Exaustão. "A essência traz maior clareza de raciocínio, ajuda no desapego, colhendo nas fontes internas as vibrações de calma, tranqüilidade e paz para a mente."

Matricária. Natureza maternal, nutridora e superprotetora. Tensão decorrente da sobrecarga de trabalho. A pessoa sofre com a falta de solidariedade dos outros. Útil nos problemas psicossomáticos decorrentes de bloqueios na energia criativa. "Matricária deve ser ministrada em todas e quaisquer situações onde as energias de criação, nutrição e proteção precisem ser equilibradas."

Ageratum. "Esta essência ajuda na purificação ou sublimação gradativa e constante das emoções e sentimentos mais dolorosos do ser, principalmente durante os sonhos. Permite uma conexão muito criativa com a alma, levando-nos a percorrer e a transformar nossos terrenos interiores úmidos e densos."

EXCESSO DE ÁGUA-FOGO:

Lilium. Para indivíduos que precisam harmonizar e purificar as manifestações dos aspectos psíquicos feminino e masculino, tanto do homem quanto da mulher. Conflitos entre maternidade e carreira profissional. "A essência purifica as manifestações dos aspectos psíquicos feminino e masculino, tanto do homem quanto da mulher. Equilibra os papéis na relação conjugal, incluindo a energia sexual, a agressividade e favorece, portanto, a constância emocional."

Hibiscus. Cisão na polaridade interna. Falta da criatividade ativa do homem e receptiva da mulher. Dificuldade de estabelecer uma fusão psíquica com o companheiro. Relacionamentos afetivos repletos de rusgas, dissabores, desentendimentos, intolerâncias e repreensões. "Esta essência permite a fusão harmônica das polaridades feminina e masculina, fertilidade e criatividade, propiciando uma sincronização vibracional entre os parceiros."

EXCESSO DE AR-FOGO:

Fuchsia. Esportivo, extrovertido, falante, brincalhão, bem-humorado. Tendo dificuldades para encarar os problemas, refugia-se na busca de excitações externas. Busca estímulos contínuos, como drogas, álcool, cigarro, televisão, vida social intensa. Tem extrema dificuldade em ficar só e, quando isso ocorre, sente-se angustiado e inquieto. Insônia. "A essência busca no interior do ser as energias relacionadas com a verdadeira alegria e a coragem de enfrentar a vida."

Tropaeolum. Pessoas acometidas em certo grau por vaidade, orgulho e excesso de auto-estima. Muita frieza emocional. Não admitem ser repreendidas. Apesar de ter optado por uma vida espontânea e independente, pode, eventualmente, ficar em desequilíbrio devido ao conceito de inferioridade que atribui aos outros. Arrogância. "Tropaeolum é útil para todos os que optaram por uma vida monástica ou de pura criatividade artística. Tais almas, no momento em que começam a sentir a tremenda potência que existe em seu interior, podem ser invadidas por sentimentos de orgulho, em razão de falsos méritos, além da sensação ilusória de superioridade e separação em relação aos outros."

Excesso de Terra-Fogo:

Salvia. Impaciente e apressado, este indivíduo parece um rolo compressor, passando por cima de tudo e de todos. Não se interessa em ficar detido por minúcias, mas apenas em cumprir suas obrigações até o final do dia. Compulsão à ação mecânica, impensada e massificada. Quando tem fome, enche o organismo com qualquer alimento que encontra. O que importa é continuar no fluxo veloz e cego do cotidiano. Repete sempre os mesmos erros, pois não pára para pensar, meditar e refletir. "Salvia tonifica o eu humano, trazendo o homem para a realidade do aqui e agora, organizando e consolidando o ser, para intervir nas experiências evolutivas da encarnação."

PARTE II

OS ASPECTOS ASTROLÓGICOS

SOL

CARACTERÍSTICAS:
Elemento Fogo. Polaridade Masculina. Positivo. Quente. Seco.

PALAVRAS-CHAVE E ANALOGIAS:
"Doador da vida". "Senhor da Luz". Espírito. Eu superior. Individualidade. "Self". Consciência. Objetividade. Vitalidade. Energia criativa. Vontade. Poder. Autoridade. Autocracia. Glórias. Honrarias. Altivez. Respeito. Riqueza. Amor-próprio. Orgulho.

TRAÇOS POSITIVOS DO TIPO SOLAR:
Caráter franco, aberto e expansivo. Natureza voluntariosa. Emocionalmente idealista. Generosidade. Magnanimidade. Sentido de valor próprio. Espírito de liderança e de organização. Carismático.

TRAÇOS NEGATIVOS DO TIPO SOLAR:
O orgulho, a arrogância e a pretensão tendem, muitas vezes, a escapar ao controle, quando, então, tende a tratar as pessoas com menosprezo, colocando-se num patamar de superioridade. Pedantismo. Ego agigantado.

ANATOMIA E FISIOLOGIA:
Rege a distribuição da força vital pelo organismo, o coração, o sistema cardiovascular, o sistema circulatório, a oxigenação do sangue, a coluna vertebral, o sistema imunológico, os olhos, a visão.

AFINIDADES TERAPÊUTICAS:
Florais: Verbenácea, Helianthus, Ruta, Origanum
Fórmulas compostas: Fórmula de exame, Limpidus.
Fitoflorais: Movius, Imunis, Victris-H.

> *"O homem possui uma Alma que é seu eu real: um Ser Divino, Poderoso, Filho do Criador de todas as coisas. (...) Ele, nosso Eu superior, sendo uma centelha do Todo-Poderoso, é, desse modo, invencível e imortal."*
>
> —Bach, *Cura-te a ti mesmo*.

FLORAIS ÚTEIS PARA OS ASPECTOS ASTROLÓGICOS DO SOL

SOL-LUA Aspectos Harmônicos

- O entrosamento e a harmonia entre a vontade consciente (Sol) e o lado instintivo da natureza (Lua), permitem à pessoa expressar de forma clara e objetiva suas emoções e sentimentos. Harmonia interna. Equilíbrio entre as energias Yin e Yang.
- Psiquicamente estável, possui um caráter franco, aberto e comunicativo que, somado a um temperamento alegre, jovial e otimista, permite-lhe agir com um elevado grau de autoconfiança. Honestidade de propósitos.
- Recebe apoio e colaboração das pessoas não apenas pelo natural poder de argumentação e persuasão que possui, mas, principalmente, porque todos gostam dela. Carisma. Magnetismo. Bons amigos.
- Atinge seus objetivos sem desviar-se das metas originais.
- Constrói seu destino aproveitando a sabedoria e a experiência do passado, da tradição, dos mais velhos e aprendendo com os erros dos outros.
- Sem apegos nostálgicos, lembra-se com detalhes de acontecimentos passados (memória de elefante). Vive no presente.
- Êxito e prestígio na carreira profissional ou na posição social.
- Imaginação, criatividade e originalidade, sucesso com as artes.
- Possivelmente foi criado no seio de uma família harmoniosa, na qual os pais resolviam suas diferenças por meio do diálogo.

ASTROLOGIA MÉDICA:
- Boa saúde. • Vigor físico. • Recuperações rápidas. • Vista boa.
- Equilíbrio nos líquidos corpóreos, do sistema linfático e sangüíneo.

SOL-LUA Conjunção

(+) A união entre a energia Yin (Lua, feminino) e a Yang (Sol, masculino) permite a este indivíduo, emocionalmente estável, possuir uma personalidade equilibrada e integrada. Disposição emocional alegre. Automotivação.
- Natureza protetora e carinhosa. Nobreza de sentimentos.
- Contentamento interno e com seus inúmeros projetos de vida.
- Grande força de vontade voltada para a ação, sem perder de vista os bons sentimentos. Autoconfiança.
- Sucesso nos planos e empreendimentos. Poder de realização.
- Possuindo um senso nato da relação custo/benefício, reprova todo e qualquer desperdício. Sabe trabalhar com recursos limitados.
- Em grupo, faz valer sua individualidade sem desrespeitar ou anular a dos outros. Independência. Auto-suficiência.
- Dependendo do projeto em que estiver envolvido, prefere trabalhar só. Não investe sua energia em banalidades.
- Como terapeuta, tem o dom de ajudar as pessoas nos seus processos de integração.

(-) Ao menor abalo emocional perde a clareza e a objetividade. Sofre repentinos e inexplicáveis embotamentos de consciência, que ocorrem, muitas vezes, em momentos cruciais de uma tomada de decisão.................*Ficus, Basilicum*
(Ver aspectos desarmônicos.)

SOL-LUA Aspectos Desarmônicos

- A falta de entrosamento entre a alma (Sol) e a personalidade (Lua) traz conflitos permanentes entre as metas conscientes deste indivíduo e suas necessidades emocionais básicas.................... *Eucalyptus*
- Enquanto a vontade central quer ir numa determinada direção, as forças sutis dos desejos mais ocultos e subjetivos sabotam seus planos e levam-no inteiramente para o lado oposto...................... *Origanum*
- Não sabe se deve agir de forma espontânea e natural, de acordo com seu modo de ser, ou se deve sujeitar-se aos hábitos, costumes e tradições da família, do grupo, da sociedade, condicionando ou reprimindo sua auto-expressão e seus melhores talentos.................... *Silene, Millefolium*
- O desequilíbrio entre a energia masculina e a energia feminina traz vacilação, insegurança e uma atitude desnecessariamente defensiva. Tensões interiores. Inquietações....................... *Lilium*
- Instável, demonstra firmeza e rigor quando devia agir com ternura e carinho, trabalha duro quando seu corpo pede descanso, diverte-se e farreia quando deveria estar produzindo algo útil...................... *Eucalyptus*

- Problemas nos relacionamentos devido ao medo de ser absorvido emocionalmente pelos outros e perder, com isso, sua liberdade ou sua identidade pessoal (alternâncias de estados anímicos, como, por exemplo, passar de uma atitude servil para um comportamento extremamente despótico, autoritário e auto-afirmativo)... *Viola, Tropaeolum*
- Muito sensível, fecha-se, não se dando a conhecer intimamente, a não ser que os outros tomem a iniciativa. Timidez.. *Viola*
- Na infância, viu os pais brigarem muito e talvez até se tenham separado. Insegurança para constituir sua própria família......................... *Tropaeolum*
- Cheio de dúvidas ao tomar uma decisão, mas, quando se decide por algo, torna-se impaciente, apressado e exigente............................ *Ficus, Impatiens*
- Intolerância. Compulsões emocionais. Agressividade................... *Impatiens, Vervano, Psidium*

PROBLEMAS PSICOLÓGICOS MAIS GRAVES:
- A Lua, para algumas pessoas, funciona como uma espécie de esponja psíquica do meio ambiente, de modo que elas podem tornar-se vítimas das energias negativas ou caóticas do local em que se encontram.......... *Millefolium, Linum*
- Problemas emocionais e nervosos...................................... *Calmim, Serenium*

ASTROLOGIA MÉDICA:
- Energia vital desequilibrada............................ *Millefolium, Calmim, Serenium*
- Desequilíbrio dos líquidos corporais e do sistema linfático.......... *Jasminum, Madressilva*
- Acúmulo de serosidades nos tecidos celulares (hidropisia).......... *Phyllanthus*
- Palpitações. Lesões cardiovasculares............................. *Borragine, Orellana*
- Problemas estomacais, como azia e má digestão. Inflamação do estômago e dos intestinos delgado e grosso (gastroenterocolite)....................... *Metabilis*
- Problemas hepáticos que enfraquecem a vista....... *Lucelis, Ficus, Verbenácea*
- Problemas de coluna. Dores nas costas.................... *Phyllanthus, Verbenácea*
- Tumores ganglionares de natureza tuberculosa; tuberculose, catarros respiratórios (escrofulose)................ *Malus, Artemísia, Mirabilis, Arnica campestre*

SOL-MERCÚRIO Aspectos Harmônicos

Não pode haver o aspecto de Trígono (120 graus) nem o de Sextil (60 graus), porque Mercúrio nunca vai além dos 28 graus de distância do Sol. Além do lado positivo das conjunções, outros contatos harmônicos podem ocorrer através dos aspectos das Progressões, Trânsitos ou Retornos ao Mapa Natal.

- Oportunidade de vivenciar momentos superagradáveis, de verdadeira descontração nos relacionamentos, nas atividades profissionais e sociais. Auto-expressão alegre e comunicativa.

- Poder de consciência e objetividade na emissão das idéias e pensamentos. Diálogos francos e diretos.

SOL-MERCÚRIO Conjunção

(+) A inteligência (Mercúrio) e a vontade (Sol) operam em sincronia, aumentando o poder de ambos. Intenso e criativo fluxo de pensamentos e idéias.
- Consciente do que fala, comunica-se de forma alegre, jovial e descontraída. Vivacidade mental e intelectual.
- Entusiasta, incentiva e levanta os desanimados. Espírito livre.
- O sucesso pode vir por intermédio de atividades ligadas à comunicação com o público. Poder da oratória. Boa memória.

(-) (Ver aspectos desarmônicos.)

SOL-MERCÚRIO Aspectos Desarmônicos

Não pode haver os aspectos de Oposição, Quincúncio, Quadratura, nem mesmo Semiquadratura, porque Mercúrio nunca vai além dos 28 graus de distância do Sol. Além do lado negativo da conjunção, outros contatos desarmônicos podem ocorrer através dos aspectos das Progressões, Trânsitos ou Retornos ao Mapa Natal.

- Auto-expressão vacilante, instável e desorganizada............ *Ficus, Jasminum*
- Agitação mental. Pensamento desordenado................ *Momordica, Basilicum*
- Não ouve atentamente as outras pessoas, por considerar o assunto ou a pessoa desinteressante. Indiferença para com os sentimentos alheios. Arrogância e presunção intelectual... *Tropaeolum*
- Prolixo, começa a falar e perde-se em divagações. Falta de clareza mental. Conhecimentos inúteis. Superficialidade..................................... *Helianthus*
- Opiniões preconcebidas e inflexíveis. Estreiteza mental............ *Phyllanthus*
- Falador compulsivo e impertinente, não sabe quando calar e ouvir os outros. Em disputas, fica com a última palavra, por desistência de seus interlocutores... *Helianthus*
- Avidez por colher os méritos e as honrarias pessoais antes de trabalhar por eles. Autoglorificação... *Ícaro*
- Não apura os fatos com precisão, por isso comete erros de julgamento; faz afirmações falsas e falha na tomada de decisão. Pensamentos pouco claros. Falta de objetividade... *Taraxacum*
- Sobrecarga mental. Lapsos de memória..................... *Basilicum, Foeniculum*
- Incapacidade de auto-análise. Auto-ilusões..................... *Jasminum, Emília*

ASTROLOGIA MÉDICA:
* Desgaste da energia nervosa. Fadiga mental e física................ *Sempervivum*
* Palpitações nervosas do coração (angina)..................... *Borragine, Bipinatus*
* Problemas no tecido conjuntivo... *Linum*
* Nevralgias dorsais....................... *Arnica campestre, Verbenácea, Phyllanthus*

SOL-VÊNUS Aspectos Harmônicos

Não pode haver o aspecto de Trígono (120 graus) nem o de Sextil (60 graus), porque Vênus nunca vai além dos 48 graus de distância do Sol. Apenas o Semi-sextil (30 graus) é possível. Além do lado positivo da conjunção, outros contatos podem ocorrer através dos aspectos das Progressões, Trânsitos ou Retornos ao Mapa Natal.

* Bem consigo mesmo, internamente sente-se como uma pessoa especial e criativa diante do universo. Feliz, vive com plenitude o prazer e a satisfação de estar vivo.
* Persegue seus objetivos através do intercâmbio harmonioso, havendo apoio mútuo entre ele e o parceiro, os amigos ou os associados. Companheirismo.
* Quando atende às necessidades dos outros, faz isso com naturalidade e espontaneidade de espírito, sem se submeter a eles ou sobrepujá-los com a sua participação. Equilíbrio emocional.

ASTROLOGIA MÉDICA:
* Bom funcionamento dos rins, do coração, do fígado e da vesícula biliar.

SOL-VÊNUS Conjunção

(+) Afetivamente espontâneo, este indivíduo é otimista, bem-humorado e sabe extrair o que há de melhor em cada pessoa.
* Possui um poderoso magnetismo pessoal, que o torna extremamente atrativo. Auto-expressão harmônica, artística e romântica.
* Amável e cortês, conversa sabendo ouvir os outros. Espírito de cooperação e compartilhamento. Hospitaleiro. Bom anfitrião.
* Gosto pelas coisas boas da vida. Amor à natureza e a tudo o que é belo. Talento para as artes, em especial a música e a poesia.
* Tem tudo para ser feliz com um companheiro, no casamento e no relacionamento com os filhos. Vida social intensa. Bons amigos. Popularidade.

(-) Natureza voltada para o luxo, o conforto e os prazeres. Hedonismo. Superficialidade. Futilidade.
(Ver aspectos desarmônicos.)

SOL-VÊNUS Aspectos Desarmônicos

Não pode haver os aspectos de Oposição, Quincúncio e Quadratura, porque Vênus nunca vai além dos 48 graus de distância do Sol. Apenas a Semiquadratura é possível. Outros contatos podem ocorrer através dos aspectos das Progressões, Trânsitos e Retornos ao Mapa Natal.

- A necessidade de estar na companhia de outras pessoas é tão grande que, quando fica sozinho, sente-se perdido. Não consegue entrar em contato com seus próprios pensamentos ou mesmo apreciar o silêncio do recolhimento interior .... *Fuchsia, Linum*
- Depende da relação com os outros para ter um sentido de identidade; quando só, perde os parâmetros de quem é, podendo sentir-se despersonalizado, inseguro e vacilante... *Linum, Ruta*
- Facilmente comprado com elogios, presentes ou bajulações. Vaidade a toda prova. Narcisismo. Auto-indulgência.. *Ígnea*
- Excessivamente preocupado com o que estejam pensando dele, tenta agradar a todos em detrimento de si próprio... *Ruta*
  ...Um outro tipo, de natureza praticamente oposta, julga-se o "tal" e acha que, sem ele, o mundo não seria o mesmo...................................... *Helianthus*
- Sonha em pertencer a um círculo de pessoas íntimas, amigas, queridas, mas quando tem a oportunidade, estraga tudo com um comportamento egocêntrico, autoritário, insensível, desejando mais ser o centro das atenções do que fazer amigos.. *Helianthus*
- Impertinência. Descortesias. Mau anfitrião....................................... *Mirabilis*
- As mulheres podem ter uma expressão corporal lânguida, vestindo-se e caminhando de forma a atrair a atenção de todos. Veleidade. Futilidade existencial.. *Lilium*
- Na área sexual, tanto o homem como a mulher pouco se importam com as necessidades do parceiro; egoístas, desejam apenas satisfazer as suas. Excessos sexuais. Luxúria... *Lilium, Hibiscus*
- A necessidade de auto-afirmação, através de flertes e conquistas, torna impossível a fidelidade no casamento.. *Origanum*
- Amor puramente físico, visando interesses pessoais e econômicos. Possessividade... *Cauliflora*

ASTROLOGIA MÉDICA:
- Problemas glandulares e ovarianos. Ovarite. Ovariocele................. *Hormina*
- Enxaquecas.. *Ficus, Lavândula, Impatiens*
- Inflamação dos rins (nefrite)... *Efluvium*
- Inflamações edematosas.. *Phyllanthus, Malus, Verbenácea*

SOL-MARTE Aspectos Harmônicos

- Como uma "turbina de avião", sobra neste indivíduo força de vontade, vigor físico e energia dinâmica para fazer "decolar" qualquer empreendimento ou projeto em que estiver envolvido.
- Caráter franco, aberto, expansivo, magnânimo.
- Com o espírito de um "rei conquistador," seu poder de ação está aliado à coragem, à determinação e a uma garra ferrenha, o que lhe permite realizar com sucesso tudo aquilo a que se propõe.
- Consciente de sua força e de suas capacitações, encontra com facilidade o caminho da liderança. Auto-estima. Amor-próprio.
- Avesso a competições desleais, mas nascido para vencer, se não for o empresário do espetáculo, é o próprio *show man*. No teatro, ou é o ator principal ou o diretor da peça. Na música, o primeiro violino é dele, ou então a batuta do maestro. Como atleta, é o campeão ou o seu treinador.
- Quer seja um simples capataz, ou um bombeiro, engenheiro, gerente comercial, banqueiro, político ou estadista, é o homem sempre lembrado em situações difíceis ou nos momentos de crise. Orgulhoso por ter sido lembrado, ganha com isso uma força maior, enfrentando as dificuldades com audácia e heróica ousadia.
- Profissionalmente, poderá atuar com sucesso nas áreas de engenharia, direito, como empresário, administrador. O atletismo, a carreira militar ou a política lhe caem como uma luva.

NEM TUDO É POSITIVO NOS ASPECTOS HARMÔNICOS:
- Seu espírito empreendedor pode ferir ou atropelar pessoas mais sensíveis, com suas exigências e seu ritmo difícil de acompanhar................. *Impatiens*
- A exemplo de Alexandre "O Grande", este indivíduo pode revelar uma natureza não apenas conquistadora, mas também vaidosa e com um alto grau de narcisismo .... *Thumbergia*

ASTROLOGIA MÉDICA:
- Vigor físico. Força muscular. Energia e vitalidade. Calor corporal.
- Excelente regeneração celular e do tecido muscular.
- Coluna vertebral forte e ereta. Abundância de esperma.
- As febres podem ser seu ponto fraco. Febre de feno........... *Nicociana, Agave*

SOL-MARTE Conjunção

(+) Auto-expressão confiante, enérgica, dinâmica e industriosa. Impressionante poder de ação. Iniciativa. Entusiasmo. Garra. Força moral. Capacidade de liderança.

- Natureza determinada e inquebrantável, não se curva diante de dificuldades nem se deixa conduzir pela vontade dos outros.
- Os desafios são bem-vindos como oportunidades para testar sua coragem e suas capacitações. Colecionador de troféus e medalhas.
- Dotado de um espírito pioneiro, pode fazer sucesso nos esportes, como piloto de provas, investigador, militar, guia-explorador e em tudo aquilo que traga risco, emoção e perigo.
- Medicina, cirurgia ou direito são outras opções.

Astrologia Médica:
- Saúde excelente. • Energia. • Vitalidade física e psicológica. • Força muscular. • Boa circulação sangüínea. • Bons reflexos. • Vitalidade sexual.

(-) Dificuldades para encontrar uma atividade construtiva ou criativa na qual possa aplicar suas inesgotáveis energias. Pode ser levado a autoafirmações inúteis, a tentativas de controlar os outros ou a situações de impaciência, impulsividade, agressividade, etc. .... *Impatiens, Nicociana* (Ver aspectos desarmônicos.)

SOL-MARTE Aspectos Desarmônicos

- O conflito e a falta de entrosamento entre a vontade (Sol) e o princípio de ação (Marte) resultam numa total falta de autodomínio. Desviar-se das metas e objetivos. Deixar-se levar pelos desejos e paixões do momento.. *Eucalyptus, Origanum*
- Age de forma impulsiva e precipitada............................ *Impatiens, Psidium*
- Sem tato ou diplomacia, encontra dificuldades nas relações íntimas. Atitudes machistas.. *Hibiscus, Thumbergia*
- A necessidade de autoglorificação é tão grande que sai colhendo os louros de suas obras antes mesmo de estarem concluídas............................. *Ícaro*
- Querendo ajudar os mais fracos ou seus subordinados, torna-se exigente e, por vezes, impiedoso nos seus métodos.. *Thumbergia*
- Intransigente, não faz concessões nem abre mão da sua vontade. Complexo de superioridade.. *Tropaeolum*
- Tendo dificuldade para aprender com as experiências da vida, comete repetidamente os mesmos erros. Cabeça dura...................... *Salvia, Taraxacum*
- Temperamental, irrita-se com facilidade. Não aceita qualquer crítica à sua pessoa. Mandonismo. Tirania. Explosões emocionais. Reativo, ataca primeiro para não ser pego de surpresa depois................................. *Thumbergia*

Indivíduo menos Evoluído:
- Ambicioso e com desejos de poder, manipula para conseguir o que deseja. Competidor compulsivo, necessita vencer a todo custo e ser o *número um*, aceitando muito mal qualquer derrota ou fracasso............................... *Ícaro*
- Teimosia. Obstinação. Obtusidade.. *Taraxacum*

- Entre amigos, tem necessidade de afirmar seu ego, vangloriando-se de suas conquistas e de sua virilidade e potência sexual............................. *Lilium*
- Grosseria. Brutalidade. Violência.. *Camelli, Vervano*

ASTROLOGIA MÉDICA:
- Febres. Inflamações... *Verbenácea, Imunis*
- Acidificação do organismo e do sangue............. *Verbenácea, Salvia, Metabilis*
- Transpiração excessiva (sudorese)....................................... *Impatiens, Mimosa*
- Inflamação da membrana que forra o coração por dentro (endocardite aguda)... *Movius, Orellana*
- Erupções cutâneas....................................... *Pastoris, Malus, Vervano*
- Problemas celulares e musculares.................. *Taraxacum, Calêndula silvestre*
- Ejaculação noturna devida a sonhos eróticos e lascivos.. *Aristolóquia, Lilium*

SOL-JÚPITER Aspectos Harmônicos

- Otimista e consciente de seu próprio valor, este indivíduo bem-humorado traz um sorriso de felicidade estampado no rosto. Autoconfiança.
- Contente consigo mesmo, gosta do convívio social e de estar cercado de pessoas; atrai a atenção de todos com sua aura carismática, radiante e magnética. Dotado de comunicação fácil e fluente, brinca, diverte, dramatiza e conversa sobre quase todos os assuntos, cativando com facilidade o público. Inteligência brilhante, espontânea e criativa.
- Retira sua força interna de sua inquebrantável fé na vida e da confiança nas leis sociais. Acredita nos homens, em si mesmo e, principalmente, crê (instintivamente) que Deus e as forças celestes estão com ele, ao seu lado, apoiando-o em suas idéias, planos, projetos e ajudando-o, acima de tudo, a vencer.
- Como um rei, gosta de ser glorificado (Sol), mas, generoso e magnânimo que é (Júpiter), distribui em dobro suas alegrias, oferecendo proteção, lealdade e uma calorosa e duradoura amizade. Nobreza de coração.
- Honesto em seus propósitos, age de acordo com o que prega, sem desviar-se do que é certo, ético ou honrado. Força de caráter.
- Apesar da boa estrela para o sucesso profissional, o prestígio e a elevação social, quando se destaca, consegue-o por seus próprios méritos, talentos, esforços pessoais e, normalmente, pela via intelectual, literária, científica ou filosófica.

Quando o Sol é mais forte que Júpiter no Mapa Natal, o indivíduo é mais extrovertido, teatral, seus gestos são largos, pensa em grande escala, busca a promoção pessoal, o sucesso social, os grandes negócios e o desfrute de suas conquistas. Com Júpiter predominando, o poder do pensamento introspectivo ganha lugar e, sem perder a característica expansiva, prefere crescer no silêncio contemplativo e na calma dos pensamentos filosóficos.

- Idealista e altruísta, sua estrela brilha mais alto e com maior intensidade quando participa, voluntariamente, de movimentos filantrópicos, sociais, religiosos, podendo colaborar em algo maior do que ele mesmo. Escritor, publicitário, reitor, médico, dramaturgo, legislador, etc.

NEM TUDO É POSITIVO NOS ASPECTOS HARMÔNICOS:
- Tendo um sentido agigantado de auto-admiração, como Narciso, corre o risco de se apaixonar por ele mesmo... *Jasminum*

ASTROLOGIA MÉDICA:
- Energia e vitalidade. Boa saúde. Bom funcionamento do coração, fígado e vesícula. Fortaleza contra a manifestação de enfermidades. Na doença, recuperações rápidas.
- Este aspecto propicia um bom funcionamento dos tecidos dos órgãos, das glândulas e das funções regenerativas do sangue.

SOL-JÚPITER Conjunção

(+) Indivíduo de boa índole, possui uma natureza esportiva e jovial. Autoexpressão confiante, otimista, franca, aberta e expansiva. Magnanimidade.
- Suas ações são coerentes com seu discurso, seguindo fielmente os conceitos morais e filosóficos que estabeleceu para si.
- Possui discernimento; suas metas e seus ideais são elevados e voltados para o bem comum. Generosidade.
- Autoconfiante, possui uma fé inquebrantável em si e no sucesso de seus projetos de vida. Por sua mente não passam idéias negativas, de fracasso ou derrota — "Deus está a favor, quem estaria contra?" — e, dando de ombros, nem se interessa em tomar conhecimento de tais possibilidades.
- Dinâmico e industrioso, dirige suas energias para as ações de organização e planejamento estratégico. Pensa em larga escala.
- Defensor dos fracos, dos oprimidos e dos direitos humanos.
- Amante da ciência e da cultura, sua abordagem religiosa é mais de cunho filosófico-científico do que assunto de fé ou devoção mística.
- Ascensão social como industrial, juiz, jurista, sacerdote, em funções públicas, etc. Prestígio. Honrarias.
- Tem uma "estrela no céu" que o protege, que lhe traz sorte, felicidade e abundância. Riqueza. Bons amigos. Popularidade.

(-) Com o "rei na barriga", parece pensar que o mundo não está suficientemente à altura de sua "digníssima" pessoa................................... *Helianthus*
(Ver aspectos desarmônicos.)

SOL-JÚPITER Aspectos Desarmônicos

- Com a falta de entrosamento entre o *ser* (Sol) e o *saber* (Júpiter), este indivíduo é do tipo "faça o que eu digo, não o que eu faço", sendo incapaz de agir de acordo com o que prega................ *Eucalyptus*
- A necessidade de auto-expressão a qualquer custo, sem antes preparar-se internamente, faz com que crie na mente das pessoas que o cercam inúmeras projeções, tais como: a imagem de uma pessoa próspera, de sucesso, boa, generosa, filantrópica ou, ainda, a de um estudioso de assuntos profundos, filosóficos, etc. .... *Silene*
- Otimismo fora da realidade. Megalomaníaco................ *Fuchsia*
- A corrida cega atrás de um vir-a-ser-alguém-importante leva-o a um jogo de hipocrisia social para obter o que deseja................ *Ícaro*
- Promete mais do que pode cumprir ou fazer. Demagogia................ *Silene*
- Deseja aparentar erudição cultural, mas o máximo que consegue fazer é passar a imagem de um leitor de jornais e revistas e telespectador mediano. Cultura de *release*. Ostentações................ *Ígnea*
- Arrogante e com um ego superavantajado, invade com insensibilidade o espaço psicológico dos outros. Fala e gesticulação pedantes........ *Helianthus*
- Idealiza praticamente tudo na sua vida: amigos, situações, a pessoa amada, o trabalho, sua posição, etc.; termina por decepcionar-se com tudo e com todos, passando a acreditar-se bom demais para este mundo "miserável". Orgulho................ *Tropaeolum*
- Nas suas atividades profissionais, descuida de detalhes na organização e no planejamento de seus projetos, o que costuma custar-lhe bem caro.... *Margarites*

INDIVÍDUO MENOS EVOLUÍDO:
- Contador de vantagens que se vangloria o tempo inteiro................ *Ígnea*
- Não suporta nenhum tipo de rotina. Considera os trabalhos domésticos de ordem inferior, bem como as pessoas que os executam. Discriminações sociais................ *Ipoméia, Vernônia*
- Megalomaníaco, costuma ter grandes sonhos; preguiçoso, passa o dia deitado num sofá fazendo planos que dificilmente se concretizarão.... *Rosmarinus*
- Concepções filosóficas e/ou religiosas rígidas, preconceituosas e dogmáticas. Acredita apenas no que lhe convém................ *Phyllanthus*
- Pretensioso e com ares de importante, acredita estar acima da lei. Ilegalidades para obter o que deseja................ *Cauliflora*

PROBLEMAS PSICOLÓGICOS MAIS GRAVES:
- Excessos gastronômicos................ *Ambrosia, Cauliflora*
  Excessos com bebidas alcoólicas................ *Fuchsia, Ipoméia*
  Excessos sexuais................ *Lilium, Origanum*

- Como jogador, pode ser aquele indivíduo compulsivo que, quando perde, faz dívidas maiores para poder recuperar o que perdeu...................... *Salvia*

ASTROLOGIA MÉDICA:
- Obesidade... *Magnificat Pollen, Levitate*
- Pressão alta.. *Impatiens, Verbenácea*
- Tendência à congestão cerebral (embolia, apoplexia)... *Verbenácea, Vervano*
- Congestões sangüíneas, com distensões anormais dos vasos (pletora)........ *Buquê de 5 flores*
- Problemas de saúde devido à recuperação lenta das funções do sangue, dos tecidos, dos órgãos e das glândulas................................... *Tabebuia, Piperita*
- Problemas hepáticos, pulmonares ou de circulação..*Foeniculum, Rosmarinus*

SOL-SATURNO Aspectos Harmônicos

- Este é o tipo de indivíduo que sabe clara e objetivamente o que quer (Sol), sabe como fazer (Saturno), possui carisma para lidar com as pessoas (Sol) e trabalha com poderes incomuns de concentração, disciplina e determinação (Saturno).
- Quando criança, sério e responsável, demonstra ter a maturidade psicológica de um adulto; com mais idade, aprende a relaxar e a viver mais solto, tornando-se um velho com experiência de vida e o espírito ainda jovem. Sabedoria.
- Prudente, sua vida e suas ações são meticulosamente estudadas e planejadas. Autocontrole mental, emocional e físico.
- Administrador e organizador nato, é um executivo hábil, com o sentido da previsão. Poderá ser visto por detrás de grandes empresas, gerenciando seus próprios negócios ou os da família.
- Diante de obstáculos e dificuldades, não perde a esportiva, mantém a calma, trabalha duro, redobra a atenção e espera com paciência a virada da situação.
- Trabalha bem tanto sozinho como em grupos e, nestes, provavelmente, transfere todo o seu *know-how* e experiência por meio de cursos, palestras ou treinamentos.
- De natureza espartana, poderá agir com rigor e de forma disciplinadora, mas em suas mãos o poder ou a lei não são manipulados para interesses pessoais, nem usados como instrumentos de punição injusta. Possui destreza política, e poderá atuar com sucesso dentro de uma carreira diplomática.

NEM TUDO É POSITIVO NOS ASPECTOS HARMÔNICOS:
- Devido aos compromissos e às preocupações profissionais, este indivíduo permite-se muito poucas oportunidades de lazer. Não tem tempo para relaxar ou distrair-se, nem mesmo com os próprio filhos........................ *Agave*

- A circunspecção e o autocontrole exagerados fazem-no conviver com uma sensação de limitação; seu potencial criativo parece estar amarrado ou não chega totalmente a se expressar............ *Calêndula silvestre*
- Tem dificuldades para expandir-se em termos pessoais e, às vezes, até para colher os méritos e honrarias a que tem direito podendo, inclusive, sentir-se profundamente constrangido e deslocado quando colocado na berlinda ou quando homenageado em público............ *Lavândula*

ASTROLOGIA MÉDICA:
- Excelente estrutura óssea, principalmente a coluna vertebral.
- O coração bate como um relógio. Aspecto favorável à longevidade.

SOL-SATURNO Conjunção

(+) Qualquer aprendizado é sempre lento, porque sabe que aquilo que se faz sem pressa e com compreensão profunda jamais se esquece. Paciência.
- Dotado de excepcional sentido prático, as experiências da vida lhe trazem maturidade psicológica e sabedoria. Auto-expressão séria, austera e concentrada.
- Disciplinado e organizado, é um trabalhador dedicado, capaz de assumir grandes responsabilidades. Tenacidade. Determinação.
- Prudente e cauteloso, possui um sentido nato de previsão.
- Impõe-se certas metas e objetivos, muitas vezes pesados e dificultosos, como uma forma de provar a si mesmo sua capacidade. Conquista, com essa atitude, cada vez mais autoconfiança e segurança emocional.
- Silencioso e contemplativo, fala somente quando interpelado. Simplicidade de ser. Humildade. Frugalidade.
- Atividades que lhe são propícias: professor, matemático, cientista-pesquisador, industrial, administrador, político, juiz, sacerdote.

(-) Tendência a atravessar períodos de baixa estima, com sentimentos de incapacitação ou inadequação............ *Lavândula*
- A excessiva concentração em torno de um determinado assunto leva-o a um estado apático e desvitalizado. Ruminação de pensamentos e preocupações de ordem material............ *Momordica, Mimosa*
(Ver aspectos desarmônicos.)

SOL-SATURNO Aspectos Desarmônicos

- Conflito entre o dedicar-se a uma auto-expressão livre, criativa e alegre e o deixar-se levar por ambições de poder, sonhos de posição social, *status*, etc. .... *Ícaro*
- Preocupações materiais, medo de não ter o suficiente para sobreviver...... *Ambrosia*

- A falta de confiança em si bloqueia a espontaneidade da energia criativa, podendo ser a razão de suas permanentes tensões internas, irritações e maus humores.. *Lavândula*
- Não sabe relaxar nem divertir-se; ansiedades; insatisfações...*Agave, Impatiens*
- Tímido, provavelmente teve uma infância dura, reprimida, cheia de cerceamentos por parte de um dos pais, que impunha uma disciplina rígida e severa. Autocensura. Auto-repressão.. *Plantago*
- "Lobo da estepe", possui uma natureza que tende à introspecção, à solidão e ao isolamento... *Dianthus*
- Não se expõe, por temer o ridículo ou ser alvo de chacota, mas, quando tem oportunidade, critica mordazmente os outros......................... *Mirabilis*
- Egoicamente frágil, compensa suas deficiências tentando ser perfeito. Quando erra não se perdoa e passa a ruminar pensamentos de auto-recriminação... *Phyllanthus*
- Problemas de relacionamento com superiores; não gosta de ser mandado, nem aceita figuras de autoridade, pois lhe lembram os pais............... *Vernônia*
- O pessimismo, a desesperança e o derrotismo põem por terra seus melhores projetos; depois reclama da sorte....................................... *Sonchus, Zinnia*
- Dificuldades. Obstáculos. Fracassos. Problemas de ordem legal.. *Lavândula*

INDIVÍDUO MENOS EVOLUÍDO:
- Expressão facial dura. Ambição. Avareza. Mesquinhez nas menores atitudes. Amargura. Ressentimentos. Índole queixosa. Sente-se vítima do destino. Identificação com o lado escuro da vida..................... *Zinnia, Cauliflora*
- Para obter o que deseja pode agir com premeditação, calculando cada passo friamente, sem o menor sentimento de compaixão. Desamor....... *Camelli*
- Como empregador ou chefe torna-se mais exigente ainda. Rispidez. Despotismo. Ditatorialismo... *Thumbergia*
- Amargurado e impiedoso, age com crueldade com os filhos, ou então é do tipo fraco e sem pulso.. *Zinnia*

PROBLEMAS PSICOLÓGICOS MAIS GRAVES:
- Incapaz de relaxar, não sabendo descontrair-se, este indivíduo vive sem um mínimo de criatividade. Algumas pessoas conseguem manifestar-se apenas pelo lado negativo da expressão humana — e que são todos aqueles "autos" já conhecidos: autocomiseração, auto-repressão, autopunição, autonegação, auto-isolamento, etc....................................... *Calêndula silvestre*
- Frustrações que levam a depressões crônicas e incuráveis... *Aleluia, Heliotropium*
- Medos. Pesadelos. Terrores noturnos........................... *Bipinatus, Guttagnello*

ASTROLOGIA MÉDICA:
- Problemas graves de saúde como baixa vitalidade e resistência, falta de apetite, reação metabólica lenta................ *Sempervivum, Aristolóquia, Imunis*
- Envelhecimento precoce. Morte celular (necrobiose)... *Anil, Arnica campestre*

- Problemas cardíacos e circulatórios; cardiopatias valvulares; arteriosclerose, endocardite crônica, assistolia, miocardite, etc.................... *Movius, Anil*
- Dores nos músculos, reumatismo, rigidez (mialgia). Lumbago. Torcicolo. Hérnia de disco.. *Sustentav*
- Problemas na coluna (escoliose, cifose, lordose)..... *Phyllanthus, Verbenácea*
- Paralisias atáxicas do sistema cérebro-espinhal (esclerose múltipla, esclerose em placas, esclerose medular)................... *Anil, Phyllanthus, Verbenácea*
- Sedimentação mineral.. *Efluvium*
- Depressão. Negativismo. Falta de lítio no sangue... *Heliotropium, Rosa canina*

SOL-URANO Aspectos Harmônicos

- Superatualizado, este indivíduo possui um espírito independente, criativo, inovador e, por vezes, revolucionário. Mente privilegiada.
- Seu poderoso magnetismo pessoal lhe dá um carisma todo especial para o exercício de liderança de cunho intelectual.
- Dotado de gênio inventivo, sua reserva de talentos criativos é quase infinita, bem como sua energia mental. Quando não está criando, sua atenção está voltada para o plano dos pensamentos, das idéias e das ideologias.
- Socialmente consciente, acompanha de perto os principais acontecimentos, tanto de seu país como do mundo. Humanitário. Natureza liberal e progressista. Onde quer que se encontre, lutará pela melhoria da qualidade das relações humanas e das condições de vida na sociedade.
- Poderá atuar na área da educação, em trabalhos de grupo, como sociólogo, cientista social, ou então nas áreas alternativas, como terapeuta, astrólogo, etc.
- A necessidade de liberdade, faz com que busque o trabalho autônomo, o que lhe garante independência necessária para a manutenção de sua individualidade, que faz questão de manter preservada. Fator de forte individualidade.
- Polivalente, seus interesses estendem-se por quase todos os setores do conhecimento humano, como, por exemplo, a sociologia, as ciências naturais, o estudo das leis universais, a informática; interesse por tecnologias em geral, por invenções, por pesquisas, etc. Aqueles que se voltam para o esporte, podem sentir grande atração pela velocidade, dedicando-se, por exemplo à pilotagem de automóveis ou à aviação. Gosta de *hobbies* que exigem imaginação e criatividade.

NEM TUDO É POSITIVO NOS ASPECTOS HARMÔNICOS:
- Orgulhoso de seus conhecimentos, de suas capacitações técnicas e criativas, poderá ser levado a momentos de pura veleidade intelectual, podendo passar a imagem (que não lhe corresponde) de alguém que se sente superior aos demais.. *Tropaeolum, Jasminum*

ASTROLOGIA MÉDICA:
- Bom funcionamento das funções rítmicas das células do corpo, da pulsação e da respiração.
- Excelentes reservas de energia emocional e nervosa.

SOL-URANO Conjunção

(+) Dotado de auto-expressão criativa, inovadora, independente e original, este indivíduo, de genialidade precoce, logo cedo se destaca das outras crianças por sua auto-suficiência emocional.
- De natureza progressista, unida a um espírito científico e de vanguarda, por vezes rompe com os preconceitos sociais ou com os formalismos acadêmicos de sua época.
- Dotado de sentido humanitário, preocupa-se constantemente com questões sociais, com as desigualdades e a liberdade de pensamento.
- Politizado, costuma ser o porta-estandarte da causa socialista. Os mais intelectualizados falam e defendem com orgulho a ideologia anarquista como uma opção sociopolítica.
- Intuitivo e superinteligente, tem o poder de penetrar nos mistérios da vida e compreender numa fração de segundos complicadíssimos esquemas cósmicos e as leis ocultas correspondentes.
- Ao buscar respostas a questionamentos científico-existenciais, poderá pairar, temporariamente, acima do carma do mundo, ao entrar num estado de pura abstração mental; é possível que nem se dê conta do fenômeno místico-consensual que produz em seu "laboratório" mental.

(-) A necessidade de autoglorificação e de auto-afirmação como indivíduo único e diferenciado dos demais pode sobrepujar a meta e os valores que inicialmente motivaram seu trabalho, suas idéias ou seus ideais..... *Helianthus, Ícaro*
(Ver aspectos desarmônicos.)

SOL-URANO Aspectos Desarmônicos

- Atritos permanentes nos relacionamentos; egocêntrico e individualista, é o eterno nervosinho, que se irrita com qualquer coisa...................... *Impatiens*
- Intransigente e intelectualmente arrogante, falta-lhe um sentido comunitário, e talvez humanitário.. *Mirabilis, Ficus, Hibiscus*
- Insensato e insatisfeito com o mundo, deseja mudá-lo à sua maneira. Cabeça-dura. Obstinação.. *Phyllanthus, Verbenácea*
- Niilista, não acredita em nada a não ser na sua própria revolta e rebeldia existencial. Rebelde sem causa....................................... *Vernônia*
- Intolerante e contestador de todas as regras e convenções sociais, sejam elas quais forem. "Quem, eu? Virar mais um número nesse *esquemão*? Tô fora,

meu!" — diria ele numa gíria irreverente de quem luta desesperadamente para defender sua "individualidade" e não ser sufocado pelo "rebanho de cordeiros" ou pela "massa ignara", como costuma referir-se às pessoas..... *Vernônia*
- Inconstante e imprevisível, pode não fazer a menor idéia sobre qual rumo dar à sua vida.. *Origanum*
- Criativo, altamente culto e intelectualizado, porém crítico, arrogante, orgulhoso de si; sem esconder seu descontentamento com o atual "caos" sociopolítico em que o mundo se encontra, prefere passar a visualizar-se vivendo no futuro, em sociedades utópicas, tecnológicas, mecanicistas e perfeitas, mas, certamente, frias como a sua mente e onde provavelmente, tudo acontece de acordo com sua vontade... *Mirabilis, Tropaeolum*

INDIVÍDUO MENOS EVOLUÍDO:
- Aceita participar de ideais revolucionários e libertários para extravasar a revolta e o descontentamento que carrega dentro de si. Uso da força e da violência para impor sua vontade................................... *Vernônia, Verbenácea*
- Fanfarrão e machista assumido, se diz a favor da liberdade feminina, mas apenas por pura conveniência de suas intenções libertinas.............. *Lilium, Ipoméia*

PROBLEMAS PSICOLÓGICOS MAIS GRAVES:
- Elevadas tensões nervosas. Hipersensibilidade.............. *Sambucus, Artemísia*
- Estresse devido aos descontroles emocionais. Histeria............ *Sempervivum, Psidium*

ASTROLOGIA MÉDICA:
- Falta de coordenação motora. Contrações musculares involuntárias; tiques nervosos (mioclonia). Dança de São Guido (coréia)...................... *Sambucus*
- Alteração nos ritmos corporais, da pulsação, da respiração e até das células. Neurose cardíaca. Taquicardia. Palpitações. Angina. Embolia cerebral ou cardíaca. Astenia neurocirculatória (ANC)................ *Orellana, Borragine*
- Nevralgia na coluna vertebral e no dorso................. *Phyllanthus, Verbenácea*
- Dilatações espasmódicas das artérias (aneurisma)...... *Anil, Arnica campestre*
- Distúrbios ou perda da consciência causados por estremecimentos nervosos. Convulsões. Epilepsia........................ *Sambucus, Rosmarinus, Artemísia*

SOL-NETUNO Aspectos Harmônicos

Este aspecto abre a mente consciente (Sol) para vivenciar a rica experiência de uma ação impessoal e despojada (Netuno), livre de auto-afirmações inúteis e desgastantes.

- Desapegado do lado formal da vida e dos convencionalismos sociais. Possui um sutil mecanismo empático que lhe permite reconhecer a natureza in-

terna das pessoas, seu caráter e sua índole, sem deixar-se levar pelas aparências.
- Compreensivo, sabe colocar-se no lugar dos outros e compreender as razões e os motivos que os levaram ao erro. Perdoa com facilidade. Paciente, aconselha e orienta para que o erro não volte a repetir-se.
- Possui um poderoso magnetismo psíquico, que se revela através de seu olhar penetrante e compassivo, deixando as pessoas encantadas com sua pessoa.
- Idealista e espiritualizado, para ele o plano das emoções, das imagens, dos sons ou das cores é muito mais real que o mundo material conhecido. Como ele mesmo diria, "se a vida é um sonho, que seja então o melhor deles".
- Refinado, sensível e artisticamente inspirado, a música é *par excellence* seu maior dom e fonte de prazer (música *new-age*).
- Simples, mas sem acanhamentos, pode apresentar-se publicamente e fazer sucesso no teatro como mágico ilusionista ou como pantomímico. Mestre na arte da comunicação não-verbal.
- Como artista plástico, talvez seja daqueles que atuam na montagem de espetáculos de som, luz, cor e imagens, ou na criação das modernas realidades virtuais para o computador ou, ainda, nos fantásticos efeitos especiais para o cinema e a TV, que levam diversão e lazer às pessoas. Vive com plenitude, porque percebe a magia criativa da vida onde quer que ponha os olhos.
- O contentamento interno que traz consigo provém da facilidade de adaptação e integração ao ambiente e às pessoas e do fato de sentir-se feliz em poder fazer sua parte e dar sua contribuição ao grupo.
- Voltado para a medicina ou não, poderá ser daquelas pessoas que "misteriosamente" aparecem na hora certa e no lugar certo, onde alguém esteja necessitando de conforto e amparo.
- Como terapeuta, não será de estranhar se realizar um trabalho ligado às energias vibracionais mais sutis. Dom de cura. Clarividência.
- Místico nato, amoroso e compassivo, pode perceber a harmonia da vida fluindo, mesmo em meio ao caos da vida humana.

INDIVÍDUO MAIS EVOLUÍDO:
- Tem a mente iluminada pela compreensão da Unidade da Vida e reconhece com naturalidade o inter-relacionamento de todas as coisas e de todos os seres.
- É provável que esteja, neste momento, engajado em alguma atividade altruísta a serviço da humanidade e do Plano Evolutivo.

NEM TUDO É POSITIVO NOS ASPECTOS HARMÔNICOS:
- Caridoso e com tendência ao auto-sacrifício, poderá ver-se cercado de uma porção de pessoas que são verdadeiros parasitas à sua volta, não sabendo dizer não ou mesmo dar um basta a esses abusos.................... *Ruta*

SOL-NETUNO Conjunção

(+) Com uma auto-expressão romântica, inspirada e idealista, este indivíduo, sensível, é dotado de um fantástico poder artístico e criativo. Imaginação fértil.
- "Sintonia fina" para perceber os planos mais sutis da natureza. Pode possuir poderes paranormais, tais como: clarividência, clariaudiência ou poder de cura.
- Profissões: educação, medicina e bem-estar social.

(-) Dificuldade para ter uma percepção clara de si e dos acontecimentos à sua volta.. *Taraxacum, Salvia*
- Sensação de não valer nada. Vítima do destino. Autopiedade. Amargura. Negativismo. Ressentimentos... *Zinnia*
(Ver aspectos desarmônicos.)

SOL-NETUNO Aspectos Desarmônicos

- Fortemente auto-iludido, não sabe ver com clareza o seu papel no mundo, na sociedade, nos relacionamentos ou para consigo mesmo......... *Jasminum, Buquê da Transformação*
- Carecendo de firmeza de caráter, sonha e cria fantasias que confundem e distorcem o sentido de realidade. Caos existencial..................... *Rosmarinus*
- Não assume responsabilidades, ou, se o faz, termina por não cumpri-las. Escapismos.. *Ipoméia*
- Inseguro e impressionável, envolve-se com falsas amizades que o exploram e tiram partido de suas boas intenções. Não sabe dizer não. Ingenuidade. Credulidade.. *Ruta*
- Devido à necessidade de parecer importante, poderá vir a acreditar que é alguma espécie de "eleito" ou "escolhido por Deus" para um destino ou uma missão especial, sendo que no final, terminará vitorioso e aclamado por todos. Complexo de "Joana D'Arc" (mártir santo, glorificado, nem que seja após a morte). Mistificação.. *Jasminum*
- Se é aquele indivíduo que quer enganar ou trapacear os outros, o "tiro sai pela culatra", pois subestima o "malandro" e o "vigarista" que existem dentro de cada pessoa que tenta lesar.. *Cauliflora*
- Desilusões. Decepções. Fragilidade.. *Tagetes, Zinnia*

PROBLEMAS PSICOLÓGICOS MAIS GRAVES:
- Dislalia. Dislexia. Lapsos de memória ("brancos").................... *Rosmarinus*
- Forte atração pelo álcool e/ou pelas drogas em geral...................... *Ipoméia*
- Fraqueza nervosa. "Delirium tremens".. *Sambucus*
- Vítima de seres desencarnados ou elementais indesejáveis. Mediunidade obsessiva.. *Artemísia, Linum*

- Com um ego fraco, débil e acovardado, não consegue impor-se diante das situações, o que o leva a uma atitude negativa, com tendência a assumir o papel de vítima do destino. Amargura. Ressentimento. Tristeza (o canto da boca é acentuadamente puxado para baixo, com se fosse chorar a qualquer momento). Falta de fé. Desesperança...................................... *Zinnia, Aleluia*
- Desequilíbrio mental. Psicoses... *Psidium, Basilicum*
- Fenômeno de múltipla personalidade.................................. *Lilium, Luceris*
- Promiscuidade. Aberrações sexuais. Ninfomania............................... *Lilium*

ASTROLOGIA MÉDICA:
- Sangue desoxigenado. Diminuição da hemoglobina e dos glóbulos vermelhos do sangue. Anemia crônica. Fragilidade etérica..... *Tabebuia, Aristolóquia*
- Miasma psoríaco.. *Exsultat Liquor e Gellu*
- Células preguiçosas, fracas ou paralisadas. Hipertrofia do tecido linfóide .... *Piperita, Tagetes*
- Acúmulo de serosidades nos tecidos celulares (hidropisia).......... *Phyllanthus*
- Inchações edematosas de fundo alérgico......................... *Phyllanthus, Malus*
- Propensão à baixa taxa de glicose no sangue................. *Tagetes, Rosa canina*

SOL-PLUTÃO Aspectos Harmônicos

Na Cabala, Plutão é Daad, o abismo, o ponto de passagem de um nível da Árvore da Vida para outro mais profundo. Nessa "travessia", como se fosse uma espécie de "noite escura da alma", tanto nas iniciações humanas, quanto naquelas que levam à super-humanidade, o indivíduo caminha só, angustiado, tateando no escuro e, desesperado, busca um entendimento, uma Luz, algo que lhe permita afastar de si a cegueira, o véu e a ignorância do estágio em que se encontra. Nesta longa e penosa Jornada Evolutiva, cada um de nós, de tempos em tempos, tem que chamar para si a responsabilidade da autotransformação e da auto-renovação, se deseja seguir em frente, ou teremos que enfrentar as conseqüências, como Almas, da atrofia, do esclerosamento e da estagnação existencial. Plutão, em nós, é essa vontade interna de vencer, de buscar o crescimento, de romper a inércia, de "dinamitar" nossas estruturas egóicas obsoletas e viciosas e alcançar, ainda que pela dor, um nível mais elevado de ser. Os Aspectos Harmônicos de Plutão com o Sol mostram um indivíduo que assumiu esse risco e saiu, de uma ou de outra maneira vitorioso, renascido. O mundo continua o mesmo e, no entanto, ele olha para esse mesmo mundo de uma forma diferente. Como prêmio, **um poder maior corre agora em suas veias!**

- Sem medo e desapegado de interesses pessoais, não teme autotransformar-se quando necessário. Poder de renovação.
- Senhor de si, este indivíduo perdeu, em grande monta, o gosto por excercer domínio e controle sobre as pessoas. Seguindo a filosofia de que "não existe maior autoridade do que aquele que governa a si mesmo", o que ele

mais desejaria para o mundo e para as pessoas é que todos encontrassem satisfação neste tipo de poder interno, no autodomínio e no autogoverno.
- Possuindo o suficiente autocontrole de sua natureza mental, emocional e instintiva, pode assumir cargos de responsabilidade e de liderança sem cair nas tradicionais tentações do abuso de poder, das vantagens e proveitos pessoais que se tiram de certas posições.
- Internamente seguro para atuar no mundo, tem os olhos cravados nos acontecimentos. Possui força moral e carisma suficientes para envolver-se com seriedade na política ou em ações de cunho social.
- Suas idéias, seus ideais e suas metas, certos ou errados, são frutos de profundas reflexões e estudos, não se deixando levar pela opinião ou pressão de terceiros. Autodeterminação.
- Possui uma reserva inesgotável de energia física, emocional e mental, que aliada a um invejável poder de concentração, permite-lhe chegar aonde deseja, sem sofrer dispersões ou desvios em suas metas. Automotivação.
- Poderá vir a destacar-se como gerente, financista, administrador ou consultor empresarial (com a sua "casa" em ordem, quem melhor do que ele para administrar a casa dos outros?).
- Possui os principais requisitos para um bom médico, psicólogo ou terapeuta, que são: intuição aguda e penetrante, mente telepática, poder de cura, caráter ético e incorruptível, força moral.
- Seja ele um terapeuta, um político ou um simples assistente social, possui o poder de transmutar e regenerar padrões de energia negativos ou deturpados e, com sua própria "medicina", traz de volta a ordem onde se instalaram a enfermidade ou o caos.
- O indivíduo envolvido com o esoterismo está, neste momento, começando a entender as leis e as forças ocultas da natureza e da estrutura psíquica e transpessoal do homem.

ASTROLOGIA MÉDICA:
- Regeneração celular. Sistema imunológico eficiente.

SOL-PLUTÃO Conjunção

(+) Auto expressão por meio de uma poderosa energia criativa e transformadora. Força de caráter. Autodomínio. Coragem. Determinação.
- Capacidade de penetrar tanto no inconsciente pessoal como no inconsciente coletivo e destruir antigos padrões de energia emocional negativa, restaurando assim a lei e a ordem originais, seja com pessoas, seja na sociedade. Força moral. Psicólogos, sociólogos e líderes políticos.

(-) Convencido de que é a única pessoa certa, deseja mudar tudo à sua volta para não ter que encarar o fato de que é ele que deve mudar e se autotransformar.. *Mirabilis, Phyllanthus*

- Estraga seus melhores relacionamentos com a necessidade incontrolável de se impor, de ter ascendência ou domínio sobre as pessoas e situações à sua volta.. *Thumbergia*

SOL-PLUTÃO Aspectos Desarmônicos

- Impaciente, falta-lhe tato para lidar com as pessoas. Obtusidade para lidar com as pessoas, sem um mínimo de psicologia............ *Impatiens, Phyllanthus*
- Para fugir da responsabilidade de encarar, frente a frente, seus defeitos, imperfeições, falhas de caráter ou mesmo sua imaturidade emocional, rejeita qualquer temática ou assunto de ordem psicológica, como a auto-análise, o autoconhecimento, a auto-avaliação, etc. Quando se vê acuado, sempre tem uma frase pronta na ponta da língua, como por exemplo: "Iiih! lá vem você com essa conversa de *pepsi-cólogo* para cima de mim outra vez"; com essa e outras expressões de efeito, livra-se das pessoas "inoportunas" e sai pela tangente...................................... *Fuchsia, Dianthus, Ipoméia*
- Racionalizações. Autojustificativas... *Phyllanthus*
- De natureza impulsiva e manipuladora, desde pequeno é o mandãozinho do bairro. Ditatorialismo... *Thumbergia, Silene*
- A qualquer abalo emocional, o sangue ferve, subindo-lhe à cabeça; a partir de então, tudo pode acontecer, pois age de forma irracional. Explosões temperamentais à menor provocação, ou mesmo sem provocações............ *Psidium, Sambucus*
- Arrogante, prepotente e competitivo, tem que ser o número um a todo custo. Não aceita a derrota, nem jamais dá o braço a torcer. Cabeça-dura, intransigente e inflexível... *Ícaro, Phyllanthus*
- Quando perde torna-se rancoroso e vingativo.................... *Zinnia, Chicorium*
- Procura obstinadamente o poder, sonhando um dia ser líder em uma grande organização. Ambições desmedidas... *Ícaro*
- Irascível e com total falta de autocontrole emocional, pode facilmente agir com brutalidade ou crueldade............................ *Psidium, Calêndula silvestre*

INDIVÍDUO MENOS EVOLUÍDO:
- Caso não consiga atingir suas metas dentro do mundo formal, envolve-se sem pestanejar com grupos à margem da sociedade para, dentro deles, estabelecer seu reino. Despotismo. Violência..................... *Ipoméia, Origanum*

PROBLEMAS PSICOLÓGICOS MAIS GRAVES:
- Problemas nervosos decorrentes de descontroles emocionais..... *Matricária, Psidium*
- Idéias fixas, fanáticas e dogmáticas de todas as naturezas.......... *Phyllanthus*
- Paixões irracionais. Fortes apetites sexuais...................... *Lilium, Origanum*
- Ciúmes doentios, tornando-se violento quando rejeitado................. *Camelli*
- Natureza negativa e ressentida. Instintos vingativos. Perversidade. Desamor... *Zinnia, Orellana*

- Cheio de adrenalina e autodestrutivo, possui fortes e insidiosos desejos de corromper a si e aos outros por meio de estímulos fortes, do uso abusivo de álcool, drogas (em especial a cocaína e as anfetaminas), sexo e do incitamento à briga e à violência. Provoca situações em que põe em risco a sua vida e a dos outros.. *Origanum, Calêndula silvestre*

ASTROLOGIA MÉDICA:
- Deficiência imunológica. Propensão a tornar-se vítima de doenças contagiosas e epidêmicas... *Imunis*
- Degeneração celular. Câncer.................. *Calêndula silvestre, Tabebuia, Imunis*
- Inchaços edematosos nos órgãos sexuais........................ *Phyllanthus, Malus*
- Inflamação dos testículos (orquite)........................ *Aristolóquia, Verbenácea*
- Facilidade de contrair doenças infecciosas por contato venéreo. Blenorragia.. *Artemísia, Verbenácea*
- Sífilis. Doenças venéreas em geral................ *Aristolóquia, Cássia, Artemísia*
- Quistos uterinos. Hérnia ou tumores nos ovários (ovariocele)........ *Hormina*

SOL-ASC Aspectos Harmônicos

- Esta é uma daquelas pessoas autênticas, pois o que ela exterioriza –, gestos, expressões, vestimentas etc. (Ascendente) – é a representação fiel daquilo que ela realmente é interiormente (Sol). Ausência de máscaras.
- Franco de caráter, possui uma disposição anímica alegre, entusiasta e otimista. Comunica-se bem com todo mundo. Magnanimidade de espírito. Carisma.
- Sabe distinguir, num olhar, as pessoas de caráter e dignas de confiança, afastando de sua vida embusteiros e charlatães.
- Autoconfiante, encoraja os mais fracos e defende os oprimidos.
- Com uma aura tão radiante é impossível passar despercebido.

SOL-ASC Conjunção

(+) Busca intensamente a auto-expressão e a auto-realização como indivíduo. Força física e moral. Talentos criativos.
- Pragmático, espontâneo e sem demagogias, por onde passa cumprimenta, abraça e conversa com todas as pessoas. Autenticidade de ser. Magnetismo pessoal.
- Carismático e com invejável poder de auto-expressão, transmite seus pensamentos, idéias ou mesmo suas emoções e sentimentos com naturalidade, fluência e soltura. Sem "grilos" na cabeça.
- Objetivos claros, definidos e explicitados publicamente.
- Para insuflar encorajamento naqueles que o cercam, procura ele próprio ser um exemplo de entusiasmo e otimismo.
- Autodomínio. Consciência desperta. Espiritualidade.

ASTROLOGIA MÉDICA:
- Vitalidade física e mental. Sobra de energia e vigor. Boa saúde. Recuperações rápidas.

(-) Pretensioso e egocêntrico, faz de tudo para chamar a atenção sobre sua pessoa. Narcisismo.. *Helianthus, Jasminum*
- Necessidade de viver sob as luzes da ribalta, busca avidamente o reconhecimento público e a autoglorificação.. *Ícaro*
- Ambições de liderança ou de ser o número um a todo custo. Autoritarismo. Prepotência. Orgulho .... *Thumbergia*

SOL-ASC Aspectos Desarmônicos

- Conflito entre o que a pessoa é (Sol) e a imagem que passa aos outros (Asc), entre o *ser real* ("Self") e o *não ser* (corpo, personalidade). Dificuldade de projetar-se no mundo e nos relacionamentos............. *Eucalyptus, Ígnea*
- Alternância entre um ego que se inflama e se acha o supra-sumo do máximo e uma imagem negativa de si, que faz a pessoa sentir-se desprestigiada ou incapaz de demonstrar seus valores, talentos e capacidades. Crises de identidade... *Lavândula, Helianthus*
- O seu discurso não bate com a sua ação. Diz ou faz uma coisa, enquanto deseja exatamente o contrário. Incoerências................................ *Eucalyptus*

SOL-MC Aspectos Harmônicos

- Capacidade de escolher com consciência e objetividade a carreira profissional, bem como de ver e aproveitar as oportunidades que se apresentam na vida.
- Os caminhos deste indivíduo estão tão abertos que quando uma porta se fecha, outras novas se abrem.
- Apoio e prestígio de bons amigos que confiam cegamente nele.

SOL-MC Conjunção

(+) Com uma natureza extrovertida, de gestos expansivos e uma aura carismática de fazer inveja, este indivíduo abre seu caminho por intermédio de atividades que expressam seu imenso potencial criativo e sua disposição emocional.
- Voluntarioso e consciente de suas metas, leva até o fim e sem desvios seus projetos ou seus encargos.
- Excelente trânsito no meio político ou com autoridades influentes. Propensão a obter notoriedade pública.

(-) Com aspectos desfavoráveis, pode não saber definir quais são os seus papéis no mundo, nem onde se colocar profissionalmente e socialmente. Sensação de inadequação.. *Origanum, Basilicum*
- Relação conflituosa com colegas de trabalho e superiores. Não aceita figuras que representem autoridade, desrespeitando, inclusive, superiores hierárquicos... *Vernônia*
- Poderá anular sua criatividade caso corra atrás do poder ou de *status* social. Riscos de perder a reputação ou a credibilidade.......................... *Ícaro*
- Egocentrismo. Arrogância... *Tropaeolum*

SOL-MC Aspectos Desarmônicos

- Dificuldades para conquistar ou encontrar seu lugar no mundo. Não sabe qual a carreira ou profissão a seguir. Não sabe ver as oportunidades com clareza; se as tem, perde-as devido à demora na tomada de decisão. Vacilação.. *Origanum*
- Falta de metas ou objetivos pouco claros. Deseja ser bem-sucedido numa carreira profissional, mas não sabe por onde começar................... *Origanum*

☽ LUA

CARACTERÍSTICAS:
Elemento Água. Polaridade feminina. Passiva. Fria. Úmida.

PALAVRAS-CHAVE E ANALOGIAS:
"Grande Mãe". "Divina Nutris". "Mãe Natureza". "Rainha da Noite". "Deusa das Trevas". Inconsciente. Instinto. Sentimento. Emoção. Memória. Passado. Tradição. Família. Lar. Esposa. Hábitos. Rotinas. Inocência. Sonho. Fantasia. Viagens. Astralismo. Mediunidade. Psiquismo.

TRAÇOS POSITIVOS DO TIPO LUNAR:
De natureza maternal e protetora, devota-se carinhosamente a atender as necessidades das pessoas queridas à sua volta. Dons naturais para a arte culinária. Ternura. Afeto. Sensibilidade. Boa memória. Imaginação.

TRAÇOS NEGATIVOS DO TIPO LUNAR:
Impressionável e influenciável, deixa-se levar por quem não merece crédito. Credulidade. Emocionalmente carente, sente-se desprotegido e desamparado. Sentimentalismo exagerado. Suscetível aos comentários alheios, magoa-se profundamente quando censurado. Humor variável.

ANATOMIA E FISIOLOGIA:
Rege o ciclo menstrual, os vasos e as glândulas linfáticas, o sistema nervoso simpático, os seios, a tiróide, o esôfago, o plexo solar, o estômago, o suco gástrico, a digestão e a assimilação dos alimentos, os órgãos de fecundação, o útero, os ovários, as glândulas, as membranas mucosas.

AFINIDADES TERAPÊUTICAS:
Florais: Madressilva, Matricária, Passiflora, Ambrosia, Linum, Tagetes.
Fórmulas compostas: Feminalis, Levitate, Tonarion, Buquê de 5 flores.
Fitoflorais: Metabilis, Hormina e Magnificat Liquor/Pollen.

> *"Nunca será demasiado insistir no fato de que cada Alma encarnada neste mundo está aqui com o propósito específico de adquirir experiência e compreensão e de aperfeiçoar sua personalidade com vistas aos ideais da Alma."*
>
> — Bach, *Cura-te a ti mesmo*.

FLORAIS ÚTEIS PARA OS ASPECTOS ASTROLÓGICOS DA LUA

LUA-MERCÚRIO Aspectos Harmônicos

- A relação harmônica entre a mente consciente (Mercúrio) e a mente subjetiva e instintiva (Lua) proporciona a capacidade de explicitar as emoções e os sentimentos, sem qualquer embaraço ou constrangimento.
- De raciocínio rápido, pega no ar o assunto em pauta. Vivacidade de espírito. Perspicácia. Sabe ouvir os outros. Boa memória.
- Espirituoso e hábil com as palavras e no uso das mãos e dos gestos, brinca e faz rir os amigos com sua habilidade inata de imitar o comportamento das pessoas. Atrai bons amigos.
- Sucesso em todas as áreas de comunicação: vendedor, escritor, jornalista, radialista, apresentador, conferencista, etc.
- Como vendedor, pode se dar bem com vendas de produtos ligados ao lar, a assuntos domésticos, tais como casas, mulheres, crianças, arte culinária, cosméticos, produtos de limpeza, eletrodomésticos, etc.
- Gosto sem igual por viagens.

LUA-MERCÚRIO Conjunção

(+) A mente racional e objetiva deste indivíduo funciona em sincronicidade com o lado inconsciente, subjetivo e emocional de sua natureza, permitindo que suas emoções interajam com naturalidade e espontaneidade com o intelecto, e vice-versa.
- Gentil e simpático, aproxima-se das pessoas com facilidade, conectando-se rapidamente com o íntimo delas. Receptividade. Vê sempre o lado bom de todas as coisas. Vida saudável.
- Linguagem fluente. Poder de expressão. Boa memória.
- Viajar é tudo para ele, apesar de logo sentir saudades de casa e do conforto que ela proporciona. Voltado para a família.

ASTROLOGIA MÉDICA:
- Bom funcionamento dos fluidos cerebrais e cérebro-espinhais.

(-) As opiniões podem mudar de acordo com a situação, as pessoas e o momento. Psicologia de "beija-flor", muda constantemente de interesses... *Silene*
- Flutuações emocionais. Humor variável................ *Ficus, Passiflora, Calmim* (Ver aspectos desarmônicos.)

LUA-MERCÚRIO Aspectos Desarmônicos

- A falta de sintonia e entrosamento entre a mente consciente, lógica e racional (Mercúrio) e a mente emocional, instintiva e subjetiva (Lua) faz com que este indivíduo seja pouco claro em seus posicionamentos ou, então, que ele gaste a maior parte do seu tempo racionalizando seus estados emocionais... *Ficus*
- Esconde suas emoções e seus sentimentos, mas, quando tenta demonstrá-los, mete os pés pelas mãos, atrapalhando-se como um adolescente diante da primeira namorada... *Dianthus*
- Problemas de comunicação nos relacionamentos íntimos. Constantes mal-entendidos. Conflitos familiares..................................... *Hibiscus*
- Falta de discernimento e de clareza mental. Interpreta mal as intenções dos outros.. *Pastoris*
- Superdimensiona coisas sem importância. Magoa-se facilmente. Não aceita críticas ou alusões à sua pessoa................ *Zinnia, Mirabilis*
- Lembranças do passado interferem na objetividade do presente...... *Tagetes, Madressilva*
- Sob tensão, tranca-se a sete chaves ou então fala mais do que deveria. Instabilidade psíquica. Inconstância de interesses............. *Ficus, Helianthus*
- Impressionável e influenciável pode dar atenção a quem não merece crédito. Decepções. Desilusões.. *Emília*

PROBLEMAS PSICOLÓGICOS MAIS GRAVES:
- Suores nas mãos devido a tensões nervosas..................... *Mimosa, Impatiens*
- Tristeza. Pensamentos negativos. Tensões no plexo solar............. *Borragine*
- Mentalmente atormentado. Fadiga mental. Má memória............... *Basilicum*
- Histeria.. *Lilium, Psidium, Lavândula*

ASTROLOGIA MÉDICA:
- Rouquidão. Falhas de voz. Afonias........................... *Sambucus, Margarites*
- Problemas digestivos ou respiratórios devido a distúrbios nervosos......... *Calmim, Metabilis, Ventilan*
- Asma. Alergias. Edema pulmonar. Pneumonia................... *Ventilan*

LUA-VÊNUS Aspectos Harmônicos

A união de dois planetas de natureza Yin faz deste aspecto um dos mais femininos e passivos dentre as ligações planetárias.

- Na mulher, este posicionamento astrológico é excelente, já que ela poderá unir o seu lado esposa-mãe-doméstica (Lua) com o outro lado de sua natureza, o de mulher-fêmea-vaidosa (Vênus), sem nenhum tipo de conflito, preconceito ou inibição. Equilíbrio emocional.
- No homem, este aspecto revela-se como uma invejável habilidade para lidar com as mulheres, principalmente na vida íntima.
- Para ambos, os relacionamentos ocorrem com a suavidade de um encantamento mágico. Muito carinho e respeito mútuo.
- Magnetismo pessoal. Charme. Romantismo.
- Temperamento meigo e afetuoso. Amabilidade. Diplomacia. Sociabilidade.
- Voz doce, melodiosa, ótima para o canto de música sacra. Sensível a toda e qualquer manifestação artística.
- Felicidade no casamento e na vida doméstica.

ASTROLOGIA MÉDICA:
- As funções biológicas do corpo funcionam como um relógio, inclusive o ciclo menstrual.

LUA-VÊNUS Conjunção

(+) Sensibilidade e habilidades naturais para as artes; pode haver interesse pela música, pela pintura, pela arte culinária, pela decoração, etc. Sentido estético. Imaginação fértil.
- Amável e carinhoso no trato com as pessoas, usa o diminutivo como um recurso natural para demonstrar sua afetividade. Coração aberto. Ternura. Boas amizades. Felicidade no casamento. Magnetismo feminino. Fertilidade.

(-) Hipersensibilidade. Dependências emocionais. Carências. Fragilidade. Vulnerabilidade... *Chicorium*
(Ver aspectos desarmônicos.)

LUA-VÊNUS Aspectos Desarmônicos

- A hipersensibilidade e a hiperemotividade fazem este indivíduo cair em prantos ao menor abalo.. *Chicorium, Millefolium*
- Na mulher, conflitos internos entre a parte mãe-esposa-doméstica (Lua) e a parte mulher-fêmea-vaidosa (Vênus). Uma natureza não aceita a outra e

no choque, uma fere a outra. Esconde suas necessidades afetivas atrás de infindáveis rotinas domésticas... *Lilium, Dianthus*
...ou, então, ao contrário, entrega-se a uma vida social intensa, com total desinteresse pelo lar e pela família, buscando num companheiro apenas o apoio material para realizar sua natureza hedonista e fútil................ *Lilium*
- No homem, falta de habilidade para lidar com as mulheres. Em ambos, pode trazer infelicidade na vida doméstica e matrimonial.............. *Hibiscus*
- Conceitos de beleza influenciados pela moda ou por modismos. Não cria, apenas copia... *Ígnea, Emília*
- Impressionável, é facilmente levado pelas aparências. Sentimentos de inferioridade.. *Lavândula, Taraxacum*
- Faz chantagem emocional para chamar a atenção....... *Chicorium, Fortificata*
- A família intromete-se em tudo, no namoro, no casamento, na vida conjugal, na criação dos filhos, etc. .... *Millefolium*
(Por ironia, a família, muitas vezes, terá de colaborar financeiramente, para salvar esse mesmo casamento que tantas vezes reprovou.)
- Problemas financeiros causados por instabilidade emocional ou por situações mal-avaliadas... *Ambrosia*

ASTROLOGIA MÉDICA:
- Desarranjos nas funções sexuais femininas. Problemas hormonais e menstruais.. *Feminalis*
- Insuficiência renal. Nefrite. Uremia. Albumina............................. *Efluvium*
- Agitações durante o período de gravidez................ *Phyllanthus, Aristolóquia*
- Secreções glandulares... *Hormina*
- Problemas digestivos.. *Metabilis*
- Problemas circulatórios... *Movius*
- Insônia... *Serenium, Calmim*
- Edema angioneurótico na face e nos órgãos genitais................ *Millefolium, Matricária, Phyllanthus*

LUA-MARTE Aspectos Harmônicos

"Hay que endurecerse, pero sin perder la ternura"
— Che Guevara

- O equilíbrio entre a energia Yang (Marte, ativo, masculino) e a energia Ying (Lua, passiva, feminina) torna a mulher dinâmica, corajosa, bem-disposta, enquanto o homem adquire um espírito maternal e protetor. Dinamismo emocional.
- Este indivíduo parece saber instintivamente que, para defender seu espaço físico e psíquico, seus desejos ou sua vontade, não há necessidade de ferir, competir, atropelar ou ser agressivo com os outros.
- A aparência dócil e pacata deste indivíduo não deve ser confundida com fragilidade. Para se ter uma idéia, caso uma pessoa querida por exemplo,

se encontre em situação de perigo, ele terá força e coragem suficientes para se transformar num leão, podendo, inclusive, enfrentar pessoas muito mais fortes do que ele.
- Voluntarioso, demonstra seus melhores sentimentos muito mais por ações do que por palavras, estando sempre atento e disponível a colaborar, espontaneamente, quando necessário.
- Tanto o homem como a mulher são amorosos com seus parceiros e com os filhos, formando em conjunto um time harmonioso e empreendedor, tanto nas rotinas domésticas quanto nas horas de lazer.
- Sensibilidade, tato e carinho para conduzir o parceiro à satisfação sexual.
- Pode ir à guerra de peito aberto, se isso significar a defesa de pessoas queridas ou de seu país. Patriotismo. Nacionalismo.

ASTROLOGIA MÉDICA:
- Força física. Vitalidade. Saúde excelente. Resistência às doenças. Vida longa. Reflexos rápidos e instintivos.

LUA-MARTE Conjunção

(+) A força emocional deste indivíduo permite-lhe agir com muito dinamismo e de forma incansável. Voluntarioso. Espírito empreendedor e realizador.
- Animicamente bem-disposto, toma a iniciativa do trabalho duro com entusiasmo e determinação. Trabalhador incansável.
- De temperamento forte, é provável que fale alto e de forma direta. (Gosta de ouvir sua própria voz ecoando dentro de sua cabeça, quando ela sai firme, num tom de comando.)
- Diante de situações difíceis não se intimida facilmente, tendo um padrão de resposta emocional e motora muito mais voltado para o avanço, para a conquista ou para o ataque, se for o caso. Coragem.
- Sente-se, mais do que outras pessoas, infeliz e angustiado quando não vê capacidade ou competência em seus superiores hierárquicos e tem que se submeter a eles. Sinceridade de intenções. Construtividade.

ASTROLOGIA MÉDICA:
- Boa saúde. • Vitalidade. • Energia física e psíquica.

(-) Tem necessidade de se auto-afirmar através de uma imagem de força, coragem e determinação, mas a única coisa que consegue transmitir é a imagem de grosseria, de ignorância e, no fundo, todos percebem a insegurança que tenta esconder... *Thumbergia*
(Ver aspectos desarmônicos.)

LUA-MARTE Aspectos Desarmônicos

- Mulher: pouco feminina. Homem: bruto, machista ou então dependente, fraco e indulgente.. *Lilium*
- Levado instintivamente e inconscientemente pelas paixões e desejos do momento... *Origanum*
- Impulsivo e precipitado, este indivíduo age sem pensar. Impaciente, perde a cabeça com facilidade.. *Impatiens, Psidium, Sambucus*
- Reativo, defensivo e irritadiço, ataca primeiro para não ser pego de surpresa depois. Defensividade.. *Pastoris*
- As atitudes irracionais dentro do lar, com a família e com os amigos provocam dolorosos conflitos em que todos saem feridos.................... *Lantana*

INDIVÍDUO MENOS EVOLUÍDO:
- Buscando auto-afirmação, provoca deliberadamente disputas em competições físicas e em demonstrações baratas de força bruta................. *Nicociana*
- Despeitado, quando perde, pode reagir com explosões temperamentais e coléricas.. *Orellana*
- Como patrão ou chefe, é mal-humorado, exigente e despótico. Traz sofrimentos a todos... *Thumbergia*
- Fortes desejos sexuais. Sexualidade desenfreada................ *Lilium, Origanum*

PROBLEMAS PSICOLÓGICOS MAIS GRAVES:
- Fraco em relação às bebidas alcoólicas, o sangue lhe sobe facilmente à cabeça; brinca e debocha de todos — quando fazem o mesmo com ele, irrita-se e quer brigar. Começa bebendo socialmente, mas em pouco tempo se torna dependente.. *Ipoméia, Aristolóquia, Fuchsia*
- Debilidade físico-etérica devido a sonhos eróticos e lascivos acompanhados de masturbação compulsiva................ *Lilium, Origanum, Aristolóquia*

ASTROLOGIA MÉDICA:
- Problemas na boca, na língua, no esôfago ou no estômago, de natureza quente, ácida, inflamatória e/ou ulcerativa, tais como: estomatite, faringite, azia, gastrite, úlcera gástrica, etc. Febres gástricas. Infecções gastrointestinais.. *Metabilis*
- Febre biliosa com aumento do volume do fígado e do baço......... *Metabilis, Buquê de 9 flores*
- Afecções dos órgãos genitais femininos..................... *Aristolóquia, Hormina*
- Febres que produzem erupções vermelhas, quentes e irritantes na pele. Febres eruptivas: varíola, catapora, dengue, erisipela, escarlatina, sarampo, varíola, etc. .... *Verbenácea, Imunis*
- Inflamações dos gânglios linfáticos (adenite) ou dos vasos linfáticos (linfatite ou angioleucite). Febre ganglionar................ *Verbenácea, Feminalis*
- Inflamações da mucosa da faringe (faringite, crupe)........... *Millefolium, Ruta*
- Menstruações abundantes (menorragia)....................... *Verbenácea, Imunis*

- Disfunções da glândula tireóide. Bócio... *Hormina*
- Dores de cabeça... *Ficus, Lavândula, Impatiens*
- Insônia... *Calmim, Serenium*
- Movimentos musculares involuntários. Tiques nervosos................ *Sambucus*
- Operações desnecessárias. Partos traumáticos. Abortos.................. *Tagetes, Arnica campestre, Millefolium*

LUA-JÚPITER Aspectos Harmônicos

- De natureza jovial, sente-se instintivamente leve, alegre e feliz.
- A segurança e a estabilidade emocional deste indivíduo estão pautadas na sua inabalável fé na vida, na Providência Divina, na estrutura da família, nos bons amigos e nas leis sociais.

Na Astrologia Mundial, este aspecto representa o intercâmbio cultural, social, religioso e econômico (Júpiter) dentro da própria comunidade (Lua) e a segurança, a paz de espírito e o progresso que se obtém pelo apoio mútuo entre as pessoas. Base emocional do espírito corporativista e dos sentimentos patrióticos e nacionalistas.

- Consciência instintiva de seu espaço, seu lugar e seu papel no grupo e na sociedade. Sapateiro ou presidente, exerce suas funções com o mesmo contentamento e alegria interna, pelo simples fato de participar de algo maior do que ele mesmo, podendo, de uma ou de outra forma, dar a sua contribuição pessoal à coletividade. Idealismo emocional.
- A imaginação costuma viajar para longe, mas, quando retorna, traz boas idéias ou soluções mágicas para os problemas do dia-a-dia.
- Caridoso e solidário, costuma ser voluntário em programas de cunho filantrópico-social-religioso, participando ativa e diretamente na ajuda aos menos favorecidos, em creches, em orfanatos, em asilos de pessoas idosas, etc.
- Sorte na escolha do companheiro, felicidade no casamento e na vida doméstica em geral: casa, filhos, amigos, lazer, etc.
- Fator de boa fortuna, prosperidade, prestígio e ascensão social.
- Gosto por viagens. Curiosidade por conhecer novos povos e novas culturas.

NEM TUDO É POSITIVO NOS ASPECTOS HARMÔNICOS:
- A segurança, o conforto e o bem-estar podem adormecer a consciência. Acomodação. Auto-indulgência. Preguiça .... *Ígnea*
- Indivíduo dócil e pacato, mas, quando atingido por uma onda nacionalista, poderá transformar-se num ativista fanático, denunciando toda a estreiteza e unilateralidade de seus pontos de vista.................. *Taraxacum, Verbenácea*

ASTROLOGIA MÉDICA:
* Bom funcionamento do aparelho digestivo devido à boa atividade do fígado, pâncreas e vesícula biliar.

LUA-JÚPITER Conjunção

(+) Simpático, possui um temperamento bondoso, de grande generosidade. Filantropia. Sentimentos nobres. Ideais elevados.
* Imaginativo, otimista e expansivo em qualquer assunto, pensará com grandeza e em larga escala. Sucesso social. Ascensão.
* Excessivamente fértil, a mulher poderá engravidar facilmente.

(-) Com uma filosofia de vida passiva e indulgente, acredita que basta ser uma boa pessoa, bem-comportada e fazer caridade para que a Graça Divina, generosamente, resolva todos os seus problemas......... *Rosa canina, Ruta*
* A prática da caridade é feita como uma espécie de permuta inconsciente com Deus ou com a vida para, mais tarde, poder receber, como todo mundo, o seu quinhão de benefícios... *Cauliflora, Lacrima*

LUA-JÚPITER Aspectos Desarmônicos

* Instabilidade mental devido a excessos emocionais.......... *Psidium, Lavândula*
* Carente de firmeza, sente-se incapaz de seguir sua própria filosofia de vida ou de libertar-se do passado, das crenças impostas pela família e pelos condicionamentos sociais e culturais... *Millefolium*
* Exaltações emocionais de fé beata, puritana e conservadora. Credulidade. Messianismo... *Phyllanthus*
* Rápido no "gatilho" para criticar as falhas morais dos outros, mas extremamente condescendente consigo mesmo. Dogmatismo................. *Mirabilis*
* Ambições e sonhos grandiosos, mas, por ser demais vacilante e indeciso, sente-se inseguro para realizá-los. Indolência..................... *Rosmarinus, Ficus*
* Carente de autoconhecimento, não tem um sentido definido dos limites para seu ego; mostra-se muito mais como gostaria de ser visto do que como realmente é. Auto-ilusões... *Silene, Jasminum*
* Autocomplacente, perde seu tempo deitado num sofá em sonhos utópicos de uma vida fácil, próspera, não conseguindo romper com a inércia, a apatia ou mesmo a preguiça... *Rosmarinus*
* Por falta de previsão, ou mesmo por ostentação, gasta acima de seus recursos. Desperdícios. Falta de consciência comunitária............. *Ígnea, Vernônia*
* Quando endividado, não apenas lamenta aborrecidamente a falta de sorte que tem, como acha que os outros têm o dever e a obrigação de socorrê-lo, da mesma forma como "ele faria pelos outros" na situação inversa. Alienação.. *Zinnia*

- Julga as pessoas de acordo com as suas posições socioeconômico-culturais. Quando uma pessoa passa pela sua "aprovação", desculpa ou faz vistas grossas às suas falhas de caráter sem o menor conflito ou crise de consciência. Interesses escusos.. *Camelli*
- Numa avaliação mais profunda de suas crenças, descobre-se que acredita apenas naquilo que lhe convém no momento..................................... *Camelli*
- Busca o jogo para recuperar-se de negócios falidos. Imprudência. Tendência à derrota. Negócios desonestos. Problemas com a justiça........... *Fuchsia*

ASTROLOGIA MÉDICA:
- Problemas digestivos, do fígado e da vesícula................................ *Metabilis*
- Gula. Obesidade. Gordo, mas anêmico. Flacidez............ *Feminalis, Fuchsia, Impatiens, Vervano*
- Hiperplasia generalizada dos tecidos linfáticos do corpo e aumento do volume dos órgãos correspondentes (linfatismo).............. *Hormina, Feminalis*
- Excesso de líquidos no corpo. Inchaços. Hidropisia da pleura (hidrotórax). Hidropisia em geral.. *Efluvium*
- Bronquite ou asma por habitar casas ou lugares úmidos............ *Guttagnello, Ventilan*

LUA-SATURNO Aspectos Harmônicos

- Este indivíduo sente prazer em cumprir suas obrigações diárias, fazendo-as com um especial devotamento emocional, sem que as tarefas, necessariamente, se tornem um fardo pesado.
- Dotado de um profundo sentimento de dever, honra seus compromissos com pontualidade. Não deixa para amanhã o que pode *fazer agora*.
- Laborioso e disciplinado, possui uma natureza do tipo econômica, administrativa e provedora. Sentido instintivo de previsão.
- Gosta de trabalhar em silêncio, sem alardes sobre a sua pessoa.
- Diplomático, age com circunspecção, tato, polidez e seu temperamento é sério, estável e conservador. Maturidade emocional.
- Sistemático nas suas rotinas, seu processo de aprendizado é lento, mas por caminhar a passos seguros, é uma pessoa a quem se podem confiar os trabalhos mais delicados e minuciosos. Paciência. Meticulosidade.
- Com um profundo respeito a seus superiores hierárquicos, cumpre de boa vontade normas, regras ou ordens. Acatamento às leis.
- Pode suportar de cabeça erguida longos períodos de restrições ou dificuldades. Força interna na adversidade.

NEM TUDO É POSITIVO NOS ASPECTOS HARMÔNICOS:
- Apego à tradição e aceitação de condicionamentos familiares, sociais e culturais sem reflexão ou questionamento................. *Buquê da transformação*

- A submissão, a passividade ou o devotamento excessivo a superiores hierárquicos levam a uma supervalorização dos outros em detrimento próprio. Acanhamento. Servilismo.. *Ruta*
- Falta de auto-estima ou de amor-próprio. Isolamento.......... *Malus, Jasminum*

ASTROLOGIA MÉDICA:
- Possui um relógio biopsicológico preciso, acorda na hora programada.

LUA-SATURNO Conjunção

(+) De temperamento sério, introspectivo, reservado, possui um acentuado sentido de dever. Capacidade de assumir grandes responsabilidades.
- Com uma natureza caracterizada pelos hábitos simples, despreza o desperdício, a ostentação e as atitudes espalhafatosas das pessoas arrogantes, prepotentes ou convencidas. Economicamente contido. Poupador.

(-) Ao longo da vida poderá sofrer, de modo cíclico, momentos de apatia, desânimo e desestímulo, sentindo incapacidade e impotência para realizar seus projetos. Subestima-se.. *Sinapis, Sonchus*
(Ver aspectos desarmônicos.)

LUA-SATURNO Aspectos Desarmônicos

- Indivíduo triste, apagado e sem graça, a quem falta motivação, criatividade ou mesmo imaginação para poder agir com soltura e espontaneidade emocional... *Pinus, Rosa canina*
- Resposta emocional lenta, tanto para demonstrar afetividade, como para reagir a qualquer ataque à sua pessoa. Falta de reflexos psíquicos. Insensibilidade.. *Piperita*
- Emocionalmente rígido e frio, o homem tem dificuldade para lidar com as mulheres, enquanto a mulher, normalmente, se casa com homens mais velhos que lhe trazem apoio e segurança material. Medos e preocupações com a sobrevivência.. *Ambrosia, Camelli*
- Ambos são um poço de inibições, complexos, recalques e cheios de todos as "autos": auto-repressão, autopunição, autocomiseração, auto-anulação, etc. .... *Camelli, Aristolóquia, Jasminum*
- Crescimento psicológico bloqueado pela família. Estagnação mental. Mente infantilizada... *Lavândula*
- Preso a lembranças tristes do passado. Melancolia. Solidão............ *Tagetes, Madressilva*
- Refugia-se no seio da família, nos costumes e na tradição por medo de não conseguir sobreviver sozinho.. *Lavândula*
...ou na corrida para vencer na vida e na carreira profissional, dando pouca ou nenhuma atenção ao lar, à família e aos filhos................................ *Ícaro*

- Os superiores lhe lembram a repressão imposta pelos pais. Falta de capacitações profissionais... *Vernônia*

INDIVÍDUO MENOS EVOLUÍDO:
- Natureza invejosa, egoísta e avarenta.............................. *Camelli, Cauliflora*
- A insensibilidade e a falta de consideração pelos outros leva-o a ações inescrupulosas... *Camelli, Orellana*
- Projetos frustrados. Perdas financeiras... *Lavândula*

PROBLEMAS PSICOLÓGICOS MAIS GRAVES:
- Insônia devido às tensões e preocupações materiais. Medo paranóico do empobrecimento... *Ambrosia*
- Sentimento de solidão e abandono. Pensamentos mórbidos e sombrios. Depressões.. *Althaea, Heliotropium*
- Remorsos e autopunições inconscientes................................ *Pinus, Aristolóquia*
- Complexos de inferioridade e de incapacitação.................. *Malus, Jasminum*
- Pessimismo. Infelicidade. Derrotismo. Desesperança.... *Bipinatus, Passiflora*
- Desleixo na aparência física como reflexo da apatia emocional e do auto-abandono. Senilidade psíquica.. *Anil, Rosa canina*
- Neuroses em decorrência de situações duras e traumáticas do passado....... *Psidium*
- Fobias e maus pressentimentos repentinos............................ *Aleluia, Sonchus*

ASTROLOGIA MÉDICA:
- Mesmo entre vários irmãos, este indivíduo tem uma propensão maior a herdar as doenças da família... *Millefolium*
- Sistema nervoso debilitado. Falta de energia vital. Saúde péssima. Sente frio à menor queda de temperatura (hipotermia)..... *Imunis, Tabebuia, Sempervivum*
- Resfriados. Alergias, com espirros e coriza constante...................... *Ventilan*
- Dores reumáticas do estômago (gastralgia)......................... *Imunis, Metabilis*
- Reumatismo articular. Hidrartrose... *Imunis*
- Diminuição, atraso ou ausência das regras (amenorréia). Dores antes do aparecimento da regras (dismenorréia obstrutiva)............ *Feminalis, Hormina*
- Urticária. Psoríase. Eczema. Prurido. Dermatoses em geral.......... *Limpidus, Imunis, Exsultat Gellu e Liquor*

LUA-URANO Aspectos Harmônicos

- A mente superior e intuitiva (Urano) exalta de tal maneira as emoções e os sentimentos (Lua) que o resultado disto se revela num indivíduo de natureza no mínimo incomum. Originalidade e espontaneidade emocional.
- Dinâmico de corpo e mente, checa num piscar de olhos qualquer assunto e, numa fração de segundo, tem uma resposta pronta na ponta da língua.

- Independente, desembaraçado e despojado dos esquemas familiares tradicionais, sente facilidade em encontrar bem cedo o seu próprio caminho na vida.
- O desconhecido funciona para ele como uma espécie de estímulo ou motivação para ir mais longe.
- Quando jovem, está entre aqueles que compõem os grêmios estudantis, onde lidera com idéias criativas e, possivelmente, revolucionárias e agitadoras. Irreverência emocional.
- Com mais idade, sem perder o ritmo, estará entre a vanguarda criativa de sua época, contribuindo ativamente com as reformas e as mudanças, nem que sejam em seu meio ambiente imediato.
- De natureza libertária, lutará instintivamente tanto por sua liberdade pessoal quanto pela liberdade dos outros (a sua maior dificuldade é entender como as pessoas podem ser tão passivas, submissas e conformadas com as situações).
- Ao longo da vida, constantes e cíclicos impulsos criativos impedirão que este indivíduo caia na inércia e no ostracismo (talvez sejam estes impulsos a causa de sua impaciência em lidar com qualquer rotina, principalmente a doméstica).
- Sonha com casas ou escritórios movidos eletronicamente, ao comando de botões, e com uma secretária que é um robô dando conta de todos os recados.
- Esse espírito futurista lhe traz, às vezes, um sentimento de estar deslocado em seu tempo: tudo lhe parece ultrapassado e obsoleto, principalmente no que diz respeito ao valores morais e sociais.

Indivíduo mais Evoluído:
- Age como que orientado por uma "bússola-guia", que o conduz instintivamente ao conhecimento da Verdade e à compreenssão das Leis Universais. Gosto pela metafísica.

Lua-Urano Conjunção

(+) De temperamento independente, inovador e criativo, possui uma intuição rápida, quase instantânea, que brota de sua natureza instintiva. Espontaneidade emocional.
- Para não se escravizar aos afazeres ou às rotinas, sua casa ou escritório estão repletos de soluções modernas, o melhor que a tecnologia pode oferecer.
- Caso seja atraído pelo esoterismo, terá facilidade para compreender instintivamente o lado metafísico da natureza.

(-) Durante o decorrer de sua vida, poderá passar por momentos de tal instabilidade emocional que, muitas vezes, se sentirá como as "imagens

mutantes de um caleidoscópio", sem saber onde encontrar um ponto de
apoio... *Fórmula de exame*
(Ver aspectos desarmônicos.)

LUA-URANO Aspectos Desarmônicos

• Emocionalmente volúvel, este indivíduo muda repentina e inexplicavelmente suas ações, objetivos e metas. Busca incessante por novos interesses ou estímulos.. *Ficus, Fuchsia*
• Por não suportar o trabalho rotineiro, tem dificuldade em manter-se muito tempo no mesmo emprego. Suscetibilidades.......................... *Origanum*
• Identificação emocional com linhas de pensamento *underground*. Egoísmo. Individualismo. Deseja ser livre, mas, quando consegue, não sabe o que fazer com sua liberdade... *Ipoméia*
• Incapacidade de concentrar-se em uma única tarefa. Instabilidade psíquica. Lapsos de memória... *Momordica*
• Temperamental, teimoso e irascível, parece uma pilha de nervos, explodindo violentamente à menor provocação. Situações tempestuosas dentro do lar e na família.................................... *Vervano, Lantana, Vernônia*

INDIVÍDUO MENOS EVOLUÍDO:
• Emocionalmente frio, é incapaz de expressar qualquer sentimento de afeto pelos outros; às vezes isso acontece até mesmo em relação aos membros de sua família: pais, irmãos, companheiro ou filhos....... *Tropaeolum, Camelli*
• Este indivíduo, mais do que outras pessoas, troca o nível afetivo pelo sexual. Para ele, liberdade e libertinagem são palavras homônimas das quais extrai provérbios como "ninguém é dono de ninguém", permitindo-se toda sorte de envolvimentos... *Lilium, Origanum*
• Gosta de sentir-se à margem da sociedade. Auto-abandono. Desleixo. Levando uma vida desregrada e errante, perambula de casa em casa, de um amigo para outro amigo .... *Ipoméia*

PROBLEMAS PSICOLÓGICOS MAIS GRAVES:
• Desequilíbrios emocionais. Tensões nervosas constantes................ *Psidium*
• Natureza esquiva. Frieza emocional. Alienação social.................... *Pastoris*
• Movimentos agitados, quase frenéticos, das mãos e dos pés.......... *Sambucus*
• Tremores ou tiques nervosos. Falta de coordenação motora. Descontrole do sistema neurossensorial.. *Sambucus, Serenium*
• Hiperatividade da memória, devido a estados de exaltação psíquica (hipermnésia). Doenças mentais. Loucura................. *Rosmarinus, Psidium, Basilicum, Artemísia*

ASTROLOGIA MÉDICA:
- Dores no estômago de origem nervosa (gastrite). Cãibras estomacais. Indigestões nervosas... *Salvia, Verbenácea*
- Menstruações dolorosas. Cólicas...................... *Foeniculum, Buquê de 9 flores*
- Distúrbios de ordem sexual... *Lilium, Aristolóquia*
- Abortos voluntários e involuntários............................. *Aristolóquia, Myosotis*
- Cólicas da vesícula ou da próstata... *Buquê de 9 flores*
- Disfunção da pressão sangüínea. Palpitações................. *Bipinatus, Sambucus*
- Varizes. Ulcerações varicosas...................................... *Millefolium, Matricária*
- Distúrbios visuais.................. *Luceris, Foeniculum, Ageratum, Phyllanthus, Ficus, Jasminum*

LUA-NETUNO Aspectos Harmônicos

- O ego emocional, instintivo e subjetivo (Lua) deste indivíduo flui com os níveis mais sutis e transpessoais de sua alma (Netuno), transformando-o em alguém de raríssima sensibilidade.
- Artisticamente inspirado, seus dons poderão ir desde o interesse pelas artes culinárias, ao gosto pela poesia, pintura e música.
- Emocionalmente desprendido, possui uma alma leve, bondosa e compassiva. Prestativo, está sempre pronto a atender aos mais necessitados ou a quem lhe solicite ajuda e amparo.
- Religioso e devotado, traz consigo um sentimento profundo de respeito, reverência e gratidão por todas as coisas e, possivelmente, pelo simples fato de existir, de estar vivo, de poder participar desta coisa fantástica e maravilhosa que é a vida. Seus olhos, brilhantes, lacrimosos, dão a impressão de estar no céu, num estado de graça ou de união mística com Deus.

Este aspecto é tão subjetivo (dois planetas da Água), tão místico e tão ausente de sentido crítico, que na forma externa das atitudes quase não se percebem diferenças entre uma pessoa mais evoluída e outra mais simples. Por se tratar de aspectos harmônicos, ambas estão dispostas a servir desinteressadamente. O que pode ser dito é que os seres mais evoluídos estão mais preparados filosoficamente para lidar com a questão da impessoalidade, ao passo que as pessoas mais simples sofrem, muitas vezes, com o processo de despersonalização, não sabendo quando dizer "não", nem quando impor-se e agir com firmeza e rigor, se for o caso.

- A decoração de sua casa não é muito diferente da encontrada num templo sagrado, toda florida e maravilhosamente ornamentada com motivos religiosos e místicos. Poder de cura pela fé e pela oração.
- Intuitivo e mediúnico, rompe com facilidade a barreira que separa nosso mundo material dos planos sutis da natureza, podendo, inclusive, contatar ou ver seres suprafísicos.

NEM TUDO É POSITIVO NOS ASPECTOS HARMÔNICOS:

O excesso de passividade (Lua e Netuno, os dois planetas mais Yin da astrologia) poderá revelar indivíduos que, embora bem-intencionados e com os melhores sentimentos humanitários, têm falta de força de vontade, iniciativa e até mesmo objetividade para sair à luta; outros, se o fizerem, poderão ter falta de um sentido crítico e discriminativo das causas ou das pessoas com quem se envolvem.

- Sem chegar, talvez, a uma situação tão dramática como a que ocorre no filme *Viridiana*, de Luís Buñuel (*Viridiana* é a história de uma mulher comovida com a pobreza e que segue ao pé da letra a máxima cristã de "fazer o bem sem olhar a quem" e, como boa samaritana, introduz em sua casa todos os mendigos que encontra pela cidade e que mais tarde, serão os mesmos que irão roubá-la e estuprá-la), é possível que este indivíduo acorde um dia para se dar conta de que sua casa virou o albergue da cidade, com um monte de pessoas "amigas" parasitando à sua volta. Não sabe dizer "não"... *Ruta, Millefolium*
- Pessoa boa e religiosa, porém crédula e repleta de falsas crenças.. *Taraxacum*

LUA-NETUNO Conjunção

(+) Emocionalmente conectado com o seu meio ambiente, com as pessoas, com o lar, a família e com a própria vida. Empatia.
- Sensibilidade. Inspiração artística. Imaginação fértil.
- Fortemente atraído pela religião, o misticismo e as artes ocultas. Devoção religiosa. Sintonia fina com os planos mais sutis da natureza. Idealismo. Espírito de sacrifício.

(-) Este é um dos melhores aspectos para se deixar levar pelo sonho, a fantasia e o auto-esquecimento.. *Rosmarinus*
- Tendência a idealizar, a romancear ou a projetar tudo à sua volta: a vida, as pessoas, as situações e a si próprio. Visionário auto-iludido. Erros. Enganos. Caos existencial. Distúrbios psíquicos.............. *Jasminum, Basilicum, Buquê da Transformação*
(Ver aspectos desarmônicos.)

LUA-NETUNO Aspectos Desarmônicos

Lua e Netuno, como planetas do elemento Água, regem as forças do inconsciente. O primeiro diz respeito ao inconsciente pessoal e coletivo enquanto o segundo rege níveis mais profundo do inconsciente coletivo e as forças transpessoais que se mantêm ocultas à nossa consciência. A junção de ambos de forma desarmônica parece ser o casamento perfeito entre o sonho e o sonhador.

- Sem os pés no chão, distraído e esquecido, perde-se num oceano de emoções, sentimentos, imagens, ilusões e fantasias. Quando deseja tomar contato com a realidade, não sabe por onde começar.................. *Rosmarinus*
- Foge de tudo que cheire a trabalho, compromissos ou responsabilidades mais sérias. Em situações difíceis "sai à francesa", sem que ninguém o veja. Omissões. Escapismos.. *Ipoméia*
- Conflitos emocionais. Caos psíquico............................... *Basilicum, Psidium*
- Emocionalmente vulnerável, ao olhar o mundo sente-se frágil e indefeso. No desespero, chora, com ou sem motivos....................... *Linum, Millefolium*
- Incapaz de suportar a dor, apela para a Providência Divina a cada cinco minutos... *Sonchus*
- Como diz o ditado, "enquanto houver ovelhas haverá pastores"; por temor aos "lobos", poderá refugiar-se passivamente sob a proteção de algum tipo de indivíduo, grupo ou sistema de crenças, podendo ser explorado muito mais e por mais tempo do que poderia ser por qualquer dos temidos "lobos". Credulidade. Fé cega. Beatice.. *Ruta*
- Bem-intencionado, mas, quando se envolve com os problemas dos outros, o resultado, normalmente, é um desastre para ambos.................. *Millefolium*

INDIVÍDUO MENOS EVOLUÍDO:
- Com uma antena parabólica aberta em todos os canais, capta as piores energias do seu meio ambiente, podendo afundar seu ego no pântano do inconsciente coletivo, ficando à mercê das forças psíquicas inferiores... *Millefolium, Linum*
- Vida desregrada, caótica e decadente............................... *Lilium, Origanum*

PROBLEMAS PSICOLÓGICOS MAIS GRAVES:
- Problemas de saúde devidos a excessos emocionais. Hipersensibilidade. Colapsos psíquicos.. *Fortificata, Madressilva*
- Romântico, sonhador e com necessidade de transcender a realidade vulgar, pode fazer uso de substâncias etéreas tóxicas, de bebidas alcoólicas ou mesmo drogas, para provocar estados alterados de consciência e de êxtases emocionais inusitados... *Ipoméia*
- Sonolência diurna incontrolável — ao dirigir, pode facilmente adormecer ao volante... *Piperita*
- Presa fácil de espíritos desencarnados. Incorporações involuntárias. Dissociação de personalidade (fenômeno de múltiplas personalidades).... *Ruta, Artemísia, Lilium, Millefolium*
- Masturbação. Ninfomania. Promiscuidade sexual............... *Lilium, Origanum*
- Sonambulismo. Pesadelos e terrores noturnos. Síndrome do pânico. *Delirium tremens*.. *Guttagnello, Serenium*
- Pânico. Histeria. Psicoses. Loucura.............................. *Basilicum, Psidium*

ASTROLOGIA MÉDICA:
- Fragilidade física e etérica. Desvitalização. Prostração....... *Imunis, Tonarion*

- Retenção de líquidos. Pés frios e úmidos. Inchaços. Hidropisia. Linfatismo... *Feminalis, Hormina, Magnificat Liquor/Pollen*
- Debilidade óssea. Desmineralização. Osteoporose......................... *Sustentav*
- Resfriados. Coriza. Alergias. Fragilidade pulmonar..... *Guttagnello, Ventilan*
- Aumento das secreções mucosas do útero. Corrimento da vagina (leucorréia).. *Limpidus, Hormina*
- Furúnculos (leicenço).. *Verbenácea, Imunis*

LUA-PLUTÃO Aspectos Harmônicos

- Este indivíduo tem o poder da autotransformação emocional e psíquica sempre que sente ter ultrapassado uma certa etapa de sua vida. Pronto para aceitar com naturalidade as mudanças que a vida traz.
- Algumas pessoas, mesmo que possam apresentar-se com uma aparência externa frágil ou delicada, não devem ser subestimadas. Internamente, são uma âncora de segurança emocional, capazes de agir, quando necessário, com um temperamento forte, enérgico sem, no entanto, serem ríspidas ou brutas com os outros.
- Com uma vontade poderosa e sentimentos profundos, este indivíduo mergulha fundo em tudo o que faz, revelando uma paixão imensa pela vida, pelo trabalho, por sua família, além de uma dedicação especial àqueles a quem ama.
- Dotado de uma intuição instintiva, suas ações são guiadas e orientadas pelo inconsciente, conseguindo atingir seus objetivos com tanta magia e perfeição que é como se tudo tivesse sido previamente planejado.
- Psicólogo nato, possui um impressionante poder telepático, que lhe permite saber exatamente quando alguém está mentindo ou escondendo alguma coisa dele.
- Voluntarioso, faz tudo o que está ao seu alcance para melhorar, corrigir ou regenerar as condições desfavoráveis à sua volta.
- Modelo de retidão e de como se deve agir sem recorrer à manipulação ou ao controle dos outros. Força moral.
- Sucesso na área financeira como organizador, promotor de vendas ou administrador.

INDIVÍDUO MAIS EVOLUÍDO:
- Poder de entrar em contato com as forças sutis da natureza. Percebe com naturalidade o lado oculto da vida e sente dentro de si a ordem perfeita que opera por detrás do universo e da natureza.
- Personalidade forte, movida por motivações impessoais e altruístas.

LUA-PLUTÃO Conjunção

(+) Indivíduo de sentimentos profundos e consistentes que leva bastante a sério os relacionamentos e as pessoas com quem se envolve emocionalmente.
* Dotado de visão penetrante, capta intuitivamente o lado oculto da vida e da natureza, podendo entrar em contato com o inconsciente coletivo e sentir as correntes de dor e sofrimento que as pessoas carregam na alma.
* Possui uma psicologia instintiva e vai até a raiz de um problema ou de um assunto quando deseja uma solução. Detetive com faro de perdigueiro.

(-) A vida emocional deste indivíduo parece estar alicerçada no centro de um furacão: se ficar bem quieto nesse centro, terá uma relativa chance de controle sobre a sua vida, mas, se pisar um só milímetro fora desse centro, os resultados poderão ser catastróficos, tanto para ele como para todos aqueles que estiverem à sua volta... *Millefolium*
(Ver aspectos desarmônicos.)

LUA-PLUTÃO Aspectos Desarmônicos

* Extremamente reativo, este indivíduo possui uma natureza emocional ressentida, como se tivesse sido ferido, magoado ou traído inúmeras vezes no passado. Complexo de rejeição... *Zinnia, Althaea*
* Sofre intensos e inexplicáveis conflitos emocionais............ *Dianthus, Lilium*
* Desconfiado, olha pelo canto dos olhos, esquivando-se dos olhares diretos. Repele qualquer tipo de ajuda... *Pastoris, Camelli*
* Fortes desejos, que se manifestam de forma compulsiva e incontrolada... *Psidium*
* De temperamento individualista, impaciente, manipulativo, explode à menor contrariedade, podendo dar murros no ar, na mesa ou chutar o que estiver no seu caminho... *Calêndula silvestre, Psidium*

INDIVÍDUO MENOS EVOLUÍDO:
* Poderá, em várias ocasiões de sua vida, naufragar num oceano de emoções negativas e ser engolido por perigosas e poderosas forças do inconsciente coletivo... *Millefolium, Linum*

PROBLEMAS PSICOLÓGICOS MAIS GRAVES:
* Sente a consciência pesada, com terríveis cobranças internas, tendo a sensação de estar sujo ou impuro por dentro (toma muitos banhos ao dia na esperança de sentir-se melhor). Remorsos. Tudo isto ocorre sem uma causa ou motivo aparente... *Malus*
* Pesadelos. Acorda em pânico e completamente suado. Sonhos de estar sendo perseguido. Terror noturno................................. *Passiflora, Guttagnello*

- Frustrações emocionais bloqueadas, aliadas a profundos complexos de rejeição. Caso não haja um trabalho terapêutico adequado e a tempo, poderão surgir problemas como:
- Sexualidade desregrada ou fora de controle....................... *Lilium, Origanum*
- Ciúmes incontroláveis, irracionais....................................... *Camelli, Vervano*
- Explosões emocionais súbitas e violentas........................... *Vervano, Psidium*
- Tendência a ruminar pensamentos de vingança ou desforra........... *Orellana, Camelli*
- Obsessões violentas, com impulsos destrutivos................ *Calêndula silvestre*
- Envolvimento com submundo: corrupção, crime, drogas, prostituição — ora ativa, ora passiva.. *Lilium, Origanum*

ASTROLOGIA MÉDICA:
- Saúde debilitada. Perdas energéticas. Resfriados................ *Imunis, Tabebuia*
- Tumor nos gânglios linfáticos (linfoma)............................ *Imunis, Feminalis*
- Sudorese.. *Impatiens, Mimosa*
- Sangramento menstrual excessivo................... *Aristolóquia, Millefolium, Ruta*
- Distúrbios intestinais... *Foeniculum, Malus*
- Problemas nos órgãos sexuais ou no cólon................ *Aristolóquia, Basilicum*
- Inflamação do estômago e do cólon (gastrocolite)......................... *Metabilis*
- Corrimento vaginal (leucorréia)....................................... *Limpidus, Hormina*
- Hérnia. Apendicite. Peritonite........................ *Phyllanthus, Arnica campestre*
- Bruxismo, com sangramento das gengivas................................. *Guttagnello*
- Esquizofrenia hereditária......................... *Buquê de 9 flores, Serenium*
- Inflamação das mucosas nasais. Rinite alérgica........................ *Guttagnello, Mirabilis, Verbenácea*

LUA-ASC Aspectos Harmônicos

- A facilidade de expressar as emoções e os sentimentos com naturalidade dá um toque acolhedor e aconchegante aos relacionamentos.
- Atento às necessidades dos outros. Sensibilidade. Sociabilidade.
- Bom entendimento com o companheiro, com a vida e com as pessoas em geral. Bons amigos, e todos o tratam com muito carinho e estima.

LUA- ASC Conjunção

(+) Facilidade de relacionamento, seja em nível íntimo ou quando se trata de lidar com o público. Natureza maternal, ligada ao lar, à família, às crianças, aos bons amigos. Laços emocionais. Sentimental.
- Bom anfitrião, age com cortesia e receptividade.
- Sensível e afetuoso, sente-se grato por tudo aquilo que recebe.
- Imaginação. Boa memória. Fertilidade.

- (-) De humor variável e instável, não sabe lidar com suas emoções, e muito menos com a dos outros.. *Ficus, Calmim*
- Hipersensível, subjetivo e reativo, entende mal as atitudes das pessoas. Infantilidade emocional.. *Lavândula*
- Problemas com a auto-imagem. Desagrada-se com sua aparência. Não encontra seu próprio estilo. Carecendo de firmeza de caráter, prefere seguir a opinião dos outros. Copia e imita comportamentos alheios .... *Emília*
- Vontade fraca. Não sabe o que quer da vida. Inconstância e oscilações emocionais. Inseguranças... *Origanum*
- Nos relacionamentos, estabelece laços de uma tal dependência das pessoas que acaba por fazer uma "salada mista" afetiva, não sabendo mais distinguir o que lhe corresponde e o que diz respeito ao universo do outro. Despersonalizado.. *Ruta, Trimera*
- Reage cegamente quando deveria ouvir; cala-se quando deveria lutar e defender-se.. *Lavândula*
- Vive no "mundo da lua, país da ilusão, capital bolha de sabão". Sonhos e quimeras. Devaneios. Caprichos infantis........................ *Rosmarinus, Ipoméia*

PROBLEMAS PSICOLÓGICOS MAIS GRAVES:
- A excessiva fragilidade emocional pode levar este indivíduo a cometer uma série de desequilíbrios, tais como: fazer compras sem necessidade ou abusar da alimentação, principalmente de doces, na tentativa de compensar suas carências, inseguranças e ansiedades..................... *Fuchsia, Levitate*
- Vulnerável a qualquer pressão, é capaz de somatizar enfermidades (dor de cabeça, garganta inflamada, febres, etc.) em questão de poucos minutos. Plexo solar sobrecarregado e constantemente tenso por causa de preocupações, geralmente infundadas................................. *Millefolium, Pastoris, Viola*
- Usa bebidas alcoólicas e outros estimulantes para sentir-se motivado e encorajado. Estas pessoas têm também pouca resistência física e propensão a intoxicações... *Ipoméia, Aristolóquia*

ASTROLOGIA MÉDICA:
- Obesidade. Retenção de líquidos. Inchaços...................... *Magnificat Liquor*
- Vontade fraca para sustentar regimes ou dietas prolongadas, embora comece um regime a cada semana... *Ruta, Millefolium*
- Problemas menstruais. Irregularidades... *Hormina*
- Letargia. Sono diurno, moleza, preguiça... *Piperita*
- Problemas com anestesias; pode cair num estado de sono sem retorno.... *Buquê de 9 flores*

LUA- ASC Aspectos Desarmônicos

- Padrões de hábitos inconscientes, negativos ou viciosos estragam ou sabotam as melhores iniciativas deste indivíduo.......... *Fórmula da transformação*

- A instabilidade psíquica interfere em sua tentativa de projetar-se no mundo (Asc) ou quando deseja demonstrar suas melhores intenções. Altos e baixos.. *Lavândula, Ficus*
- Incapaz de distanciar-se de si próprio, de seus problemas ou de ver as questões de cima, com clareza e desapego................. *Momordica, Helianthus*
- Reativo, interpreta mal as ações dos outros..................................... *Mirabilis*
- Vulnerabilidade. Inseguranças. Carências... *Lilium*
- Hipersensível, magoa-se com facilidade, guardando rancores e ressentimentos por muito tempo... *Zinnia, Chicorium*

LUA-MC Aspectos Harmônicos

- Este indivíduo conquista seu lugar no mundo com um posicionamento emocional seguro, além de demonstrar uma extraordinária sensibilidade no trato com o público, com os colegas de trabalho e com os superiores.
- Facilidade de comunicação com o público. Adaptabilidade.

LUA-MC Conjunção

(+) A atividade profissional recebe o traço marcante de uma natureza sensível, receptiva e atenta às necessidades da equipe ou do grupo ao qual pertença.
- A carreira profissional conta com o apoio dos amigos e da família.
- Reconhecimento público. Popularidade.

ASTROLOGIA MÉDICA:
- Bom funcionamento do sistema de líquidos do corpo, inclusive o sangüíneo.

(-) O mundo parece grande e complexo demais para que possa ser compreendido. Gostaria de agir adequadamente a cada nova situação que se apresenta, mas, por não conseguir fazê-lo, fica angustiado e deprimido............. *Taraxacum, Salvia*
- Quando acredita ter atingido um relativo entendimento de um determinado assunto, mudanças imprevistas voltam a confundi-lo, deixando-o novamente perdido e desorientado... *Margarites, Salvia*
- Frágil e sensível, não suporta as constantes pressões profissionais ou de seu meio ambiente, que lhe parecem hostis e agressivas. Flutuações emocionais. Instabilidade psíquica........................... *Viola, Vernônia, Millefolium*
- Para sobreviver, vê-se obrigado a submeter-se aos outros, ou então mimetiza-se como um camaleão para passar despercebido, o que o deixa, internamente, cada vez mais enfraquecido... *Silene*

ASTROLOGIA MÉDICA:
- Problemas com a retenção e/ou a distribuição desequilibrada de líquidos pelo corpo... *Madressilva, Phyllanthus*

- Tontura ao levantar-se rapidamente.......................... *Rosmarinus, Foeniculum*
- Colapsos nervosos devidos a problemas emocionais.......... *Calmim, Serenium*

LUA-MC Aspectos Desarmônicos

- Inseguranças, suscetibilidades e a falta de estabilidade emocional afetam sua atividade profissional, o desenvolvimento de uma carreira e até mesmo sua reputação pública. Abala-se por tudo e por nada. Falta de autocontrole... *Lavândula*
- O passado ou a família podem influir negativamente na escolha da profissão e na sua posição social.. *Origanum*
- Emocionalmente insatisfeito com o lar, com a família e com as responsabilidades profissionais.. *Vernônia*
- O mundo parece grande ou complexo demais para que possa entendê-lo ou para que possa agir de forma adequada.................. *Fórmula de aprendizado*
- Sente-se frágil e vulnerável para se expor publicamente. Suporta mal as pressões do meio ambiente, que, para ele, parecem por demais exigentes, cobradoras e agressivas.. *Viola*
- Perda do prestígio pessoal ou do *status* social, devido a uma vida instável, cheia de altos e baixos... *Sempiternu*

☿ Mercúrio

Características:
Elemento Ar. Neutro. Hermafrodita. Seco. Frio.

Palavras-chave e Analogias:
"Mensageiro alado". Comunicação. Intercâmbio. Comércio. Viagens. Mentalidade. Inteligência. Lógica. Estudos. Cursos. Pesquisas científicas. Literatura. Jornalismo. Curiosidade. Mobilidade. Versatilidade. Adaptabilidade. Desonestidade. Mentira. Loquacidade compulsiva.

Traços Positivos do Tipo Mercuriano:
Espírito jovial, vivaz, bem-humorado e supercomunicativo. Raciocínio rápido. Perspicácia. Fertilidade de idéias. Sede de conhecimentos. Sentido inato das transações comerciais.

Traços Negativos do Tipo Mercuriano:
Curioso e mentalmente instável, muda de assunto, de interesse ou de atividade de um minuto para o outro. Inconstância. Superficialidade. Indecisão. Teórico, sem sentido prático. Falta de poder de síntese. Intromete-se onde não é chamado. Tagarelice. Intriga.

Anatomia e Fisiologia:
Rege a distribuição da energia vital pelo sistema nervoso, o lado esquerdo do cérebro e as faculdades mentais; os ombros, os braços, as mãos (gesticulação), as orelhas, a audição, as cordas vocais, as vias respiratórias e o seu ritmo.

Afinidades Terapêuticas:
Florais: Eucalyptus, Emília, Ficus, Margarites, Silene.
Fórmulas compostas: Fórmula de aprendizado, Guttagnello, Sempiternu.
Fitoflorais: Serenium, Ventilan.

> *"Muitos de nós estão mais próximos da própria Alma na infância e na adolescência do que anos mais tarde."*
>
> — Bach, *Cura-te a ti mesmo*.

FLORAIS ÚTEIS PARA OS ASPECTOS ASTROLÓGICOS DE MERCÚRIO

MERCÚRIO-VÊNUS Aspectos Harmônicos

Não pode haver o aspecto de Trígono entre Mercúrio e Vênus, porque eles nunca se distanciam mais do que 76 graus um do outro. Apenas o **Sextil** (60 graus) é possível. Outros contatos podem ocorrer através dos aspectos das Progressões, Trânsitos ou Retornos ao Mapa Natal.

- Escrevendo ou falando, este indivíduo possui o dom de colocar em suas palavras toda a gama de emoções e sentimentos que estiver vivendo num determinado momento, sem nenhum tipo de censura, acanhamento ou constrangimento.
- Romântico, poético e sociável, sente necessidade de se expressar de forma suave e gentil. Voz melodiosa e harmônica.
- Pacifista, suas idéias são um manifesto de exaltação ao valor da beleza, da harmonia, do bem entre os seres. Mediador.
- Artisticamente sensível, poderá estar ligado às artes por inúmeras razões, desde a simples apreciação até o comércio de produtos para a mulher, como esteticista, decorador, professor de artes, difusor ou promotor de eventos artísticos, *marchand*, perito em avaliações de obras artísticas, etc.

NEM TUDO É POSITIVO NOS ASPECTOS HARMÔNICOS:
- Para evitar conflitos, tenta justificar ou interpretar as atitudes dos outros, sem se dar conta de que o jogo das aparências esconde outros motivos para as desavenças.. *Vervano, Ruta*
- Interesses intelectuais fúteis, supérfluos e voltados para o luxo, o conforto e a segurança ou a aparência... *Ígnea*
- Depois de conquistar o que deseja, pode cair numa certa acomodação intelectual e mesmo existencial. Auto-indulgência........................ *Rosa canina*

ASTROLOGIA MÉDICA:
- Bom funcionamento do suprimento nervoso das glândulas endócrinas.

MERCÚRIO-VÊNUS Conjunção

(+) Carisma e magnetismo na auto-expressão falada ou escrita. Dotado de voz melodiosa, pode dedicar-se ao canto em corais.
* Sucesso artístico através da música, literatura ou poesia.
* Sua fonte de renda pode ser a comunicação.
* Relações sociais harmoniosas. Diplomacia. Bons amigos. Popularidade.

(-) (Ver aspectos desarmônicos.)

MERCÚRIO-VÊNUS Aspectos Desarmônicos

Não pode haver os aspectos de Oposição, Quincúncio ou Quadratura, porque a distância entre Mercúrio e Vênus nunca vai além dos 74 graus. Pode ser desarmônica a Semi-quadratura (45 graus) e o lado negativo da Conjunção. Outros contatos podem ocorrer pelos aspectos das Progressões, Trânsitos ou Retornos ao Mapa Natal.

* Conversação fútil e superficial. Auto-indulgência. Interesses voltados para o luxo, o conforto, a aparência. Veleidade... *Ígnea*
* Querendo aparentar distanciamento de tais interesses mundanos, poderá usar toda sua força verbal para atacar a moda, os modismos, a decadência de nossas sociedades, a hipocrisia humana, o desperdício, etc. e tal, porém, tudo isso regado com um bom *scotch*, em meio a uma badalada festa na *high-society*... *Buquê da transformação*
* Racionaliza as emoções de tal forma que, quando o deseja, não consegue uma expressão afetiva adequada................................. *Tropaeolum*
* Quando quer agradar, torna-se um bajulador; quando deseja aparentar bom humor, torna-se impertinente, com suas piadinhas desagradáveis e inconvenientes... *Silene*

ASTROLOGIA MÉDICA:
* Rouquidão. Falhas de voz. Afonias........................ *Sambucus, Margarites*
* Deglutição difícil.. *Taraxacum, Sambucus*
* Laringite. Faringite.. *Verbenácea*

MERCÚRIO-MARTE Aspectos Harmônicos

* Indivíduo de raciocínio extremamente lógico e empreendedor, dirige sua vontade para o trabalho prático, estratégico e científico. Lógica aristotélica. Reserva inesgotável de energia mental.
* Como pesquisador, suas avaliações costumam ser exatas e, normalmente, aplicadas na resolução de problemas de mecânica ou de engenharia. Gosta de enfrentar desafios de ordem técnica. Engenheiro civil. Estrategista militar.

- Dotado de uma mente laboriosa e dinâmica, parece um "castor construtor", sempre construindo alguma coisa engenhosa. Rápido nos movimentos, mas sem ser precipitado, faz tudo com muita consciência.
- Defende suas idéias, planos, projetos ou posicionamentos pessoais com entusiasmo e uma invejável "virilidade" intelectual.
- Quando fala, gesticula vigorosamente com as mãos e, num tom de voz seguro e enfático, seus pensamentos são facilmente compreendidos e assimilados por todos.
- Ganha a confiança de seus superiores por levar até o fim as tarefas ou as missões que pareciam impossíveis a outros.
- Pode obter sucesso em inúmeras áreas e profissões como: artesão, comerciante de armas ou de material de construção, repórter policial, investigador, comentarista político, atleta, técnico esportivo, pesquisador-explorador-pioneiro, arqueólogo, agrônomo, relações públicas, engenheiro civil, químico, advogado criminalista, político, etc.
- Gosta de jogos e aventuras que envolvam inteligência e coragem, como, por exemplo: o jogo de estratégia *War*, ralis, safaris, gincanas, etc.

ASTROLOGIA MÉDICA:
- Bom funcionamento dos nervos motores que controlam os músculos. Reflexos rápidos. Agilidade física e mental.

MERCÚRIO-MARTE Conjunção

(+) Com uma energia mental desperta, superativada e enérgica, este indivíduo pensa e age imediatamente, sem nenhuma vacilação ou dúvida. Poder de decisão. Está sempre atento. Sabe o que quer. Presença de espírito. Audácia.

- Com fala firme, segura e direta, expõe seus pensamentos de modo preciso, sem qualquer constrangimento ou inibição. Franqueza. Poder de comunicação. Oratória.

(-) Necessidade de auto-afirmação intelectual. Fala alto e com uma forte ênfase nas palavras, como se desejasse empurrar suas idéias "goela abaixo" de seus interlocutores... *Verbenácea, Helianthus*
(Ver aspectos desarmônicos.)

MERCÚRIO-MARTE Aspectos Desarmônicos

- Mentalidade guerreira, agressiva e inquisitiva, mas apenas por um espírito de defesa, de atacar primeiro para não ser pego de surpresa depois.. *Vervano, Nicociana, Pastoris*
- Mente rápida, aguda, sempre alerta e com a resposta grosseira na ponta da língua. Armado até os dentes, interpreta mal as ações dos outros.... *Psidium*

- Impaciente, impulsivo e irrefletido, tem que fazer tudo mais de uma vez e mesmo na segunda tentativa, faz malfeito... *Impatiens*
- Irritado consigo mesmo e com os nervos à flor da pele, é impossível fazer-lhe qualquer reprimenda ou chamar sua atenção............ *Mirabilis, Calêndula silvestre.*
- Espírito de contradição: tenta convencer os outros sobre seus pontos de vista, sabendo de antemão que nem ele mesmo acredita neles....... *Silene, Eucalyptus*
- Argumentador, discute, debate e insiste até ficar com a última palavra. O ponto de vista dos outros não lhe interessa.................................... *Verbenácea*
- Vê qualquer divergência em relação às suas idéias como uma ameaça à sua pessoa. Leva tudo pelo lado pessoal. Quando se aborrece, sai esbravejando e descarrega sua raiva chutando tudo o que encontra pela frente: a porta, o cachorro, o carro... *Psidium*

INDIVÍDUO MENOS EVOLUÍDO:
- Devido à necessidade de auto-afirmação intelectual, levanta assuntos polêmicos para provocar acalorados debates entre as pessoas e poder expressar, ou melhor, impor sua opinião.. *Lantana*
- O uso de uma linguagem chula, depreciativa, venenosa, ardilosa e superagressiva faz dele um "gladiador" invencível, mesmo não estando com a razão.. *Calêndula silvestre, Thumbergia*
- Procura falhas nos outros para criticá-los ou ridicularizá-los publicamente.. *Mirabilis*
- Vence obstáculos com o uso de manobras manipulativas, com mentiras, calúnias, intrigas, etc.. *Silene, Camelli*
- Colérico, todos o temem. Impopularidade. Inimizades............... *Thumbergia*

ASTROLOGIA MÉDICA:
- Problemas nervosos. Prostração nervosa. Ação reflexa descontrolada. Tiques nervosos involuntários................................ *Psidium, Sambucus, Serenium*
- Inflamações ou tumores do tecido nervoso (neurite)........ *Verbenácea, Imunis*
- Vertigens. Dores de cabeça latejantes...................... *Ficus, Movius, Lavândula*
- Herpes-zoster.. *Limpidus, Imunis*
- Febres cerebrais. Loucura... *Basilicum, Sempiternu*

MERCÚRIO-JÚPITER Aspectos Harmônicos

Mercúrio é um dos principais planetas formativos da nossa mente lógica, racional e analítica. Júpiter representa a nossa vontade de crescimento, expansão, a nossa mente cosmopolita e universal, capaz de penetrar e absorver-se nos mais abstratos pensamentos de ordem filosófica-religiosa-existencial. Unidos por aspectos harmônicos, podem proporcionar uma mente com o poder de alçar **vôos intelectuais** em quase todas as áreas do conhecimento humano. A versatilidade deste aspecto tão intelectualmente estimulado abre um leque interessante no que se refere às distintas formas de pensar e aos diferenciados e particularizados processos de racionalização encontrados em cada ser humano. Caso Mercúrio predomine sobre Júpiter, encontraremos, por exemplo, a "Lógica Formal" de Aristóteles. Caso Júpiter esteja mais forte, a mente poderá pender para o lado da "Lógica Dialética" de Platão.

- Alegre, jovial e extrovertido, este indivíduo é uma das pessoas mais otimistas, bem-humoradas e espirituosas que poderemos encontrar pela frente. Vivacidade de espírito.
- Inteligente e culto, as palavras, idéias e pensamentos afloram-lhe à mente como o fluxo borbulhante de uma champanhe em dia de festa. Comunica-se bem com todas as pessoas, não importando o seu grau cultural. Versatilidade intelectual. Sabe quando deve falar e expressar suas opiniões e quando deve calar, ouvir e aprender. Discernimento.
- Dotado de mente filosófica, busca o saber através de profundas reflexões, estudos, pesquisas e análises. Para ele, o conhecimento tem valor inestimável.
- De natureza holística e imparcial em qualquer questão, antes de tomar uma decisão ou partido, procura ver os dois lados da moeda. Sabe refrear-se na emissão de críticas ou julgamentos a terceiros. Bom conselheiro.
- Poderá conhecer a fundo as leis da gramática ou, então, voltar-se para o conhecimento de línguas, o estudo da cultura, do folclore e das tradições de outros povos. Gosto pela história.
- De espírito democrático, liberal e progressista, poderá ser encontrado em meio à vanguarda intelectual e cultural de sua época.
- Abraça os ideais pacifistas e humanitários e lutará com as armas intelectuais de que disponha para pôr fim aos desequilíbrios sociais, sentindo-se solidário com movimentos que defendam a natureza, os direitos humanos, a liberdade ideológica, etc.
- Sucesso em todos os empreendimentos e profissões que envolvam a comunicação e um pensamento rápido, tais como: vendedor, jornalista, publicitário, conferencista, humorista-caricaturista, professor de filosofia, religião, história, etc.
- Quase todos, ao longo da vida, escrevem ou publicam um ou mais livros. O gosto pelas viagens não é menor do que o gosto pelo conhecimento.

NEM TUDO É POSITIVO NOS ASPECTOS HARMÔNICOS:
- Teórico, pode não saber como utilizar de forma prática a imensa gama de conhecimentos e informações que possui................... *Eucalyptus, Tropaeolum*

MERCÚRIO-JÚPITER Conjunção

(+) Predisposição intelectual para estudos que digam respeito às ciências, à filosofia, à ética, às leis, à religião. Espírito aberto e otimista. Expansão

mental. Inteligência. Este é o tipo de indivíduo que jamais corta seus laços com o meio universitário.
- Benevolente, reparte e compartilha com alegria seu conhecimento com os outros. Possui inúmeros relacionamentos. (Ver aspectos harmônicos.)

(-) Excessivamente intelectual e teórico, pode ter enormes dificuldades para lidar com a vida material, saindo-se um pouco melhor quando atua como professor, palestrante ou escritor............................... *Fórmula da opulência*
- Congestiona a mente com conhecimentos supérfluos, informações inúteis, notícias, dados estatísticos e até mesmo com opiniões alheias e falatórios, perdendo a capacidade de discernir e separar o lixo cultural das coisas que têm real valor................................ *Tropaeolum, Taraxacum*
- Copiando padrões da vida alheia, fica sem saber o que é bom para ele ou o que realmente deseja para si... *Emília*
(Ver aspectos desarmônicos.)

MERCÚRIO-JÚPITER Aspectos Desarmônicos

- A disfunção entre a mente lógica, racional e analítica (Mercúrio) e a mente abstrata, conceptual e filosófica (Júpiter) faz com que este indivíduo se perca na macrovisão de um assunto e não saiba lidar com suas particularidades... *Taraxacum, Fórmula de aprendizado*
...ou, então, se detenha obtusamente em detalhes e não consiga ver ou entender a relação que eles mantêm com o todo, nem onde se encaixam..... *Margarites*
- Escrevendo ou falando, pode apresentar vícios de linguagem, tais como revestir o mesmo pensamento com outras palavras e acreditar que esteja fazendo um discurso longo e profundo (perissologia). Erros de leitura, de escrita, de cálculo e de expressão (dislexias). Numa narrativa, agiganta exageradamente a verdade dos fatos, para torná-los mais emocionantes (hipérbole) .... *Fórmula de aprendizado*
- Filosofia de vida estreita, superficial e fútil ou, então, superexpandida, que chega a perder-se no tempo e no espaço, por falta de limites ou parâmetros.. *Ipoméia*
- É um verdadeiro banco de dados ambulante, colecionando conhecimentos inúteis e inaplicáveis. Péssima "memória" para o que é essencial no contexto de sua vida.. *Margarites*
- Caso deseje intelectualizar-se, relegará as emoções a um segundo plano, tornando-se um escravo dos ditames do mundo das idéias e dos pensamentos.. *Phyllanthus, Tropaeolum*
- Caso não consiga atingir a meta intelectual que idealizou para si, a frustração subconsciente leva-o a tornar-se um antiintelectual do tipo contestador *underground*, atacando e combatendo tudo aquilo que se apresente com características de intelectual........................... *Salvia, Tropaeolum*

- A falta de persistência e a instabilidade mental incapacitam-no para seguir até o fim uma carreira, uma meta ou um projeto................... *Ruta, Origanum*
- Indeciso e vacilante, suas dúvidas parecem eternas. Devaneios teóricos. Dispersões. Distrações. Falta de atenção...................................... *Taraxacum*
- Argumentador dogmático e chato, parece um daqueles vendedores "carrapatos" que não largam do pé da pessoa enquanto não conseguem convencê-la das qualidades de seu produto..................... *Helianthus, Verbenácea*
- Tagarela, não sabe guardar segredo, mesmo quando solicitado.... *Helianthus*
- Ofende-se com facilidade por entender mal as atitudes dos outros. Impreciso nos seus julgamentos... *Fórmula de aprendizado*
- Tendo uma curiosidade insaciável, mete-se onde não é chamado........ *Silene*
- Especulador, joga verde para colher maduro. Blefador nato... *Mirabilis, Silene*
- Político ou não, a sua "plataforma" é vaga e indefinida, o seu discurso é vazio, não sai de cima do muro e promete mais do que pode cumprir ou está interessado em fazer... *Silene*

ASTROLOGIA MÉDICA:
- Problemas nas cordas vocais e no aparelho auditivo; tosse; surdez.. *Tagetes*
- Contrações musculares involuntárias; tiques nervosos.................. *Sambucus*
- Problemas pulmonares.. *Guttagnello, Ventilan*
- Saúde prejudicada; resfriados constantes; recuperações lentas........ *Imunis, Limpidus*

MERCÚRIO-SATURNO Aspectos Harmônicos

Mercúrio e Saturno são os dois principais planetas responsáveis pela estruturação de nossa mente lógica, racional e analítica (lado esquerdo do cérebro). São os pais legítimos de quase todas as ciências exatas e de praticamente todo o conhecimento científico de nossa época atual. Regem o que poderíamos chamar de "Lógica Metodológica".

Um dos melhores aspectos para transações mercantis. Quando unidos de forma favorável, como é o caso, *somam* suas qualidades e *multiplicam* seus "talentos".

- De humor contido, este indivíduo não brinca em serviço, sendo capaz de enfrentar longas jornadas de trabalhos rotineiros, maçantes e que exigem meticulosidade e precisão, tais como: contabilidade, controle de estoque, revisão de textos, análises laboratoriais, pesquisas científicas repetitivas, consertos, reparos, etc.
- Fala pausadamente e com a consciência de cada palavra dita. Não é dado a grandes oratórias ou a eloqüências, mas, sendo solicitado, não se omitirá.
- De estilo professoral, repassa de boa vontade seus conhecimentos e o *know-how* técnico adquirido ao longo de uma vasta experiência prática.
- Possui uma mente capaz de concentração e voltada para a organização, o planejamento e a administração empresarial; possui habilidades incomuns

para lidar com as ciências contábeis e a matemática, podendo tornar-se, inclusive, um excelente agente financeiro.
- Como comerciante, possui um sentido inato de previsão. Paciente, sabe esperar a hora certa de comprar, vender ou promover liquidações; atende bem e respeita sua clientela. Retidão de pensamento e conduta. Honestidade.
- O magistério, o sacerdócio, o serviço público, etc., são outros departamentos onde poderemos encontrar este indivíduo esforçado e trabalhador.
- Dotado de tenacidade e determinação mental, enfrenta suas dificuldades com a paciência de um "pescador", que sabe esperar com serenidade a chegada de ventos mais favoráveis.

MERCÚRIO-SATURNO Conjunção

(+) Metódico, este indivíduo possui uma mente do tipo lógica, voltada para assuntos de natureza prática. O seu natural poder de concentração pode muito bem ser aplicado tanto na pesquisa quanto no planejamento econômico-admistrativo. (Ver aspectos harmônicos).

(-) Medo de falar, ou mesmo de expor suas idéias em público........ *Fórmula de exame*
- Posicionamentos rígidos e antiquados. Lentidão mental.......... *Buquê da transformação*
(Ver aspectos desarmônicos.)

MERCÚRIO-SATURNO Aspectos Desarmônicos

- Dificuldade de organizar suas próprias idéias e de formular os pensamentos através da escrita e da fala. Problemas quanto à clareza da dicção. Bloqueios de linguagem. Memória fraca.................................. *Taraxacum, Ficus*
- Vida cultural pobre e desinteressante.. *Taraxacum*
- A lentidão mental leva alguns indivíduos mais defensivos a um posicionamento radicalmente antiintelectual.. *Piperita*
... outros, por ambição de reconhecimento intelectual aplicam todas as suas energias no sentido de vencerem suas dificuldades, mesmo pagando o alto preço de passar por todos os tipos de privações.......................... *Ícaro*
- Estreiteza de atitudes e opiniões. Rigidez. Ceticismo. Como São Tomé, precisa ver para crer e, ainda assim, só se não for algo muito diferente ou inovador.. *Phyllanthus*
- Desconfiado, não acredita na palavra de ninguém.......................... *Pastoris*
- Mentalmente preocupado com a sobrevivência, com questões financeiras, econômicas, com o trabalho, a carreira, o *status* social, os projetos em andamento, etc. .... *Fórmula da opulência, Ambrosia*

Indivíduo Menos Evoluído:
- Crítico e altamente discriminativo. Racista. Separatista................ *Mirabilis*
- Intelectualmente complexado, diminui e menospreza as pessoas com seus comentários sarcásticos e satíricos. Humor negro.............. *Zinnia, Calêndula silvestre, Orellana*
- Frio e calculista, poderá manipular conhecimentos ou informações, com fins lucrativos. Astúcia mental visando obter poderes ou vantagens pessoais e materiais. Maquiavelismo.................... *Cauliflora, Fórmula da opulência*
- Por vingança, seus inimigos "puxam-lhe o tapete" ou sabotam seus planos. Socialmente repudiado. Isolamento intelectual........................ *Althaea*
- Frustrado, pode cair na autocomiseração e na velha ladainha do "coitadinho de mim", aborrecendo a todos com a ruminação de seus sofrimentos e desgostos........................ *Jasminum, Buquê da transformação*

Problemas Psicológicos mais Graves:
- Complexo de inferioridade intelectual................. *Malus, Mimosa, Lavândula*
- Problemas de fala e/ou de audição causados pelo isolamento, pela inibição e pela excessiva introspecção................................ *Lavândula, Viola, Tagetes*
- Dislexias: erros de leitura, de escrita e/ou de expressão; erros de cálculo ou ao lidar com números; inaptidão para a matemática; dificuldade e necessidade de esforço na transmissão ou compreensão de idéias (afasia); atraso no uso da palavra; dificuldade de pronúncia (dislalia)............ *Anil, Fórmula de aprendizado*
- Ansiedades mentais devidas a questões materiais. Preocupações desnecessárias. Inseguranças... *Sambucus*
- Negativismo mental. Tristeza. Melancolia. Depressões............. *Ambrosia, Fórmula da opulência, Zinnia, Supplerium*

Astrologia Médica:
- Problemas nervosos, pulmonares ou digestivos decorrentes de constantes tensões e ansiedades.. *Levitate, Calmim*
- Reumatismo articular, com estalos.................................... *Limpidus, Imunis*
- Gota.. *Limpidus*
- Herpes-zoster.. *Limpidus, Aristolóquia*
- Psoríase. Eczema. Dermatoses......... *Limpidus, Imunis, Exsultat Liquor e Gellu*

MERCÚRIO-URANO Aspectos Harmônicos

Este aspecto parece ser uma expressão da chamada "Lógica Normativa": a preocupação com a questão "como devemos pensar, para que o nosso pensamento seja correto?" ou, ainda, da "Lógica Metafísica", que admite que as operações lógicas estão submetidas a uma realidade de ordem metafísica.

- Veloz como um relâmpago, a mente deste indivíduo genial apresenta as respostas e as soluções mais surpreendentes, deixando todos de queixo caído. Vivacidade intelectual. *Flashes* criativos.

Se comparássemos o planeta Mercúrio a um computador, Urano seria o co-processador aritmético ou então o botão de turbo, que tornaria suas atividades "n" vezes mais rápidas.

- Versado em quase todos os assuntos, comunica-se bem com todo mundo, apesar de sentir a limitação imposta pelas palavras na transmissão de seus pensamentos.
- Numa conversa, impacienta-se por ter de ouvir até o final, quando já sabe o que vai ser dito; por isso, fica mais à vontade em grupos cuja unidade de pensamento dispensa longas explanações, bastando algumas poucas palavras, um olhar de relance ou um simples gesto, para estabelecer um poderoso elo telepático.
- Inovador e anticonvencional, por vezes parecerá rebelde ou excêntrico aos olhos dos outros; ataca abertamente tudo o que se tornou retrógrado e ultrapassado: modas, estilos, valores, idéias, conceitos, culturas, filosofias, políticas, sistemas, regimes, governos, etc. Mentalidade reformista.
- Possui uma capacidade incomum para compreender as leis universais, o que poderá levá-lo a envolver-se com a física, a matemática de ordem superior, os projetos e pesquisas na área científica e tecnológica, a informática, os computadores, etc.

A genialidade deste aspecto permite aos aficionados do jogo de xadrez, por exemplo, fazerem suas jogadas de costas para o tabuleiro; o jogo é "cantado", e os lances são memorizados em suas mentes. Poucos conseguem vencê-los.

- A necessidade de se sentir livre e o gosto pela velocidade podem levá-lo a buscar a aviação, a aeronáutica ou, como piloto de provas, o motociclismo e o automobilismo. Reflexos rápidos.
- Gosta de literatura de ficção que fale sobre a vida humana no futuro, criando ou sugerindo novas opções de vida em sociedade.
- Pessoas mais evoluídas estão engajadas numa busca mais profunda, relativa aos conceitos filosóficos a respeito da vida, da existência, repudiando toda e qualquer fé cega; procuram escolas ou sistemas de pensamento cujas abordagens sejam mais racionais e mentalistas.

MERCÚRIO-URANO Conjunção

(+) Inteligência rápida e telepática. Fator de genialidade. Intuição.
- Adepto da liberdade de pensamento, possui idéias e posicionamentos bastante originais e independentes das normas e convenções sociais vigentes. Reformador.

- Favorece astrólogos, cientistas e a comunicação eletrônica.

(-) (Ver aspectos desarmônicos.)

MERCÚRIO-URANO Aspectos Desarmônicos

- Inconstância mental: num instante é um intelectual brilhante e genial e no outro, um teimoso estúpido e obtuso. Egocentrismo.......... *Ficus, Eucalyptus*
- Fala apressadamente, com total falta de ordem mental em seus argumentos, o que torna suas afirmações ilógicas e incompreensíveis........ *Basilicum*
- Falta embasamento teórico nas suas afirmações. Conclui sem pensar. Opiniático. Teimoso... *Margarites*
- Carente de tato ou sensibilidade, acredita que sua opinião é a única que conta. Diverge de todo mundo. Espírito de contradição............. *Lantana, Fórmula ecológica*
- Impaciente e intolerante, acha que todos são burros ou retardados, mas ele não sabe fazer melhor, tomando decisões repentinas, impulsivas e precipitadas.. *Impatiens*
- "Gênio incompreendido", termina só e sem amigos.................. *Tropaeolum*

INDIVÍDUO MENOS EVOLUÍDO:
- Reformador social de mesa de bar, usa toda sua força verbal para menosprezar a sociedade e o mundo que tanto repudia. Rebelde sem causa. Anarquista... *Vernônia*
- Com uma mente fria e mecanicista, imagina-se vivendo em sociedades futuristas "perfeitas", tecnológicas, robotizadas e, provavelmente, onde tudo acontece de acordo com a sua vontade........................ *Rosmarinus*

PROBLEMAS PSICOLÓGICOS MAIS GRAVES:
- Sistema nervoso à flor da pele. Tensões. Estresse............................ *Calmim*
- Descontrole do sistema neuropsíquico. Contrações musculares involuntárias; tremores ou tiques nervosos (mioclonia). Falta de coordenação motora. Disritmias.. *Sambucus, Serenium*
- Inversão de valores. Anomalias mentais. Loucura.............. *Buquê de 9 flores*

ASTROLOGIA MÉDICA:
- Palpitações. Vertigens. Cãimbras nas pernas................ *Tonarion, Sempiternu*

MERCÚRIO-NETUNO Aspectos Harmônicos

Mercúrio é um dos planetas que regem o lado esquerdo do cérebro, enquanto Netuno rege o direito. Unidos de forma harmônica, é notório como a mente lógica, racional e analítica ganha em sensibilidade e em profundidade de pensamento. "Lógica Empática", ou "Ióguica" (fusão do observador com o objeto observado).

- Com uma mente sensível e perceptiva, este indivíduo capta a essência das coisas e das pessoas, não se deixando levar ou enganar pelas aparências externas.
- Os interesses de ordem pessoal são equilibrados e moderados por uma visão abrangente, holística e por um sentimento de irmandade entre todas as pessoas. Altruísmo.
- Compartilha suas experiências profissionais, seus conhecimentos e suas idéias, sem nenhuma espécie de interesse econômico.
- Quando fala, suas palavras possuem uma estranha e sutil magia, capaz de encantar e fascinar seus interlocutores mais frios; segundo Marion D. March, "consegue pintar quadros com as palavras". Inspiração verbal.
- Dotado de um sentido musical, como compositor, poderá, com suas letras, tocar o coração e a alma, até mesmo dos mais embrutecidos. Poético.
- Poderá realizar-se em inúmeras áreas artísticas como, por exemplo, a pintura, a fotografia, a poesia, a música, como escritor ou roteirista de filmes (românticos), etc.
- Unindo a imaginação e um poder imenso de visualização, pode ser um artista voltado para o cinema ou a computação gráfica, concebendo as mais lindas e fascinantes realidades virtuais, com a intenção de trazer às pessoas distração, lazer e diversão e tornar nossa realidade um pouco menos fria e dura.
- As idéias criativas ou as soluções para os problemas brotam na mente deste indivíduo, através de sua capacidade incomum de contemplação e silêncio mental, que sustenta até que a resposta apareça. Poder de síntese e globalização.

MERCÚRIO-NETUNO Conjunção

(+) Sensibilidade intelectual. Imaginação fértil. Inspiração verbal para a poesia. Idealismo.

- Com uma conexão empática com a mente ou as idéias dos outros, capta telepaticamente o que estão pensando, querendo ou buscando, sem a necessidade de palavras.
- Envolvimento com grupos esotéricos. Profecia. Clarividência.

(-) (Ver aspectos desarmônicos.)

MERCÚRIO-NETUNO Aspectos Desarmônicos

- A mente consciente (Mercúrio) sofre súbitos e inadvertidos assaltos da mente inconsciente (Netuno), e algumas pessoas podem mergulhar num oceano de confusão mental e caos emocional.................. *Luceris, Basilicum*
- Distorções e fantasias no que se refere à auto-imagem.................. *Jasminum*

- Idéias desconectadas, distrações, dispersões, lapsos de memória (brancos), devaneios intelectuais............. *Rosmarinus*
- Desatenção aos detalhes, ou dificuldade para perceber o todo de um assunto, por ficar preso a questões de menor importância......... *Taraxacum, Margarites*
- Gosta do estímulo mental-intelectual-visual-imaginativo que o cinema, a TV, o álcool e as drogas proporcionam, principalmente se estiver ligado a alguma atividade artística que exija intensa produção criativa........... *Fuchsia, Ipoméia*
- Desorganizado, torna-se inseguro para lidar com a vida material. Pensamento irreal e fantasioso.............. *Rosmarinus*
- Dotado de antena parabólica, capta tudo o que os outros estão pensando ou dizendo dele; isto o torna cada vez mais suscetível e vulnerável........ *Luceris, Millefolium*
- Sentindo-se vítima das circunstâncias, adquire uma retórica autocomiserativa — por exemplo, culpa os pais por tê-lo posto no mundo ou algo parecido. Autocomplacência. Indolência............. *Aleluia*

INDIVÍDUO MENOS EVOLUÍDO:
- Para "vencer na vida", faz o jogo da astúcia: engana, mente, espiona, falsifica, mimetiza-se, etc. .... *Silene, Ícaro*
- Para não ser descoberto, despista produzindo uma série de intrigas, calúnias ou difamações entre as pessoas do seu meio ambiente................... *Silene, Camelli*

PROBLEMAS PSICOLÓGICOS MAIS GRAVES:
- Dislexias em geral: não entende o que lhe dizem; falta de atenção; atrapalha-se quando está falando; inteligência fraca; lapsos de memória; erros de leitura, de cálculo, de escrita, de expressão; uso de termos impróprios ao falar (disfasia, afasia, dislalia, etc.). Ao escrever, comete hipérbatos de linguagem, invertendo inconscientemente a ordem natural das palavras ou das orações.............. *Fórmula de aprendizado*
- Hipersensibilidade nervosa. Esgotamento mental e do sistema nervoso. Neurastenia................ *Tonarion*
- Vítima de entidades obsessoras..................... *Limpidus*
- Constantes pensamentos mórbidos levam-no a incorporar idéias distorcidas sobre a realidade. Alienação intelectual............ *Buquê da transformação*
- Paranóia. Neuroses. Delírios. Alucinações. Loucura.................. *Basilicum, Psidium, Buquê de 5 Flores*

ASTROLOGIA MÉDICA:
- Problemas nas vias respiratórias. Infecções...................... *Limpidus, Ventilan*

MERCÚRIO-PLUTÃO Aspectos Harmônicos

Mercúrio é a nossa mente curiosa e especulativa, cujo *modus operandi* diante do desconhecido é aquele famoso *ponto de interrogação (???)*. É a voz indagadora e questionadora dentro de nós, ávida de "saber". Por seu turno, Plutão é o planeta que toma essa mesma pergunta em seu seio e nos leva ao mergulho em profundidade, à experiência direta, à realização vivencial, à transformação, à realização espiritual. O que antes era apenas um pressuposto ou saber teórico, incorpora-se em nossa natureza como uma verdade indiscutível. Este aspecto rege o que poderíamos chamar de "Lógica Gnóstica", ou melhor, "Lógica Gnosiológica", a lógica que advém de um saber intrínseco em nossa natureza.

- Com uma forte ênfase nas palavras, uma gesticulação firme e segura das mãos, este indivíduo sabe ser suficientemente dramático quando deseja fazer-se entender. Magnetismo intelectual.
- Psíquico, sua mente é aguçada, penetrante e concentrada — seu olhar parece que tem raios X capaz de ir até o cerne das verdades mais ocultas. Poucas pessoas conseguem encará-lo nos olhos se não estiverem sendo cem por cento francas e honestas em suas palavras e nas suas atitudes.
- Como orador, seu discurso possui o poder alquímico da transformação e da regeneração, trazendo idéias de ordem e correção onde o erro ou o vício se tenham instalado. Voz da consciência.
- Mente desperta e preocupada com as questões de ordem político-social; pode tornar-se uma espécie de líder intelectual de sua época.
- Poderá envolver-se com o ensino, a medicina ou a pesquisa, mas seu ponto forte encontra-se na área financeira.

Na Astrologia Mundial, Mercúrio rege o comércio, as trocas, o mercantilismo em geral e Plutão, a energia oculta, aquilo que está por detrás do mundo visível. O dinheiro, como energia concentrada num pedaço de papel, condensa e oculta o triângulo básico da economia humana: esforço-tempo-homem. Este indivíduo, em virtude do seu senso realista de valores, estaria altamente qualificado para lidar com ele.

- Indicado para gerenciar departamentos de pessoal de grandes empresas, onde possa encarregar-se dos planos salariais e da carreira de seus funcionários. Administrador. Conselheiro. Consultor ou jornalista-comentarista na área econômica e financeira.

INDIVÍDUO MAIS EVOLUÍDO:
- Pode haver interesse nas artes e ciências esotéricas, com capacidade para compreender o lado oculto das coisas e o *modus operandi* da energia física e psíquica da natureza humana. Bom psicólogo.

- Como terapeuta pode gostar do trabalho com hipnotismo e com a regressão a vidas passadas.

MERCÚRIO-PLUTÃO Conjunção

(+) De inteligência penetrante, possui uma "visão de raios X" das pessoas ou das situações. Poderosa força de vontade mental.
- Capacidade para penetrar nos segredos ocultos da natureza. Pensamento profundo. Pesquisador, procura a verdade. Professor ou psicólogo. Idéias transformadoras.
(-) (Ver aspectos desarmônicos.)

MERCÚRIO-PLUTÃO Aspectos Desarmônicos

- A mente consciente e pessoal (Mercúrio) pode se tornar presa das forças cegas e negativas do inconsciente coletivo (Plutão), levando o indivíduo a um pensamento errôneo ou distorcido dos fatos, da realidade e de si mesmo.. *Linum, Basilicum*
- Idéias obsessivas e compulsivas, ora criativas ora destrutivas....... *Calêndula silvestre.*
- Ambições de poder de liderança intelectual.. *Ícaro*
- Impõe suas idéias aos outros ou, quando argumenta, enfatiza fortemente as palavras, acreditando que a razão está do lado de quem fala mais alto........ *Verbenácea*
- Inquisitivo, não sabe perguntar, simplesmente interroga............ *Thumbergia*
- Lutas pelo poder mental. Manipulações psicológicas de todas as ordens. Interesse pelo uso do poder hipnótico, para subjugar a mente e a vontade dos outros... *Thumbergia*

INDIVÍDUO MENOS EVOLUÍDO:
- Pode ser assaltado por idéias criminosas, com desejos de envolver-se, como autor intelectual, em tramas, complôs, subornos, espionagem, falsificação, chantagens, corrupção, terrorismo, manipulações psicológicas .... *Origanum*
- Linguagem grosseira. Destrutividade verbal.................... *Calêndula silvestre*

PROBLEMAS PSICOLÓGICOS MAIS GRAVES:
- Complexos de rejeição intelectual.. *Althaea*
- Pensamentos sexuais obsessivos. Taras. Fetichismo.......... *Lilium, Origanum*
- Crises mentais, com remorsos punitivos e auto-repressivos.................. *Pinus, Aristolóquia*
- Paranóias de perseguição. Pesadelos. Terrores noturnos............. *Guttagnello*
- Pensamentos mórbidos de violência, vingança........ *Zinnia, Vervano, Camelli*

- Resíduos de antigas marcas, feridas ou ressentimentos maltrabalhados podem dar início a um ataque histérico e irracional, sem o menor motivo aparente.. *Madressilva, Tagetes*

ASTROLOGIA MÉDICA:
- Dores de cabeça... *Impatiens, Ficus, Lavândula*
- Problemas nos órgãos sexuais. Tendência mais acentuada do que em outras pessoas ao contágio de doenças venéreas. Blenorragia. Sífilis........ *Feminalis, Aristolóquia*

MERCÚRIO-ASC Aspectos Harmônicos

- De comunicação alegre e fluente, este indivíduo adapta-se com facilidade ao seu meio ambiente e às novas amizades.
- Atualizado, muitíssimo bem-informado, é sempre o primeiro a trazer as novidades mais recentes. Intenso fluxo de energia criativa.
- Inteligente, suas palavras têm sempre mais de um significado.
- Perspicaz, possui uma percepção rápida dos fatos e acontecimentos. Expressividade corporal ao expor suas idéias e pensamentos.
- Sucesso como vendedor, relações públicas, jornalista, apresentador, cômico, etc. Bom humor.

MERCÚRIO-ASC Conjunção

(+) Agilidade corporal. Bons reflexos. Superativo.
- De inteligência excepcional, seu pensamento é de uma lógica clara e cristalina. Escreve bem. Facilidade com a palavra. Educador.

ASTROLOGIA MÉDICA:
- Bom funcionamento dos órgãos dos sentidos, principalmente a visão e a audição.

(-) Vê o mundo como uma criança dentro de uma loja de brinquedos — tudo parece atraente e fascinante... *Fuchsia, Ipoméia, Ígnea*
- Escolhas e opções implicam renúncias, e isso ele não sabe fazer; daí a vacilação para enfrentar a vida e escolher seu destino.................. *Origanum*
- Alguns indivíduos padecem de algo que poderia ser chamado de "loquacidade crônica", jamais param nem por um segundo, para ouvir sua própria voz interna — o que se dirá de ouvir os outros?................ *Helianthus*

ASTROLOGIA MÉDICA:
- Nevralgia facial.. *Verbenácea, Arnica campestre*

MERCÚRIO-ASC Aspectos Desarmônicos

- Ao projetar-se no mundo, manifesta problemas de expressão e comunicação, em virtude da má formulação de suas idéias e pensamentos. Mal-entendidos. Desarmonia nos relacionamentos................... *Fórmula ecológica*
- Falador compulsivo, não ouve ninguém. Enche os ouvidos dos outros com todos os tipos de assuntos, na maioria dos casos pouco interessantes e superficiais. Tagarelice de comadre. Fofocas. Intrigas........ *Helianthus, Lantana*

MERCÚRIO-MC Aspectos Harmônicos

- Sucesso em qualquer área profissional, devido a uma natureza sociável, comunicativa e, principalmente, em virtude da alegre vivacidade de espírito que o destaca, estando sempre atento e bem disposto para o trabalho.
- As portas estão abertas para quem possui fluidez de palavras e de idéias. Todas as áreas da comunicação lhe são propícias.

MERCÚRIO-MC Conjunção

(+) Impressiona seus superiores com a originalidade de suas idéias, pela fala e escrita fluentes. Suas idéias ganham facilmente aceitação pública.
- Profissões: telefonista, secretária, bibliotecário, professor, escritor, jornalista, comunicador, publicitário com atuação no setor de pesquisas de opinião pública, pesquisador em qualquer área, etc.

ASTROLOGIA MÉDICA:
- Bom funcionamento dos centros motores do cérebro.

(-) Como uma espécie de "xereta cósmico", quer estar a par de tudo o que ocorre à sua volta e no mundo.................................. *Buquê da transformação*
- Lê muito, mas não se aprofunda em quase nada. Cultura superficial de *release*, sinopses e capas de livros.............................. *Fórmula de aprendizado*
- Não conseguindo metabolizar a enorme quantidade de informações que acumula através de conversas, leituras, noticiários, comentários, "diz-que-dizes", perde a noção do valor de cada coisa, além de não saber qual tem real importância para sua vida.................................. *Fórmula de aprendizado*

ASTROLOGIA MÉDICA:
- Sistema nervoso abalado por pressões profissionais, questões de ascensão social ou cobranças no sentido de adquirir uma postura pessoal mais amadurecida.. *Fórmula da opulência*

MERCÚRIO-MC   Aspectos Desarmônicos

- Dispersões e falta de continuidade nos projetos criam dificuldades na escolha da profissão, no desenvolvimento de carreira e na própria ascensão social.. *Origanum*
- Problemas de comunicação com a família, com os pais, empregados e superiores hierárquicos. Desentendimentos........... *Vernônia, Fórmula ecológica*
- Mentiras, falatórios, fofocas ou intrigas arruínam o clima em seu local de trabalho ou por onde passa...................................... *Silene, Fórmula ecológica*

♀ VÊNUS

CARACTERÍSTICAS:
Elemento Ar. Feminino. Fecundo. Magnético. Quente. Úmido.

PALAVRAS-CHAVE E ANALOGIAS:
"Deusa do Amor"(Afrodite). "Deusa da Fertilidade".
"Deusa da Beleza". Afeto. Encanto. Charme. Graça. Simpatia.
Harmonia. Talentos artísticos. Senso de valores. Estilo. Sofisticação.
Luxo. *Glamour*. Atração. Romance. Magnetismo. *Sex appeal*.
Sensualidade. Sedução. Erotismo.

TRAÇOS POSITIVOS DO TIPO VENUSIANO:
Sociável, possui uma índole dócil, amável e superespontânea na expressão dos seus afetos. Vivaz e atraente, exerce um fascínio todo especial sobre as pessoas. Refinado sentido estético. Gosto pelas artes, pela cultura e pela espiritualidade.

TRAÇOS NEGATIVOS DO TIPO VENUSIANO:
Foge de situações conflituosas. Não sabe dizer não. Apego ao luxo, aos adornos, à aparência física, à vida social fútil. Veleidade. Hedonismo. Apaixona-se por várias pessoas ao mesmo tempo. Auto-indulgência.

ANATOMIA E FISIOLOGIA:
Rege os órgãos sensoriais, a pele, o tato, a voz, a garganta, a tireóide; o pâncreas, a produção de insulina e a distribuição dos açúcares pelo organismo; o sistema renal; os ovários, os órgãos internos de reprodução, os hormônios sexuais femininos; a circulação do sangue venoso.

AFINIDADES TERAPÊUTICAS:
Florais: Emília, Ficus, Ruta, Ígnea, Lilium, Hibiscus.
Fórmulas compostas: Tonarion, Fórmula da opulência.
Fitoflorais: Efluvium, Hormina, Victris-M.

> *"Se tivermos em nossa natureza amor suficiente por todas as coisas, não seremos a causa de agravo a ninguém; pois esse amor sustenta o gesto agressor, e impedirá nossa mente de se entregar a qualquer pensamento que possa magoar alguém."*
>
> — Bach, *Cura-te a ti mesmo*.

FLORAIS ÚTEIS PARA OS ASPECTOS ASTROLÓGICOS DE VÊNUS

VÊNUS-MARTE Aspectos Harmônicos

- A excelente integração energética entre as polaridades Yin (feminina, Vênus) e Yang (masculina, Marte) revela um indivíduo que sabe instintivamente quando agir com rigor, firmeza e combatividade e quando deve ser atencioso, meigo e amoroso.
- Livre de preconceitos ou constrangimentos, sente-se completamente à vontade, quando quer manifestar um gesto afetivo e carinhoso por alguém ou alguma coisa de que goste.
- Em qualquer conflito ou disputa, mais do que uma atitude meramente diplomática, seu bom senso lhe diz que é sempre melhor o uso da palavra e do diálogo. Entende-se bem com todos.
- Homem ou mulher, é naturalmente despojado de atitudes agressivas ou violentas, agindo com o parceiro sem a necessidade de exercer domínio sobre ele ou de entrar em competições inúteis e desgastantes, tão comuns em nossos dias, de ambas as partes.
- Sabe o que quer, tem coragem para ir atrás do que deseja, vive bem, diverte-se e, sem que necessariamente seja um hedonista, sabe aproveitar tudo o que a vida tem de melhor a oferecer.
- O homem é romântico e apaixonado e, sendo franco e direto, quando ama não manda recados, declara-se sem rodeios entregando as flores e o cartão pessoalmente.
- *Bon vivant*, tem um pouco de poeta, um pouco de aventureiro e, flertes à parte, lembra muito a figura alegre, extrovertida e carismática de Giovanni Casanova. Provavelmente se casará com uma mulher que adore receber seus galanteios.
- Um pouco menos romântica, a mulher também faz um sucesso imenso com o sexo oposto. Seu companheiro será alguém que saberá respeitá-la

tanto como mulher, esposa e amante, quanto como profissional, executiva e a empreendedora que deseja ser.
- Gosta de atividades esportivas que envolvam força, ritmo e harmonia de movimentos, tais como a ginástica olímpica, o cavalo, as argolas, as barras paralelas, as apresentações de solo, etc. Danças coreografadas. Aeróbica.

ASTROLOGIA MÉDICA:
- Boa saúde. Disposição física. Poder de recuperação.

VÊNUS-MARTE Conjunção

(+) Com as energias Yin (Vênus) e Yang (Marte) reunidas em um único ponto focal, este indivíduo chama a atenção por seu poderoso magnetismo pessoal, que o torna extremamente atrativo para o sexo oposto. Vitalidade física. Disposição emocional.
- Poder emocional para realizar aquilo que deseja, sem a necessidade de atropelos ou do uso da força bruta. Sociabilidade.
- Intenso amor pela vida. Gosta de livros do tipo capa e espada, que tenham sabor de aventura, conquista, romance e paixão.
- Poderosa energia sexual que poderá ser refinada e canalizada para atividades sociais e artísticas mais elevadas.

(-) Acredita que está amando, quando, na realidade, está sendo levado por impulsos sexuais puramente físicos; quando esses impulsos terminam, descobre, frustrado, que escolheu erradamente seu parceiro......... *Lilium, Origanum*
- A falta de segurança quanto à sua sexualidade pode levá-lo a fazer experiências bissexuais para se definir... *Zante*
(Ver aspectos desarmônicos.)

VÊNUS-MARTE Aspectos Desarmônicos

- O desequilíbrio entre as polaridades energéticas Yin (feminina, Vênus) e Yang (masculina, Marte) traz conflitos entre o dedicar-se a um companheiro, ao lar e à família e o voltar-se para o mundo, para o trabalho, para a realização dos projetos e ambições pessoais. Homem ou mulher, tem sérias dificuldades para conciliar ou administrar esta questão sem ferir ou magoar o parceiro.. *Lilium*
- Age com rudeza quando deveria demonstrar carinho e afeição, ou, então, demonstra fraqueza e hesitação quando deveria agir de forma enérgica. Expressão afetiva inadequada........................ *Calêndula silvestre, Eucalyptus*
- Impulsos extravagantes fazem-no gastar mais do que o orçamento permite, levando-o a sucessivos apertos financeiros (além de levar para casa coisas inúteis que jamais irá usar)........................... *Ambrosia, Fórmula da opulência*

- Problemas em quase todos os relacionamentos, por não ceder um milímetro em seus posicionamentos. Atitudes preconceituosas. Machismo descabido e fora de propósito....... *Lantana, Fórmula ecológica, Mirabilis, Pastoris*
- Impaciente, não sabe trabalhar em conjunto, irritando-se rapidamente quando as coisas não saem de acordo com sua vontade ou da forma como acha que deveriam ser feitas.. *Impatiens*
- Quer que os outros se modifiquem ou se adaptem à sua maneira de ser, enquanto ele mesmo permanece imutável, sem alterar uma vírgula de seus hábitos ou de suas próprias falhas e defeitos, inclusive de caráter... *Phyllanthus*
- Quando, nos relacionamentos, começam a surgir as primeiras e naturais dificuldades, acha mais fácil investir, comodamente, no rompimento do que despender qualquer esforço na sua continuidade e aprimoramento... *Lavândula*
- O homem, insensível, ganha a antipatia das mulheres com suas posturas machistas e com seu linguajar grosseiro e provocativo............... *Thumbergia*
- A mulher provoca desespero nos homens com sua instabilidade emocional: num momento age com extrema segurança, independência e auto-suficiência, no momento seguinte precisa urgentemente de atenção, carinho ou proteção, e logo em seguida torna-se agressiva ou mandona, desejando dominar a relação... *Calêndula silvestre, Ficus*
- Homem ou mulher, perdido em seus interesses pessoais e egoístas, pouco se importa em satisfazer as necessidades do parceiro, principalmente na área sexual... *Lilium, Hibiscus*

INDIVÍDUO MENOS EVOLUÍDO:
- Tanto o homem como a mulher não têm muita consideração pelas outras pessoas, demonstrando uma agressividade emocional grotesca e, muitas vezes, maldosa.. *Orellana, Camelli, Lantana*
- Brigas ocasionadas por questões financeiras ou negócios em sociedade. Mesquinhez. Obtusidade.. *Lantana, Silene*

PROBLEMAS PSICOLÓGICOS MAIS GRAVES:
- Natureza passional e voluptuosa. Fortes desejos sexuais alimentados por permanentes fantasias eróticas. Onanismo........................ *Lilium, Origanum*
- Perda de vitalidade devida a excessos sexuais.................... *Lilium, Origanum*
- A brutalidade com que algumas mulheres são tratadas por seus companheiros traz decepções amorosas que, com o tempo, degeneram em aversão pelos homens. Perda do interesse sexual por seus parceiros. Frigidez...... *Tagetes, Camelli*
- Conflitos emocionais com relação à sua identidade sexual. Homossexualismo feminino.. *Zante*

ASTROLOGIA MÉDICA:
- Excesso de urina. Infecções renais (nefrite). Inflamação da bexiga (cistite)... *Efluvium*
- Problemas menstruais... *Feminalis*
- Tendência a varizes, flebite e tromboflebite................... *Sempiternu, Movius*
- Eczema no rosto... *Limpidus, Exsultat Gellu*
- Inflamações oculares com abscesso (dacriocistite)............. *Limpidus, Imunis*

VÊNUS-JÚPITER Aspectos Harmônicos

- Este indivíduo desconhece o significado das palavras tristeza, empecilhos ou limitações. Extremamente otimista, possui uma mente aberta, expansiva e magnânima unida a uma expressão emocional saudável, harmoniosa, incrivelmente alegre e sorridente, tão difícil de se ver nos dias de hoje.
- Pela forma como tudo dá certo para este indivíduo, muitos acreditam que ele tenha a estrela da fortuna gravada na testa. Amor e felicidade no casamento, com a família, com os amigos, no trabalho, nas finanças, na posição social, etc., etc., etc.
- O mais invejável nesta pessoa é a sua tranqüilidade emocional, a paz de espírito que traz dentro de si e o coração liberto de ódios, amarguras, mágoas ou ressentimentos. Não enfrenta crises, conflitos ou grandes cobranças de consciência. Bom carma.
- Segundo Max Hendel, "esta pessoa é amante do prazer, das viagens, das excursões e é capaz de desfrutar a vida em sua máxima extensão".

Como ocorre nos aspectos harmônicos de Vênus-Marte, este indivíduo traz muito do galanteador-cortejador, do aventureiro e do *bon vivant*. A diferença com Júpiter é que as palavras ganham o brilho de uma cultura mais refinada e sutil. Nesse contato, Vênus exalta-se, podendo liberar seus talentos artísticos e sua sensibilidade estética. O magnetismo físico transforma-se em magnetismo emocional-intelectual. O espadachim apaixonado e impulsivo troca suas armas por pincéis, telas, instrumentos musicais, corais, anfiteatros, museus, galerias, templos, catedrais, etc. O amor ganha novas e significativas expressões. Amor pela arte. Amor pela cultura. Amor ao belo. Amor à verdade. Amor ao divino. Amores ideais. Amor de almas gêmeas, etc. Os romances por entre bosques e parques floridos ficam repletos de promessas e juras de amor eterno. Nas suas fantasias de elevadas realezas, cada parceiro vê no outro seu rei ou sua rainha e, obviamente, viverão felizes para sempre num castelo encantado.

- Independentemente da classe ou da condição social, este indivíduo sente necessidade de participar e de dar sua contribuição pessoal à cultura e à sociedade nas quais esteja inserido.

- De natureza artística, sensível e talentosa, deseja trazer ao mundo novas formas de expressões artísticas, musicais, morais e espirituais.
- Mesmo a pessoa mais simples sente necessidade de colaborar, de uma ou de outra forma; normalmente, vincula-se a movimentos de cunho filantrópico-social ou espiritual.

Muito mais do que a razão, porém sem jamais afastar-se dela, parece ser a sensibilidade estética a bússola-guia que orienta e inspira as ações destes indivíduos, humanos, cooperativos e solidários uns com os outros. Sonham com um paraíso terrestre de abundância, fartura e riqueza para todos.

NEM TUDO É POSITIVO NOS ASPECTOS HARMÔNICOS:
- Este aspecto, apesar de muito bonito, tem uma forte coloração cor-de-rosa nas suas "lentes" e o excesso de bem-estar material (sem fazer generalizações) pode levá-lo à acomodação e à indulgência, ou mesmo a um certo hedonismo.. *Rosa canina*

ASTROLOGIA MÉDICA:
- Bom funcionamento do fígado, da vesícula e dos rins.

VÊNUS-JÚPITER Conjunção

(+) Generoso e otimista, obtém êxito por meio de atividades financeiras, culturais, artísticas, filantrópicas, filosóficas ou religiosas. Idealismo emocional. Sensibilidade musical. Sentido estético.
- De natureza jovial, sociável e hospitaleira, expande-se por meio dos relacionamentos. Carismático, é respeitado e amado por todos.
- A riqueza pode vir do berço ou através de um casamento muito feliz. Gosta de viajar e de fazer excursões turísticas a países estrangeiros.

(-) Desperdício de tempo em diversões, contatos sociais, namoros, flertes, festas, em infinitos bate-papos, trocas de mesuras ou adulações, sem a menor preocupação com um trabalho útil, construtivo ou criativo. Amor excessivo ao luxo e à suntuosidade........................... *Ígnea, Fuchsia, Origanum*
(Ver aspectos desarmônicos.)

VÊNUS-JÚPITER Aspectos Desarmônicos

- Este indivíduo fala do sucesso de suas idéias e de seus empreendimentos sem ter a menor idéia de como conseguir os recursos necessários para realizá-los.. *Rosmarinus*
- Dono de uma impecável "carta de boas intenções", anuncia aos quatro ventos as inúmeras obras culturais, sociais ou beneficentes que estão incluídas em seu projeto de vida.. *Ígnea*

- Auto-indulgente, sonha com uma vida fácil, sem muitos esforços ou sacrifícios. Amor ao luxo. Vaidade. Coquetismo.. *Ígnea*
- Impossibilitado de participar daquilo que considera "círculo da alta sociedade", justifica-se dizendo que não se envolve com esse "jogo de falsidades e hipocrisias"... *Mirabilis*
- Conseguindo ingressar em tal círculo, é incapaz de oferecer uma amizade verdadeira e duradoura, podendo, inclusive, aproximar-se com interesses pessoais e materiais bem definidos... *Cauliflora*
- A necessidade de aparentar mais do que é leva-o a sacrificar coisas básicas para ostentar uma posição e um *status* que não lhe correspondem....... *Ígnea*
- Nascido em "berço de ouro", pode dilapidar seu patrimônio em arroubos de veleidade, extravagância e luxúria... *Ígnea*
- A imprudência e a falta de um sentido financeiro prático são responsáveis por sucessivos fracassos. Falências............. *Ambrosia, Fórmula da opulência*
- A natureza aventureira lhe traz problemas nos relacionamentos, no amor e no casamento. Amores ilícitos. Infidelidade....................... *Nicociana, Lilium*

ASTROLOGIA MÉDICA:
- Excessos alimentares. Gula compulsiva. Obesidade......................... *Levitate*
- Problemas de circulação... *Sempiternu, Movius*
- Diabetes (hiperglicemia).. *Magnificat Liquor e Pollen*
- Incontinência urinária. Cálculos renais (letíase renal).......... *Imunis, Efluvium*

VÊNUS-SATURNO Aspectos Harmônicos

- Desde bem cedo, ainda quando criança, este indivíduo revela um alto grau de maturidade emocional, poucas vezes encontrado, mesmo entre os adultos.
- Afetivamente, é uma das pessoas mais sérias, confiáveis e leais que poderemos ter como amigo. Fidelidade matrimonial.
- Como artista, a sua maior qualidade será o seu sentido inato de forma, ritmo, equilíbrio e harmonia, que, aplicados à música, à arquitetura ou à escultura, trarão resultados surpreendentes.
- Mesmo não sendo um artista, trabalhará como tal, deixando em cada "obra" as pegadas de um destino construído com trabalho e sensibilidade.
- Diplomático, disciplinado, responsável, ganha o respeito de todos, inclusive de seus empregadores ou superiores hierárquicos.
- Administrador prudente, sabe onde pisa. Sentido inato de valores, tanto econômicos quanto morais e sociais.
- Cauteloso, ou melhor, sensato, desconfia das paixões impulsivas ou à primeira vista, pois sabe que aquilo que o tempo consolida traz frutos melhores e mais saborosos.
- Emocionalmente resolvido, afasta-se do tumulto do mundo, preferindo por companhia pessoas tranqüilas, serenas ou de mais idade. Seletividade.

- Possui uma natureza reservada, que no entanto, não deve ser confundida com frieza ou indiferença — apenas não se abre ou se envolve com qualquer um; mas quando ganhamos sua amizade, revela-se uma pessoa carinhosa, amável e gentil.

VÊNUS-SATURNO Conjunção

(+) Por seu excepcional sentido prático, este indivíduo tem potencial para ser um bom administrador financeiro. Habilidoso, econômico e poupador, vai aos poucos multiplicando seus investimentos.
- O sentido inato de forma, volume e estrutura (Saturno), aliado ao de harmonia, equilíbrio e estética (Vênus), poderá levar a um especial interesse pela decoração de interiores, pela arquitetura ou pela escultura.
- Emocionalmente reservado e conservador, não se entrega afetivamente sem antes passar por um longo período de namoro, "estudos" e "avaliações" preliminares. Quando escolhe alguém para viver a seu lado, é leal, sincero e dedicado.

(-) Poderá descuidar de sua vida afetiva devido ao excesso de compromissos de trabalho, às preocupações com a sobrevivência, à sobrecarga de responsabilidades, às ambições materiais ou de poder, etc. .... *Lilium, Ícaro*
- Necessidades emocionais preenchidas com bens materiais. Pode ter tido pais que fizeram isso com ele, ou pode ser o pai que não tem tempo de atender às necessidades emocionais de seus filhos.... *Buquê da transformação* (Ver aspectos desarmônicos.)

VÊNUS-SATURNO Aspectos Desarmônicos

- Descuida das necessidades básicas de afeto, carinho, amor, romance, diversão, etc., por escravizar-se às rotinas, deveres e obrigações do cotidiano.. *Agave*
...ou, devido a temores relativos à sobrevivência, entra numa corrida cega e desgastante atrás de bens materiais que, acredita, lhe trarão segurança, conforto e a felicidade com que tanto sonha......................... *Fórmula da opulência, Ambrosia, Cauliflora*
- Dificuldade de aproximar-se espontaneamente das pessoas e de estabelecer nem que seja um pequeno ou breve diálogo com elas. Medo de não ser aceito ou de ser rejeitado....................................... *Althaea, Fórmula ecológica*
- Não se entrega afetivamente, para não sofrer depois com uma possível separação. Pessimismo. Negativismo.......................... *Rosa canina, Sonchus*
- Medo de amar e não ser correspondido, ou, então, devido à baixa autoestima, não se julga digno de ser amado por alguém.... *Jasminum, Lavândula*
- Limitações pessoais fazem perder a alegria, o humor, o interesse pela vida. Emocionalmente reprimido, falta-lhe calor humano....... *Aleluia, Rosa canina*

- Por semelhança de comportamento poderá atrair um companheiro exigente, ciumento e materialista e o casamento terá todos os ingredientes para ser como ambos, triste e infeliz. Frieza emocional e afetiva....... *Tropaeolum, Rosa canina*
- O homem costuma ser calado, tímido e acanhado durante o namoro — depois de casado, interioriza-se ainda mais, tornando-se indiferente, distanciado e pouco interessado no relacionamento.................. *Tropaeolum, Viola*
- A mulher, acostumada (pelos pais) a preencher suas carências e necessidades afetivas com bens materiais, procura um homem que lhe dê segurança financeira. Depois de casada, geralmente se torna sexualmente fria e volta-se para os negócios.. *Camelli*
- Ambos estão convencidos de que a riqueza e os bens materiais são símbolos de dignidade ou de importância.................. *Ígnea, Fórmula da opulência*
- Preocupações materiais e com a subsistência. Medo da pobreza...... *Fórmula da opulência*

INDIVÍDUO MENOS EVOLUÍDO:
- Ambicioso, poderá lutar obstinadamente por bens materiais, cargos, posições sociais, prestígio e poder — deixando, como sempre, suas necessidades afetivas para trás.. *Ícaro, Fórmula da opulência*
- Excessivamente possessivo e materialista, pode ser avarento e mesquinho com os outros. Sovinagem. Inveja. Egoísmo................................ *Cauliflora*
- Cético e frustrado, a vida termina tornando-se um fardo pesado para ele. Derrotismo. Fracassos. Perdas. Falências..................... *Phyllanthus, Sonchus*

PROBLEMAS PSICOLÓGICOS MAIS GRAVES:
- Insegurança emocional... *Chicorium, Lavândula*
- Maus pressentimentos. Medos. Depressões................ *Passiflora, Millefolium*
- A perda da sensibilidade emocional pode levar, em algumas mulheres, à prostituição, à promiscuidade ou a perversões sexuais. Em outras, o que é mais comum, ao desinteresse, à frigidez e à frustração.................. *Camelli, Lilium, Origanum*
- Prostituição em decorrência da ambição de enriquecimento fácil e/ou do medo paranóico da pobreza................................ *Ícaro, Ambrosia, Origanum*

ASTROLOGIA MÉDICA:
- Letíase renal. Uremia. Mal de Bright............................. *Limpidus, Efluvium*
- Glândulas atrofiadas. Bócio... *Hormina*
- Dificuldades respiratórias (enfisema)... *Guttagnello*
- Disfunção na secreção dos hormônios.. *Hormina*
- Esterilidade.. *Feminalis*
- Morte precoce das células e dos tecidos (necrobiose).................. *Sustentav, Exsultat Liquor, Exsultat Gellu*

VÊNUS-URANO   Aspectos Harmônicos

- Sem carências ou dependências afetivas, este indivíduo, emocionalmente resolvido, conseguiu um alto grau de auto-suficiência e mobilidade social. Soltura. Desprendimento.
- Tanto o homem como a mulher escolhem seus parceiros sem se deixarem levar pela influência de terceiros ou de opiniões contrárias, não importando que venham de seus próprios familiares.
- Desapegados da questão da auto-imagem e libertos dos jogos das aparências, quando amam alguém demonstram isso de forma tão espontânea e natural que surpreendem e, por vezes, desconsertam momentaneamente a pessoa a quem se declaram. Leveza e soltura de ser.
- A mulher, adepta do *Women's Lib*, lutará pela liberdade das mulheres, seus direitos e sua igualdade, escolherá homens que saibam respeitar suas idéias e seus posicionamentos.
- O homem gosta exatamente desse tipo de mulher, moderna, liberal, criativa, com um toque irreverente de ser e que sabe defender-se sozinha.
- Racionais e psiquicamente descomplicados, desconhecem o significado de palavras como paixão, ciúmes, possessividade, etc.
- Ambos pairam acima da maioria dos tabus sociais ou dos preconceitos morais e culturais de sua época que tanto acorrentam e impedem que o amor entre as pessoas flua com naturalidade e espontaneidade.
- Estilistas natos, não são guiados pela moda — eles criam a moda.
- Em casa ou no escritório, cercam-se de todos os aparelhos que a mais recente e moderna tecnologia possa oferecer. Por eles, entregariam todas as aborrecidas rotinas nas mãos da informática e da automação.

VÊNUS-URANO   Conjunção

(+) O magnetismo pessoal é forte neste indivíduo afetivamente livre, independente e sem preconceitos, tornando-o uma personalidade marcante e por demais atraente. Inúmeras amizades.
- Originalidade e criatividade unidas em uma natureza emocional nada convencional. Capacidade artística incomum. Atualizado, não descartará o uso do computador e da informática para agilizar suas obras. Estilista.
- Ama a natureza, a vida e a humanidade. O amor pode ser sublimado em uma forma mais impessoal e criativa de ser.

(-) Tendo a necessidade de auto-afirmar sua individualidade, aproveita os grupos ou os círculos de amizades aos quais pertence e, dentro deles, "pinta e borda" para chamar a atenção de todos, fazendo por exemplo, aparições com vestimentas exóticas, "diferentóides" ou esdrúxulas mesmo. Inofensivo no

entanto, nunca vai além de um bem-comportado *punk* de classe média
.... *Helianthus, Ipoméia*
(Ver aspectos desarmônicos.)

VÊNUS-URANO Aspectos Desarmônicos

- Emocionalmente frio, não se entrega afetivamente a ninguém e, possivelmente, a coisa alguma. Necessidade de liberdade a qualquer custo
.... *Tropaeolum, Ipoméia*
- Casamento, vida social, emprego fixo, estabilidade, compromissos, etc., tudo isso é um atentado à sua liberdade pessoal e à sua (suposta) individualidade, que tanto luta por preservar............................ *Ipoméia, Nicociana*
- Ao estilo de um artista do tipo boêmio, leva uma vida errante e sem raízes, sendo constante apenas na sua inconstância...................................... *Ipoméia*
- Romances, amizades ou associações terminam tão rapidamente como começaram. Rompimentos em decorrência atos irreverentes, impulsivos e impensados.. *Salvia, Origanum*
- Insensível e sem consideração pelos outros, é fiel apenas às suas rebeldias egocêntricas.. *Vernônia, Helianthus*
- Como ocorre em relação ao amor, poderá ganhar dinheiro tão repentinamente como perdê-lo. No fiel da balança, as perdas sempre serão maiores do que os ganhos, o que representa prejuízos certos aos que estão à sua volta....... *Ambrosia, Fórmula da opulência*

INDIVÍDUO MENOS EVOLUÍDO:
- Provoca deliberadamente explosões temperamentais para romper relacionamentos e livrar-se de pessoas que se tornaram um empecilho em seu caminho.. *Orellana*
- Libertino, é um dos maiores adeptos do amor livre, já que, afetivamente não se envolve com ninguém. Busca experiências amorosas inéditas, hesitantes, passageiras e sem compromisso................. *Origanum, Lilium, Ipoméia*
- Sua leviandade, inconseqüência e infidelidade amorosa deixam um rastro de pessoas magoadas, feridas e infelizes............................ *Tagetes, Zinnia*

ASTROLOGIA MÉDICA:
- Problemas no diafragma. Soluço... *Guttagnello*
- Alterações hormonais.. *Hormina*
- Dores nevrálgicas dos rins. Espasmos da bexiga............. *Serenium, Efluvium*
- Alterações do sangue (disemia). Problemas no ritmo da circulação sangüínea. Doenças vasculares hipertensivas. Hipertensão arterial............. *Movius*
- Veias varicosas.. *Movius*
- Sinovite nos tornozelos... *Limpidus, Imunis*

VÊNUS-NETUNO Aspectos Harmônicos

- Suave, delicado e compassivo, este indivíduo é incapaz de fazer mal a quem quer que seja, nem mesmo em pensamento, pois o que ele mais deseja, tanto para si como para os outros, é paz, amor e harmonia.
- Receptivo e emocionalmente sensível, por vezes sente como se uma corrente mística de energia atravessasse toda a extensão de seu Ser e, com a Alma e os sentidos divinamente exaltados, capta, por um momento, o fio de vida que mantém todas as coisas e todos os seres unidos e intrinsecamente ligados uns aos outros.
- Mesmo em meio à loucura deste mundo agitado e por vezes caótico, consegue ver beleza, harmonia e significado nas coisas mais simples à sua volta.
- Pode alcançar êxtases emocionais não apenas pela fé, mas, principalmente pela contemplação da beleza, que pode ser representada por uma pessoa, um objeto, a natureza ou a própria vida como um todo.
- Não julga, não critica, nem exige nada de ninguém, apenas observa em silêncio, os acontecimentos, dando um sorriso amigável a todos. Mesmo quando se decepciona ou é injustamente atacado, não guarda ressentimentos, perdoa tudo e esquece com facilidade.
- Artisticamente inspirado, para não dizer iluminado, a poesia, a pintura e em particular a música são os canais de expressão escolhidos por este indivíduo, cuja riqueza interior de sentimentos e afetos não pode ser compreendida em nosso cotidiano de interesses tão egoístas e materialistas.

INDIVÍDUO MAIS EVOLUÍDO:
- Capacidade de compreender e vivenciar o amor em sua expressão maior. Indivíduo extremamente místico e impessoal, apaixonou-se pela "Fonte Universal de onde todo o Amor emana". Platônico, "ama porque o Amor existe", independente de qualquer pessoa ou objeto que porventura possa vir a chamar sua atenção.

NEM TUDO É POSITIVO NOS ASPECTOS HARMÔNICOS:
- A sua impessoalidade afetiva traz problemas nos relacionamentos íntimos, pois deixa o parceiro inseguro quanto a estar sendo amado e correspondido ou em dúvida se não passa de mais um, entre as miríades de seres que o outro ama.. *Tropaeolum*

VÊNUS-NETUNO Conjunção

(+) Romântico e sonhador, acredita com todo o seu ser na existência de uma alma gêmea, e que irá encontrá-la e reconhecê-la simplesmente ao olhar nos seus olhos.

- Relacionamentos harmoniosos movidos por emoções e sentimentos elevados. Alegria e contentamento interno.
- Dotado de inspiração artística, musical e poética, sintoniza-se com tudo o que seja belo e harmonioso à sua volta. Idealismo emocional.

(-) Na busca por sua alma gêmea, apaixona-se facilmente por pessoas que apresentam um ou dois aspectos virtuosos de seu modelo ideal. As decepções ocorrem logo após o primeiro encontro íntimo. Incapacidade de reconhecer onde começa a problemática.................. *Taraxacum, Salvia, Fórmula de aprendizado*
(Ver aspectos desarmônicos.)

VÊNUS-NETUNO Aspectos Desarmônicos

- Afetivamente, poderá ser gentil, sensível, imaginativo, poético, etc., mas indolente, é incapaz de realizar seus possíveis dons artísticos. Escapismos de todos os tipos e naturezas... *Rosmarinus, Ipoméia*
- Olhando o mundo através de lentes cor-de-rosa, idealiza fantasiosamente seus relacionamentos amorosos, bem como suas atividades materiais e financeiras. Projeções. Expectativas irrealistas........ *Rosmarinus, Jasminum*
- Relacionamentos amorosos influenciados pelo inconsciente deformam a percepção da realidade, sendo ele próprio seu pior e único inimigo, no que se refere aos constantes fracassos. Auto-ilusões........................... *Jasminum*
- Faz projeções irrealistas de como gostaria que os outros fossem para ele e não vê como as pessoas realmente são. Devaneios amorosos e românticos. "Noveleiro" de TV e revistas.. *Rosmarinus*
- Para alguns indivíduos mais "espiritualizados", é mais fácil amar uma idéia, um ideal, uma causa, sendo completamente frios, distanciados ou vagos com seus parceiros.. *Tropaeolum*
- Para outros, a necessidade de vivenciar um amor transcendente, verdadeiramente espiritual, como eles costumam dizer, cega-os para a percepção das oportunidades que têm aqui mesmo, à sua volta, ou então, a pergunta seria: "Quem poderia preencher condições tão sublimes de ser, exigidas por eles?".. *Jasminum*
- Sonhador delirante, como a cigarra, canta alegremente enquanto os outros trabalham duro. Escapismos. Auto-indulgência. Passividade.......... *Ipoméia, Rosmarinus*
- Enganos na escolha dos amigos, dos sócios ou dos parceiros trazem amargos dissabores e profundos desgostos. Ingênuo para lidar com negócios. Crédulo, deposita fé nas pessoas erradas..................................... *Ruta, Silene*
- Perdas nos negócios ou nas especulações financeiras por falta de objetividade, de sentido prático e porque na hora "H", não suportando a pressão, prefere perder tudo a continuar num estado de aflição e angústia.. *Sonchus, Fórmula de exame*

Indivíduo Menos Evoluído:
- Duplicidade afetiva, com inúmeras ligações ocultas. Desilusões amorosas............ *Lilium, Origanum*

Problemas Psicológicos Mais Graves:
- Frágil e vulnerável, chora por qualquer coisa. Com uma hipersensibilidade à flor da pele, assusta-se com insetos, ruídos, reflexos de luz, sombras, uma freada ou buzinada de carro a distância, etc. .... *Passiflora, Viola*
- Uso de perfumes, incensos, afrodisíacos e estimulantes em geral para aumentar a libido e provocar estímulos sensoriais exaltados que possam levá-lo a alguma espécie de orgasmo psíquico ou a um êxtase místico inusitado e transcendental................ *Ipoméia*
- Problemas de ordem sexual dos mais variados, tais como: fetichismo por objetos fálicos, superexcitação, jogos de sedução, erotismo, amores secretos, masturbação, ninfomania, homossexualidade, promiscuidade, etc. .... *Lilium, Origanum*

Astrologia Médica:
- Enfraquecimento glandular............ *Hormina*
- Tumores cancerígenos nos rins............ *Buquê de 9 flores, Efluvium*
- Inflamação das bolsas serosas (higroma)............ *Limpidus*
- Inflamação uterina (metrite)............ *Limpidus, Imunis*
- Blenorragia............ *Limpidus*

VÊNUS-PLUTÃO   Aspectos Harmônicos

- A cada nova etapa de sua vida, este indivíduo faz uma completa revisão de sua vida afetiva, de seus valores, amizades, envolvimentos sociais ou espirituais e, caso se faça necessário, renova-se corajosamente, nem que tenha que começar tudo de novo.
- Não envelhece afetivamente porque aprendeu o segredo alquímico da transmutação emocional, sabendo instintivamente como livrar-se dos resíduos psíquicos negativos de seu próprio passado, ou então como sublimá-los ou regenerá-los. Desapego emocional.
- Profundamente apaixonado pela vida como um todo, quando ama alguém em particular, mergulha de tal maneira na relação e com tamanha intensidade, que é como se buscasse nela e no ato sexual união mística com a própria fonte da existência. Tantrismo.
- Como uma antena parabólica, mantém-se emocionalmente ligado e conectado com as necessidades e carências de todas as pessoas queridas à sua volta. Sabe instintivamente o que pode ser bom ou útil para cada uma delas e, com um profundo senso de psicologia e sem manipulações, fornece sua influência positiva e construtiva.

- Auto-suficiente e sem dependências afetivas, sente-se inteiro, integrado mesmo estando só, e, por isso mesmo, mais do que outras pessoas, pode dedicar seu tempo à ajuda e cooperação em causas de ordem social.
- Por onde passa é querido por todos, sendo-lhe possível mediar conflitos entre as pessoas e levá-los a bom termo com o uso de seu maior dom que é a sutil, amorosa e refinadíssima psicologia. Missionário. Pregador. Assistente social. Político. Diplomata.
- Sua criatividade flui diretamente da fonte do inconsciente, bem como a habilidade financeira que possui: são inteiramente intuitivas.

INDIVÍDUO MAIS EVOLUÍDO:
- Possui uma compreensão inata das leis ocultas do amor, como força que renova, restaura, regenera, transforma e faz ascender, tanto as pessoas quanto o próprio planeta.
- Poder de sublimar o amor pessoal em amor pelo divino, sem que necessariamente se torne indiferente às pessoas à sua volta ou aos problemas do mundo e da humanidade.

VÊNUS-PLUTÃO Conjunção

(+) Este indivíduo tem força e coragem internas para renovar-se emocionalmente quando percebe que sua vida chegou a um impasse. Sabe, instintivamente, que o novo ciclo deve começar a partir de uma reformulação de seus valores e que estes estarão, a cada crise, muito mais próximos de sua natureza essencial. Capacidade de auto-regeneração.
- Sente com profundidade a vida e as pessoas à sua volta; isso lhe dá um talento especial para as artes dramáticas. Como ator poderá levar o público aos mais diferentes clímaces emocionais, pela expressão dramática e real com que interpreta seus papéis.

INDIVÍDUO MAIS EVOLUÍDO:
- Alquimista do amor, serve de "pedra de toque" transmutadora daqueles que estão à sua volta. Compreende e vivencia o amor como uma força moral e espiritual que eleva ao divino.

(-) Com um alto grau de repressão emocional, não se permite afetivamente quase nada: medo de amar, de errar, de pecar ou de cometer qualquer deslize que não seja socialmente aceito.......... *Phyllanthus, Dianthus, Rosa canina, Plantago*
- Um outro tipo de indivíduo de natureza completamente oposta, como um furacão, entrega-se afetiva e sexualmente, sem a menor reflexão, ou mesmo irracionalmente, ao primeiro parceiro que lhe aparece pela frente. As decepções afetivas costumam sobrevir, cada uma maior que a outra —

mesmo assim, não consegue atinar onde reside o problema...... *Taraxacum, Salvia*
- Um terceiro tipo de pessoa é aquela que se acredita tão forte e auto-suficiente, em termos afetivos, que se fecha numa atitude fria e insensível e se mantém completamente afastada do mundo e das pessoas....... *Pastoris, Tropaeolum, Dianthus*
(Em qualquer um dos casos acima citados, há sempre uma tendência a manipular emocionalmente os outros. Ver aspectos desarmônicos.)

VÊNUS-PLUTÃO Aspectos Desarmônicos

- Passional no que diz respeito aos afetos, tem de lidar com forças e compulsões internas bem maiores do que pode conhecer ou controlar......... *Origanum, Psidium*
- Exige do parceiro lealdade, fidelidade e amor incondicional, mas ele mesmo não se entrega, tendo grandes dificuldades para amar verdadeiramente alguém sem apegos ou possessividades......................... *Camelli, Chicorium*
- Os relacionamentos, amorosos e apaixonados no início, mergulham subitamente numa intensa e brutal luta pelo poder, domínio e controle sobre a pessoa amada. Chantagens emocionais. Ciúmes. Desconfianças........ *Chicorium, Camelli, Fortificata*
- Controla a vida de todos à sua volta: do parceiro, dos filhos, dos amigos, dos empregados, dos subordinados e, possivelmente, a dos superiores. Carência afetiva.. *Chicorium, Fortificata*
- Problemas com seguro, herança ou posses conjuntas. Perdas financeiras por falta de cautela, paciência ou honestidade. Manipulações emocionais ou sexuais para obter o que deseja... *Ícaro, Lilium*
- Ciumento, possessivo e desconfiado vigia ou manda espionar cada passo do parceiro.. *Camelli, Chicorium*
- Sexualidade forte. Interesse pelo Tantra Ioga (magia sexual) com fins duvidosos.. *Lilium, Origanum*

INDIVÍDUO MENOS EVOLUÍDO:
- Parece ter a capacidade de acumular tantos sentimentos negativos dentro de si, que termina tornando-se cético e desconfiado. Mágoas. Ressentimentos.. *Zinnia, Calêndula silvestre*

PROBLEMAS PSICOLÓGICOS MAIS GRAVES:
- Profundos e arraigados complexos de rejeição............... *Althaea, Lavândula*
- Ciúme doentio. Possessividade.. *Camelli, Chicorium*
- Paixões descontroladas. Obsessões compulsivas........... *Origanum, Artemísia*
- Manipulações ocultas (magia negra) para obter o que deseja: sexo, dinheiro, poder e, principalmente, a pessoa "amada"........................ *Ícaro, Luceris*

- Como no filme "A Bela da Tarde" (*"La Belle de Jour"*), de Luís Buñuel, pode haver uma necessidade compulsiva de vivenciar ligações amorosas e sexuais secretas e proibidas aos olhos da sociedade...... *Lilium, Origanum*
- Certos indivíduos — casos em que a compulsão autodestrutiva é mais forte ainda no que se refere à sexualidade — buscam a degradação moral através da promiscuidade e das perversões sexuais, como, por exemplo o sadomasoquismo.. *Lilium, Origanum*

ASTROLOGIA MÉDICA:
- Secreção glandular excessiva. Problemas menstruais, nos ovários e com a ovulação.. *Feminalis, Hormina*

VÊNUS-ASC Aspectos Harmônicos

- Receptivo e sociável, este indivíduo possui um poderoso magnetismo pessoal que o torna extremamente atraente e simpático aos olhos do sexo oposto. Gosto por tudo o que é belo, artístico e harmonioso.
- Sensível, intervém como mediador em situações de conflito entre as pessoas, dialogando amigavelmente com ambas as partes. Pacificador. Agrada a todos com naturalidade, sem fazer o menor esforço para isso. Descontração.
- Agraciado com harmonia interna, atrai como um ímã, tanto a felicidade na vida conjugal quanto sorte e estabilidade na área financeira.

VÊNUS-ASC Conjunção

(+) Pode ser fator de beleza física, com um rosto equilibrado e bem proporcionado. Pode apresentar aquelas graciosas covinhas nas bochechas, cobiçadas e invejadas por tanta gente.
- Amável, simpático e atraente, funciona como um colírio para os olhos do sexo oposto. Magnetismo pessoal. *Sex appeal*.
- Ao seu redor tudo tem de ser belo, agradável e harmonioso, com um toque romântico. Talento natural para as artes plásticas ou as relações públicas.

ASTROLOGIA MÉDICA:
- Boa saúde. Pele macia e sedosa.
- Bom funcionamento dos rins, da bexiga e de todo o sistema urinário.

(-) Vaidoso, deixa-se levar facilmente pelas aparências, pelos elogios ou pela adulação. Narcisismo. Futilidade. Superficialidade..... *Ígnea, Jasminum*
- Suporta mal a idéia de que alguém possa não gostar dele, ficando literalmente doente, se souber que seus amigos estão pensando ou falando mal de sua pessoa... *Helianthus*
- Foge de situações difíceis e conflituosas nas quais teria que agir como mediador ou pacificador. Comportamento vacilante e omisso......... *Fuchsia*

- Vive no mundo das aparências e da hipocrisia social, ou apresenta-se de forma desleixada, querendo fazer os outros acreditarem que está acima dessas vaidades tolas e fúteis. Falsidade... *Silene*

ASTROLOGIA MÉDICA:
- Mau funcionamento dos rins e dos sistemas circulatório e urinário....... *Efluvium*

VÊNUS-ASC Aspectos Desarmônicos

- Ao projetar-se no mundo, encontrará sérios problemas por causa do excesso de sensibilidade emocional, ou pela falta de tato, afetando os relacionamentos em geral e, em especial, as ligações íntimas — com o companheiro, a família, os amigos, os sócios, etc. .... *Lantana, Viola*
(Ver aspectos negativos da conjunção.)

VÊNUS-MC Aspectos Harmônicos

- Excelentes possibilidades de obter sucesso na carreira profissional, seja qual for a atividade escolhida, devido a uma natureza harmoniosa e um espírito prestativo, cooperando com espontaneidade quando se trata de trabalho em conjunto ou em equipe.
- De relacionamento fácil, tem a simpatia dos colegas de trabalho, além de um bom trânsito entre os superiores. Querido por todos. Bons amigos. Sensibilidade para lidar com o público.

VÊNUS-MC Conjunção

(+) Êxito na carreira profissional, que pode estar ligada às artes plásticas, às relações públicas ou à diplomacia. Relaciona-se de forma simpática, agradável e cooperativa, tanto com os colegas de trabalho, como com seus superiores.
- Parte do sucesso de sua ascensão social deve-se ao seu particular encanto e charme pessoal.

ASTROLOGIA MÉDICA:
- Bom funcionamento do mesencéfalo e do terceiro ventrículo.

(-) Tratando-se de indivíduo sensível e delicado, as pressões do trabalho podem afetá-lo quanto ao bom funcionamento dos rins..................... *Efluvium*
- Apego às aparências externas, às convenções, ao luxo. Acomodação. Indolência. Hedonismo... *Ígnea*

VÊNUS-MC Aspectos Desarmônicos

• Problemas com a profissão, com a carreira, mal-entendidos com superiores, com autoridades de forma geral, por pura falta de sensibilidade, de tato ou de habilidade diplomática .... *Vernônia*
• Atividade profissional mal remunerada .... *Fórmula da opulência*

♂ MARTE

CARACTERÍSTICAS:
Elemento Fogo. Masculino. Ativo. Expansivo. Quente. Seco.

PALAVRAS-CHAVE E ANALOGIAS:
"Senhor da Guerra". *Kshatriya* (guerreiro). "Semeador". "Energia sexual". Desejos. Paixão. Força. Coragem. Ação. Empreendimento. Audácia. Ousadia. Herói. Competição. Conquista. Combatividade. Luta. Artes marciais. Agressividade. Ira. Raiva. Ódio. Impulsividade. Precipitação.

TRAÇOS POSITIVOS DO TIPO MARCIANO:
Natureza dinâmica e executiva. Capacidade de liderança. Iniciativa. Poder de decisão. Vontade poderosa. Autoconfiança. Força física e resistência psicológica para vencer competições esportivas arriscadas e perigosas. Espírito desbravador e pioneiro.

TRAÇOS NEGATIVOS DO TIPO MARCIANO:
Ambições de comando. Ação irrefletida. Impaciência. Teimosia. Cinismo. Ironia. Machismo. Irrita-se quando contrariam sua vontade. Raiva. Agressividade. Tirania. Brutalidade. Violência. Excessos sexuais.

ANATOMIA E FISIOLOGIA:
Rege a cabeça, a face; os músculos, o sistema nervoso motor; o sangue, os glóbulos vermelhos, a hemoglobina, as hemáceas, a fibrina, os leucócitos; as glândulas supra-renais, o estímulo que põe a adrenalina em movimento; a resposta inflamatória; os impulsos sexuais de polaridade masculina; a bílis.

AFINIDADES TERAPÊUTICAS:
Florais: Nicociana, Impatiens, Salvia, Ícaro, Helianthus.
Fórmulas compostas: Calmim, Fórmula de exame.
Fitoflorais: Movius, Victris-H.

> *"Que se lembre também que viemos a este mundo para vencermos batalhas, para adquirirmos forças contra quem nos quer controlar, e para avançar àquele estágio em que passamos pela vida cumprindo nosso dever (...) sem nos amedrontarmos e sem nos deixar influenciar por qualquer criatura, guiados sempre pela voz do Eu superior."*
>
> — Bach, *Cura-te a ti mesmo*.

FLORAIS ÚTEIS PARA OS ASPECTOS ASTROLÓGICOS DE MARTE

MARTE-JÚPITER Aspectos Harmônicos

A combinação de Marte e Júpiter pode ser comparada ao par de amortecedores de um carro: um não funciona bem sem o outro. Marte é a energia física e emocional voltada para a ação — princípio do "Eu ajo", "Eu faço". Júpiter é a energia mental voltada para o pensamento — princípio do "Eu penso", "Eu sei". Marte sozinho age por impulso e, por vezes, cegamente. Júpiter, se cair num daqueles êxtases filosóficos exaltados, morre contente num canto, e nem se incomoda. Unidos harmoniosamente, o resultado é o melhor possível. Por um lado, existe o querer, a vontade, a motivação, o gosto pela ação e, por outro, encontramos um sentido de meta, um objetivo claro, um plano estabelecido. A pessoa não sai por aí sem destino ou ao acaso — não importa se o plano está no papel ou na sua cabeça.

De caráter franco, aberto e superexpansivo, este indivíduo sabe como poucos o que quer. Para exemplificar este aspecto, fortemente masculino e, possivelmente, o que mais encarna a vontade humana de evoluir, crescer e desenvolver-se, tomamos três tipos de indivíduos que, embora diferentes na forma externa, essencialmente têm muito em comum. São eles:

- O **esportivo aventureiro**, amante da liberdade de movimentos. Poderemos encontrá-lo naquelas atividades esportivas que levantam desafios de todas as ordens: de força física, de resistência emocional, de capacitação intelectual. Competindo consigo próprio (a vitória é bem-vinda), deseja superar-se ou então conhecer seus próprios limites (alpinismo, pára-quedismo, safari, provas do tipo Paris-Dacar, Cameltrophy, gincanas, etc.).
- O **empresário executivo**, amante do dinâmico mundo dos negócios, não tanto pelo dinheiro, a riqueza ou o poder pessoal (de que, sem dúvida, gosta e que sabe desfrutar muito bem), mas muito mais por aquela maravi-

lhosa sensação de *poder realizar tudo aquilo que tem em mente*, por enfrentar obstáculos e desafios, por desejar lutar e vencer cada um deles, pelo prazer de fazer uso da inteligência aplicada de forma engenhosa ou do planejamento estratégico, e assim por diante.
* Mesmo delegando funções, acompanha de perto cada passo do projeto: desde os estudos preliminares, passando pelas pesquisas de mercado, até a distribuição e a publicidade, faz questão de estar a par e no comando de tudo.
* Satisfeito com seu desempenho e com o resultado de seu trabalho, acredita honestamente estar gerando riquezas e benefícios, não apenas para si, mas para todos, para o mundo, para as futuras gerações.
* O **estudioso-explorador-pioneiro**, amante da ciência, do conhecimento, do saber, da descoberta de realidades que podem estar além da linha do horizonte, do outro lado do mundo, ou até fora dele, como no caso dos astronautas. Neste espírito estão incluídos todos os grandes exploradores-pesquisadores de todas as épocas, tais como Cristóvão Colombo e Marco Polo, por exemplo, ou então os nossos modernos cientistas, como Jacques Costeau e outros, que chegam a disputar entre si uma oportunidade para fazer seus estudos em densas florestas tropicais cheias de mosquitos, em oceanos profundos ou em regiões inóspitas, desérticas e congeladas, como as regiões polares, onde passam meses e anos em solitárias (aventuras) pesquisas.
* Idealistas, de maneira geral, todos correm atrás de alguma idéia, ou melhor, deixam-se levar inspiradamente por uma idéia.
* A filosofia de vida pode variar, para cada um deles, mas a maioria divide sua fé ou suas crenças religiosas com os dogmas e postulados científicos, tendendo, predominantemente, para uma mentalidade cartesiana-darwinista-humanista.

Os exemplos acima citados, não se restringem a essas áreas de atividade — as profissões podem ser as mais variadas, desde que possam ser vividas como uma aventura, uma busca ou uma conquista pelo saber e o aprimoramento de si mesmo e/ou da humanidade.

ASTROLOGIA MÉDICA:
* Boa saúde. Vigor, energia e vitalidade física e muscular. Resistência física às doenças. Reflexos rápidos. Excelente capacidade imunológica.

MARTE-JÚPITER Conjunção

(+) Esportivo, de constituição forte, este indivíduo possui um caráter franco, aberto e expansivo. Autoconfiança.
* Por trás de suas inúmeras metas e objetivos, tem uma filosofia de vida superdinâmica, tendo uma disposição anímica de bom humor, otimismo e entusiasmo. Energia dirigida a grandes empreendimentos.

- Intelectualmente bem posicionado, seus argumentos são persuasivos e convincentes. Poucas vezes recebe um "não" como resposta. Seu prestígio advém de seus próprios esforços e de seus méritos pessoais.

(-) Tendo uma necessidade frenética de ação e movimento, não sabe quando parar e reabastecer suas baterias físicas, emocionais e mentais, ou mesmo avaliar o porquê de suas ações, ou quais são suas motivações internas
.... *Ícaro, Agave*

MARTE-JÚPITER Aspectos Desarmônicos

- Desajustes entre o *saber* (Júpiter) e o *querer* (Marte) resultam num indivíduo que, por exemplo, gasta o que não tem, deseja o que não pode, aparenta o que não é, promete o que não pode cumprir, diz uma coisa e faz exatamente o contrário.. *Eucalyptus*
- Impulsivo e irrefletido, emite julgamentos ou avaliações sem o menor tato ou diplomacia. Opiniões fortes e arrogantes, sejam elas profissionais, políticas, filosóficas ou religiosas............................. *Thumbergia, Verbenácea*
- Dogmático, pode impor pela força suas idéias, crenças, causas ou sua filosofia de vida. Não se importa muito com a opinião alheia. Inquisitivo......... *Verbenácea*
- Ao narrar um assunto, agiganta os fatos para torná-los mais atrativos e excitantes e ganhar com isso a atenção de todos......................... *Helianthus*
- Ambicioso e megalomaníaco, deseja realizar empreendimentos grandiosos. Presunçoso, fala do "sucesso e dos lucros de sua colheita com as sementes na mão, ainda por plantar".. *Ícaro*
- Fanfarrão, fala o que lhe vem à cabeça; quando cai em contradição, põe um sorriso cínico ou irônico no rosto e, dando de ombros, sai como se nada houvesse acontecido... *Silene*
- Para exibir seu vigor, sua força física e sua coragem, poderá fazer demonstrações físicas que colocam sua vida em risco, bem como a dos outros. Caçador de aventuras. Gosto por carros e velocidade. Imprudência. Inconseqüência.. *Nicociana*
- Fracassos e perdas financeiras por causa de planejamentos malfeitos, por falta de previsão e pelo impulso precipitado de querer, como sempre, colher os resultados antes do tempo. Impaciência. *Ícaro, Fórmula da opulência*
- Avareza material ou, então, esbanjamentos extravagantes e descabidos. Desperdícios. Esnobismo.................. *Cauliflora, Ígnea, Fórmula da opulência*

INDIVÍDUO MENOS EVOLUÍDO:
- De natureza ardilosa, especulativa e dada ao blefe, faz de tudo para conseguir o que deseja... *Ícaro, Silene*
- Espírito dominador, agressivo e despótico. Extremismos........... *Thumbergia*
- Voltado para os prazeres da gula e para os abusos sexuais............. *Lilium, Origanum, Levitate*

ASTROLOGIA MÉDICA:
- Come tão rápido que não sente o sabor dos alimentos. Compulsões alimentares. Gosta de promover banquetes (orgias), com fartura de comidas e bebidas (alcoólicas).. *Levitate*
- Dependência alcoólica.................................... *Buquê de 5 flores, Aristolóquia*
- Congestão hepática. Cirrose hepática. Hepatite.... *Ageratum, Ficus, Metabilis*
- Má circulação. Varizes. Hemorróidas......................... *Sempiternu, Movius*
- Risco de congestão ou de derrame cerebral (apoplexia).... *Serenium, Calmim*
- Vertigens devidas a problemas tóxicos (álcool, nicotina, cafeína, drogas farmacológicas), cardiovasculares, ou a doenças infecciosas (influenza, febre tifóide, sífilis, sarampo, caxumba, herpes, etc.)............. *Imunis, Movius*
- Ciática.. *Limpidus*
- Problemas pulmonares... *Guttagnello, Ventilan*
- Flebite (inflamação das veias) como conseqüência de tuberculose ou de doenças venéreas... *Limpidus, Movius*

MARTE-SATURNO Aspectos Harmônicos

- Agindo de forma precisa e disciplinada, este indivíduo possui a paciência e a constância necessárias para levar até o fim seus projetos ou os compromissos de que estiver incumbido.
- Metódico e cauteloso, planeja suas ações sem a menor precipitação ou ansiedade, mas na execução impõe um ritmo vigoroso de trabalho, quase obstinado: poucos conseguem acompanhar-lhe os passos.
- Trabalha pelo prazer de envolver-se em empreendimentos que levam a realizações concretas, objetivas e de utilidade prática. Engenhosidade.
- Com uma força interna unida a uma determinação ferrenha, poderá assumir grandes responsabilidades, no papel de empresário, industrial, político, militar, etc.
- Líder disciplinado, tem moral para ser exigente, já que ele próprio é quem melhor cumpre as normas preestabelecidas. Sangue-frio diante do perigo. Pulso forte. Perseverança na adversidade.
- Por todas estas qualidades, torna-se pessoa requisitada por empresas e companhias que põem em suas mãos projetos de grande envergadura.

NEM TUDO É POSITIVO NOS ASPECTOS HARMÔNICOS:
- Pode não perceber os limites ou as fraquezas alheias e exigir das pessoas um rendimento além de suas capacitações................. *Matricária, Phyllanthus*

ASTROLOGIA MÉDICA:
- Saúde de ferro. Resistência física, inclusive à dor.
- Excelente formação óssea, das juntas, dos ligamentos, dos músculos, tendo também uma boa capacidade de contração e distensão dos mesmos.

MARTE-SATURNO Conjunção

(+) Força, resistência e perseverança para enfrentar obstáculos, adversidades ou privações. Trabalhador disciplinado, incansável e determinado. Prudência na execução de seus projetos.
- Êxito na carreira militar. (Ver aspectos harmônicos.)

(-) Possui tantas ambições e tanta gana de poder que não sabe por onde começar.. *Thumbergia, Cauliflora*
...ou, então, é do tipo apático, desinteressado e complexado, carregando em seu íntimo, sentimentos de incapacidade e impotência.................. *Sonchus, Rosa canina, Lavândula*
(Ver aspectos desarmônicos.)

MARTE-SATURNO Aspectos Desarmônicos

- Para este indivíduo todos os inícios são difíceis, o que pode ser devido a inibições, complexos, temores infundados, apatia, falta de entusiasmo ou de motivação... *Lavândula, Foeniculum*
- Algumas pessoas, mais negativas, pessimistas e desvitalizadas, tendem a olhar a vida como um fardo pesado e difícil de carregar................. *Sonchus*
- Auto-repressivo, não libera sua raiva e implode.......................... *Dianthus*
...ou então, impaciente e irrefreado, explode à menor irritação, que, por sinal, pode ocorrer por qualquer coisa à toa....................... *Psidium, Sambucus*
- Ambições de poder podem levar alguns indivíduos a uma escalada impetuosa e cega, atropelando e passando por cima de todo aquele que estiver à sua frente.. *Ícaro*
- Desconfia de todos, mas ele próprio age de forma duvidosa e pouco confiável... *Pastoris, Silene*
- Egoísta, não ajuda ninguém, e por isso ninguém o ajuda. Atitudes mesquinhas. Materialismo. Ceticismo.. *Cauliflora, Camelli*
- Conservador e autoritário, politicamente apóia a figura da autoridade forte como solução para todos os problemas e males sociais................ *Phyllanthus, Thumbergia*
- Pode haver bloqueios de ordem sexual impedindo uma expressão corporal mais espontânea, livre e desinibida.............. *Hibiscus, Aristolóquia, Basilicum*
- Não se entrega plenamente ao companheiro, nem afetivamente, nem durante a relação sexual. Medo de perder a consciência e, por conseguinte, o controle da situação.. *Thumbergia, Hibiscus*

INDIVÍDUO MENOS EVOLUÍDO:
- Rancoroso e adepto da filosofia do "olho por olho, dente por dente", poderá facilmente se tornar violento, cruel e vingativo......... *Vervano, Zinnia, Camelli*
- Busca de *status* social por meios manipulativos, maquiavélicos e inescrupulosos. Ditatorialismo. Despotismo.............................. *Thumbergia, Ícaro*

- Perda do prestígio e da posição social: pode cair em desgraça pública. Risco de prisão ou exílio.. *Althaea, Cássia*

PROBLEMAS PSICOLÓGICOS MAIS GRAVES:
- Frustrações e depressões por questões de trabalho... *Supplerium, Heliotropium*
- Incapacidade de relaxar. Tensões musculares................... *Calmim, Impatiens*
- Impotência física devida a questões psicológicas. Complexos sexuais. Medo de falhar na hora "H" (afania)....... *Basilicum, Lavândula, Sonchus, Fórmula de exame*
- A sexualidade reprimida ou bloqueada pode levar à distorção de um voyeurismo sádico e cruel.. *Silene, Dianthus*

ASTROLOGIA MÉDICA:
- Paralisia ou desgaste dos músculos. Rigidez muscular, dores, reumatismo (mialgias). Hérnia de disco. Lumbago. Torcicolo........... *Serenium, Sustentav*
- Problemas do fígado e da vesícula. Cálculos biliares (colelitíase). Cirrose hipertrófica do fígado. Hepatite. Icterícia............. *Ageratum, Ficus, Metabilis*
- Afecções dos ossos em geral. Inflamações do tecido ósseo (osteíte). Dores nos ossos (ostealgia). Calcificações ósseas (osteose). Inflamação da medula do osso (osteomielite). Tumores nos ossos (osteossarcoma). Gangrena dos ossos (osteonecrose). Destruição do tecido ósseo (osteólise). *Imunis, Sustentav*
- Anemia cerebral.. *Sempiternu*
- Distúrbio da secreção sudoral. Suor fétido (bromidrose)........... *Limpidus, Buquê de 9 flores*
- Dermatoses em geral: erisipela, prurido com ardor, herpes, eczema, urticária, psoríase, etc. .... *Limpidus, Imunis, Exsultat Gellu e Liquor*
- Tendência à morte ou atrofia de um ou mais órgãos........ *Buquê de 9 flores, Tagetes*
- Paralisia dos músculos da respiração. Sufocação........... *Tagetes, Guttagnello*

MARTE-URANO Aspectos Harmônicos

- As ações (Marte) deste indivíduo são guiadas por *flashes* intuitivos tão rápidos quanto um relâmpago (Urano), que lhe dizem o que fazer, a cada nova situação que se apresenta. Ação criativa.
- Engenhoso, as dificuldades são encaradas como desafios que o estimulam a encontrar respostas e soluções criativas, originais e inéditas.
- Tipo "deixa comigo" aliado a um espírito inovador, científico e futurista — provavelmente seria o inventor da roda, se esta não existisse.
- A capacidade inventiva, os dons naturais para a eletromecânica e a determinação que traz dentro de si fazem-nos lembrar a figura de Thomas Edison, que perseguiu sem esmorecimento seus objetivos, trabalhando em suas idéias e inventos mesmo em meio a sérias dificuldades econômicas e, ao cabo de infindáveis e exaustivas pesquisas, terminou iluminando literalmente nossas vidas.

- Liberdade de ação, independência e ousadia são as marcas deste gênio operativo, cuja natureza empreendedora e antiburocrática não perde tempo com lentos e tolos fluxogramas ou organogramas de trabalho.
- De espírito revolucionário, corajoso e idealista, não teme a luta nem a morte se for por uma causa de cunho libertador. Não é fácil acompanhar o ritmo deste indivíduo elétrico, inquieto, que incomoda a todos aqueles que se acomodaram ou caíram na inércia e no ostracismo.
- De reflexos rápidos, poderia tornar-se um eficiente piloto de provas, de automobilismo ou aviação.

ASTROLOGIA MÉDICA:
- O coração bate forte e ritmado. Sistema nervoso vigoroso.

MARTE-URANO Conjunção

(+) Poderoso dínamo de energia, de ação e pensamento, normalmente aplicado em iniciativas pioneiras ou de conquista. Corajoso, possui presença de espírito diante do perigo. Sabe defender como ninguém sua liberdade e seus direitos como indivíduo. Potencial para líder reformador.
- Agilidade mental e corporal. Reflexos instantâneos. Bom aspecto para atletas profissionais.

(-) (Ver aspectos desarmônicos.)

MARTE-URANO Aspectos Desarmônicos

- Temperamental, impulsivo e impaciente, quando tem uma idéia ou quer alguma coisa, parece um "rolo compressor" atropelando e passando por cima de tudo e de todos que estejam à sua frente. Individualismo. Egocentrismo.. *Impatiens*
- Inconstante, mal começa uma atividade, já parte para outra. Agitação. Inquietações. Ansiedades.. *Impatiens*
- Arrogante e pouco tolerante, irrita-se com tudo e acha que as pessoas são lentas, burras e que não sabem fazer nada direito........... *Mirabilis, Impatiens*
- Por espírito de contradição, por ser cabeça-dura ou por pura teimosia, este indivíduo parece andar na "contramão" dos acontecimentos, não dando ouvidos a ninguém, mas apenas aos seus próprios impulsos agressivos. Movido por insatisfações, inconformismos e rebeldias.................. *Vernônia*

Na astrologia mundial este é um daqueles aspectos fortes que regem movimentos como o Nazismo, por exemplo, onde idéias, ideais, bandeiras, etc. (Urano) estão unidos a um brutal emprego da força e da arbitrariedade (Marte), não respeitando qualquer espécie de direitos humanos que não sejam os seus próprios interesses, particulares e egoístas.

- Preconceitos raciais, culturais e sociais, distorções ideológicas, ideais libertários utópicos, etc. .... *Mirabilis*

INDIVÍDUO MENOS EVOLUÍDO:
- Deseja participar de grupos organizados (paramilitares) de ações radicais. Para ele, os fins justificam os meios. Despotismo .... *Thumbergia, Vernônia*
- De temperamento irascível e violento, pode envolver-se em badernas de rua, como instigador das massas à rebelião ou até como anarquista-terrorista do tipo sanguinário .... *Vernônia, Vervano, Orellana*

PROBLEMAS PSICOLÓGICOS MAIS GRAVES:
- Tensões constantes prejudicam o sistema nervoso. Ansiedades. Estresses .... *Impatiens, Calmim*
- Busca excitação através do perigo, colocando em risco constante a sua vida e, muitas vezes, a dos outros .... *Nicociana*
- Riscos de morte violenta por acidente (alta velocidade) ou como vítima de um ato violento (desforra) .... *Psidium, Calêndula silvestre*
- Explosões temperamentais coléricas e irascíveis .... *Tagetes, Nicociana*
- Sociopatia .... *Origanum, Silene*
- Crueldade aplicada com dureza, sangue-frio e sem um pingo de humanidade ou compaixão. Desamor .... *Camelli, Orellana, Thumbergia*

ASTROLOGIA MÉDICA:
- Dor de dente, com choques elétricos .... *Buquê de 9 flores*
- Malária .... *Imunis, Buquê de 9 flores*
- Febres nevrálgicas. Ciática. Febre de Malta .... *Ficus, Serenium*
- Dilatações e rompimentos de vasos sangüíneos (aneurisma) .... *Sustentav*
- Problemas no ritmo circulatório. Alterações do sangue (disemia) ..... *Movius*
- As cirurgias ou cortes costumam sangrar muito .... *Millefolium, Ruta*
- Cicatrizes .... *Tagetes, Arnica campestre, Buquê de 9 flores*

MARTE-NETUNO Aspectos Harmônicos

- Sendo um idealista inspirado por ações humanitárias, este indivíduo age sem a necessidade de competir, ferir ou magoar os outros. Ação amorosa.
- Compassivo, impessoal e sem interesses arbitrários, poderá envolver-se em atividades assistenciais, filantrópicas ou religiosas.
- Com uma aura de pessoa elevada, consegue o que deseja dos outros, pois estes não lhe sabem negar nada.
- Não cria resistência nem empecilhos ao fluxo da vida, porque sabe instintivamente que, assim como o rio encontra seu destino no mar, ele, certamente, a seu devido tempo, completará seu destino.
- Movido por *insights* orientadores (mesmo que não inteiramente conscientes), age, muitas vezes, como um verdadeiro canal da Providência Divina,

encontrando-se na hora certa e no lugar certo, onde alguém que está sofrendo busca auxílio e amparo. Espírito de salvador.
- Caso não seja tão místico, os outros tipos de indivíduos que poderemos encontrar são aqueles que atuam em áreas assistencias como médicos, terapeutas, artistas etc., havendo em comum o fator da ação inspirada.

MARTE-NETUNO Conjunção

(+) Como ocorre com um artista, a fonte de motivação que impulsiona este indivíduo à ação são as idéias, os ideais e as inspirações de caráter criativo ou místico-religioso. Automotivação.
- Forte determinação para perseguir e realizar seus próprios sonhos e aspirações, que dificilmente serão de natureza materialista.
- Atrai simpatias e colaboração por meio de um sutil mas cativante magnetismo pessoal (espiritual) que fascina e encanta as pessoas.
- Silencioso, prefere trabalhar sem a necessidade de fazer alarde sobre a sua pessoa. Desprendido, devota-se a trabalhos altruístas e humanitários.
- Energia sexual orientada para metas espirituais ou artísticas.
- Poder de cura pela simples presença física.

(-) Tendo dificuldade para ver com clareza suas motivações internas, acredita estar agindo de forma altruísta e desinteressada, quando na verdade existe uma série de interesses ocultos por detrás.
(Ver aspectos desarmônicos.)

MARTE-NETUNO Aspectos Desarmônicos

- Confusões psíquicas e auto-enganos (Netuno) tornam este indivíduo incapaz de reconhecer suas próprias motivações (Marte) ou de saber exatamente o que deseja. Ações caóticas. Falta de controle emocional. Carência de poder de auto-refllexão............................ *Basilicum, Verbenácea*
- Quando se entusiasma por algo, é como fogo de palha: brilha muito, mas queima rápido. Desmotivação. Apatia................. *Rosa canina, Ícaro*
- Como os artistas que agem impulsionados por inspirações criativas, este indivíduo faz o mesmo, só que deitado indolentemente num sofá, e, enquanto a inspiração não chega, diverte-se assistindo TV. Inércia. Ostracismo....... *Rosa canina*
- Sonhador auto-iludido, desconhece seus próprios limites ou capacitações. Em sua cabeça, julga-se muito eficiente e competente, com poderes extraordinários de execução, comando e liderança. Na prática, o seu *curriculum* o denuncia.. *Jasminum*
- Covardia emocional quanto a enfrentar o mundo. Quando acorda e cai na realidade, não sabe por onde começar, nem como recuperar o tempo per-

dido, ficando então, mais perdido do que antes, quando sonhava......... *Rosmarinus*
- Incapaz de agir de forma franca e direta, mimetiza-se como um camaleão, e infiltra-se por entre os grupos e as pessoas para poder obter o que deseja... *Silene*
- Os mais crédulos podem ser vítimas de sua própria imaginação, podendo chegar a ter experiências místicas ou visionárias irreais e completamente fantasiosas. Fé cega. Beatice. Mistificação....................... *Luceris, Jasminum*

INDIVÍDUO MENOS EVOLUÍDO:
- Para conseguir o que deseja pode mentir, enganar ou iludir as pessoas. Dissimulação. Age nos bastidores; espiona; sabota. Associa-se a pessoas desonestas ou desequilibradas... *Silene*
- Acredita-se esperto, mas é o primeiro a cair na mão de vigaristas e charlatães mais ladinos do que ele.. *Fórmula de aprendizado*

PROBLEMAS PSICOLÓGICOS MAIS GRAVES:
- Complexo de inferioridade. Auto-anulação.................. *Lavândula, Jasminum*
- Desejos reprimidos podem levar à neurose e a problemas como a sexualidade desenfreada, o onanismo com estímulos visuais eróticos e obsessivos, a promiscuidade, etc. .... *Aristolóquia, Lilium*
- Obsessões violentas que levam ao uso indiscriminado do álcool, das drogas, com tendências auto-aniquiladoras.................. *Artemísia, Aristolóquia, Linum, Calêndula silvestre*

ASTROLOGIA MÉDICA:
- Abusos alimentares... *Levitate, Magnificat Pollen*
- Flacidez... *Tonarion*
- Abalos emocionais responsáveis por crises de fraqueza muscular (cataplexia)... *Serenium*
- Suscetibilidade a infecções epidêmicas............................. *Imunis, Limpidus*
- Descargas de pus ou de toxinas. Furúnculos................................... *Limpidus*
- Afecção cutânea com vesículas nas mãos e nos pés... *Limpidus, Buquê de 9 flores*
- Inflamação das bolsas serosas (higroma)... *Limpidus*
- Inflamação das membranas mucosas, da uretra e da vagina. Facilidade de contrair doenças infecciosas de fundo venéreo devido a deficiência imunológica. Blenorragia, sífilis, etc. .... *Imunis, Buquê de 9 flores*
- Hidropisia cerebral (hidrocefalia)....................... *Limpidus, Buquê de 9 flores*
- Sonambulismo.. *Passiflora, Bipinatus, Psidium*
- Catalepsia (sono mórbido profundo, ligado à auto-hipnose ou à histeria, enrijecimento dos membros, insensibilidade, respiração e pulso lentos, palidez cutânea e ausência total de consciência)................. *Buquê de 9 flores*

MARTE-PLUTÃO Aspectos Harmônicos

- Os desejos ou as motivações que levam este indivíduo à ação são de um tipo pouco compreensível para a pessoa comum.
- A sintonia que possui com as energias do inconsciente coletivo, ou, melhor dizendo, com as carências e necessidades do mundo, faz com que pouco de seu tempo seja gasto consigo mesmo, procurando, muito mais, voltar-se para ações de ordem social.

Na astrologia mundial, que estuda o movimento das massas, das sociedades e das civilizações, este aspecto representa, numa nação, o Poder (Plutão) Executivo (Marte). No nível pessoal, este indivíduo poderia ser chamado de **"homem de ações políticas"**.

- Possui uma ídole corretiva e moralizante e lutará com todas as suas forças para restaurar a lei e a ordem onde quer que se encontre. Força moral. Poder de ação.
- Corajoso e autoconfiante, parece-se, em muitos aspectos, com o xerife do "velho oeste", que defendia, heróica e destemidamente, a lei, às custas de sua própria vida.

Quando falamos da união destas duas energias planetárias do ponto de vista da coragem, do destemor e da liderança, um festival de imagens e palavras-chave nos vêm à mente, tais como: força de caráter, carisma, espírito indomável, vontade inquebrantável, pulso, "têmpera de aço", combatividade, audácia — conquistadores, estadistas, comandantes, militares, etc.

- Desde a pessoa mais simples, exercendo a chefia numa pequena linha de montagem, por exemplo, até o mais alto dignitário da política e do Estado, todos, internamente parecem ter sido forjados com a mesma natureza batalhadora e o mesmo inconformismo para com as pessoas ociosas e improdutivas.

INDIVÍDUO MAIS EVOLUÍDO:
- O poder da vontade comanda sua natureza inferior, podendo dirigir conscientemente sua energia sexual para formas mais criativas e construtivas de ser.

MARTE-PLUTÃO Conjunção

(+) Impressionante capacidade executiva e de liderança. Força de caráter. Presença de espírito diante do perigo. Coragem. Autocontrole emocional.
- Estando em sintonia com as necessidades dos outros, pode captar, inclusive, as necessidades ocultas do inconsciente coletivo. Devido a esse dom natural, pode ingressar nas mais diversas expressões da vida pública.
- Poderosa energia sexual que pode ser transmutada em força psíquica e poder mental. Vigor físico. Resistência às doenças.

(-) Assim como a energia nuclear pode ser usada tanto para fins pacíficos como para destruir, ninguém sabe o que estes indivíduos poderão fazer com a "pequena ogiva nuclear" que carregam debaixo do braço.
(Ver aspectos desarmônicos.)

MARTE-PLUTÃO Aspectos Desarmônicos

- Conflitos entre a vontade (Plutão) e os desejos (Marte) dão a este indivíduo uma natureza contraditória e irrefreadamente compulsiva. Falta de autocontrole emocional.. *Ficus, Eucalyptus*
- Crises de consciência, devido a condutas e procedimentos que ele próprio reprova e condena, mas que não sabe como evitar.......... *Cássia, Aristolóquia*
- Acredita que sua missão de vida é superior à dos demais. Egocêntrico e prepotente, sua cabeça gira apenas em torno de seus desejos e interesses pessoais.. *Tropaeolum, Phyllanthus*
- Obstinado, age como se estivesse dominado ou possuído por forças bem maiores do que seu poder de controle ou compreensão (Plutão pode acionar não apenas as forças mais violentas do inconsciente pessoal, como também deixar a pessoa à mercê das forças cegas do inconsciente coletivo)............... *Artemísia, Origanum*
- Controlador, divide as pessoas entre as que estão a seu favor (amigos) e as que não estão (inimigos) e, para a saúde destas últimas, é bom que se mantenham distantes. Raiva profunda................. *Calêndula silvestre, Camelli*
- Faz da vida uma constante luta pela sobrevivência, porque, de seu ponto de vista, vence apenas o mais forte... *Nicociana*
- Ambições desmedidas trazem acirradas lutas de poder. Competições desleais. Manipulações... *Cauliflora, Thumbergia*
- Gostaria de ter o poder mágico ou hipnótico de fazer as pessoas responderem instantaneamente à sua vontade e aos seus desejos. Ditatorialismo. Despotismo. Quando contrariado, avança como um touro enfurecido para cima das pessoas...*Thumbergia*

INDIVÍDUO MENOS EVOLUÍDO:
- Pode envolver-se com o crime organizado, com a corrupção e a exploração do jogo, das drogas, da prostituição, etc. Vontade interna de ser o chefe da quadrilha... *Vernônia, Artemísia, Origanum*
- Poderá ser vítima de tudo aquilo que ele mesmo pratica: acusações, traições, difamações, violência, roubos, morte violenta........ *Calêndula silvestre.*

PROBLEMAS PSICOLÓGICOS MAIS GRAVES:
- Cheio de "adrenalina", faz uso do álcool ou de drogas como a cocaína ou as anfetaminas para se manter, como ele mesmo costuma dizer "a mil por hora"... *Ipoméia, Malus*

- Obsessões violentas, destrutivas e autodestrutivas. Instintos de vingança. Brutalidade.. *Calêndula silvestre, Artemísia*
- Tendências criminosas. Sociopatia...................................... *Origanum, Silene*
- Incontroláveis compulsões sexuais que podem levar ao estupro violento, sádico e com requintes de crueldade............... *Lilium, Origanum, Thumbergia*

ASTROLOGIA MÉDICA:
- Estresse físico, emocional e mental........ *Foeniculum, Sempervivum, Tabebuia*
- Excitação sexual excessiva. Ereção dolorosa e permanente (priapismo). Ejaculações involuntárias (espermatorréia).............. *Aristolóquia, Verbenácea*
- Inflamações em geral, com tendências supurativas. Febres eruptivas, tais como: catapora, dengue, erisipela, escarlatina, sarampo, varíola, etc. .... *Verbenácea, Limpidus, Imunis*
- Inflamações nasais. Rinite alérgica... *Tonarion*
- Inflamações que afetam os órgãos de reprodução ou o ânus. Inflamação das trompas (salpingite), da próstata (prostatite), do intestino grosso ou cólon (serocolite), dos testículos (orquite), da membrana que forra o interior da vagina (vaginite), dos ovários (ovarite), da mucosa ou da parede muscular do útero (metrite, endometrite); inflamação com dor e ardor da vulva (vulvite); do pênis (balanite), da uretra (blenorragia)........ *Imunis, Limpidus, Aristolóquia*
- Predisposição aos vermes, principalmente os que se instalam no reto (oxiúros), e às manifestações viróticas e bacterianas.......... *Imunis, Metabilis*
- Abundância do fluxo menstrual (menorragia).............................. *Feminalis*
- Facilidade de contrair doenças venéreas....................... *Aristolóquia, Cássia*
- Sangramento nasal. Hemorragias. Hemofilia. Hemoptise........... *Millefolium, Buquê de 9 Flores*
- Febres biliosas, com aumento do baço e do fígado..... *Verbenácea, Buquê de 9 flores*
- Hepatite. Enfermidades degenerativas, tumorais ou cancerígenas do baço, fígado e vesícula... *Ageratum, Ficus, Metabilis*
- Apendicite. Peritonite.. *Phyllanthus, Arnica campestre*
- Tumor muscular (miocele). Tumores em geral.... *Limpidus, Buquê de 9 flores*
- Hemorróidas.. *Verbenácea, Foeniculum, Exsultat Gellu*

MARTE-ASC Aspectos Harmônicos

- Energia física e emocional quase inesgotáveis, dão a este indivíduo força suficiente para que ele alcance suas metas e objetivos. Voluntarioso, não deixa para amanhã o que pode fazer *agora*. Decidido. Corajoso.
- Com o lema "Querer é poder" na cabeça e uma disposição anímica incomum, mostra a todos como os obstáculos e as dificuldades podem ser vistos como prazerosos desafios a serem vencidos.
- Seguro, passa aos outros uma imagem de autoconfiança e não será de estranhar se for chamado a ocupar uma posição de liderança.

MARTE-ASC Conjunção

(+) Com invejável vigor físico, possui energia de sobra para gastar, podendo envolver-se com sucesso em qualquer tipo de atividade esportiva. Agilidade corporal. Personalidade forte. Força Yang.
- Necessidade de auto-expressão por meio de uma atividade dinâmica, enérgica, executiva e empreendedora. Avanços pela iniciativa.
- Quer deixar uma impressão e uma marca de sua personalidade no seu meio ambiente.

ASTROLOGIA MÉDICA:
- Boa saúde e excelente sistema sangüíneo e circulatório. Resistência às doenças. Robustez física. Força muscular.
- As glândulas supra-renais produzem adrenalina suficiente para enfrentar duras provas esportivas.

(-) O excesso de impulsividade e agressividade lhe traz sérios problemas na hora de se projetar no mundo. Irreflexão.................. *Impatiens, Psidium*
- Critica a todos, mas ofende-se a qualquer menção à sua pessoa..... *Mirabilis*
- Unilateral, vê apenas o seu lado da questão.............................. *Phyllanthus*
- Rejeita aconselhamentos. Discórdias......................... *Phyllanthus, Vernônia*
- Auto-afirma-se instigando os outros a competir com ele para vencê-los. Quando perde, sai na desforra de forma desleal.......................... *Cauliflora*
- Caso não consiga dar vazão espontânea à sua "adrenalina", poderá dirigir sua raiva contra todos à sua volta....................................... *Camelli, Psidium*

INDIVÍDUO MENOS EVOLUÍDO:
- Bruto, dominador, briguento.. *Nicociana, Vervano*

ASTROLOGIA MÉDICA:
- Marcas e cicatrizes no rosto ou queimaduras causados pela pressa, por acidentes. Gosta de dirigir em alta velocidade. Imprudência......... *Impatiens*
- Tensões mentais. Dores de cabeça... *Ficus, Calmim*
- Problemas inflamatórios nos olhos, ouvidos e nariz por manifestações viróticas e bacterianas....................................... *Verbenácea, Imunis*
- Sinusite.................................... *Imunis, Ventilan, Salvia, Guttagnello*

MARTE-ASC Aspectos Desarmônicos

- Atropelos e descuidos ao executar as tarefas. Impulsividade cega. Atitudes rudes, ríspidas e grosseiras.. *Taraxacum*
(Ver aspectos negativos da Conjunção.)

MARTE-MC Aspectos Harmônicos

- Sem entrar em atropelos, competições ou passar por cima dos outros, este indivíduo conquista o seu lugar no mundo por sua reconhecida força de trabalho, poder executivo e sua natural capacidade de liderança.
- As profissões poderão ser aquelas que exijam força, coragem e determinação. Sucesso como atleta, militar, engenheiro civil, no direito, na política, etc.

MARTE-MC Conjunção

(+) Poder de liderança e de decisão em atividades organizacionais. Força de vontade para atingir seus objetivos. Iniciativa. Independência. Energia física e emocional orientada para metas definidas.
- Força, coragem e determinação para seguir carreira política ou militar.

ASTROLOGIA MÉDICA:
- Calor corporal. Boa atuação dos músculos voluntários.

(-) Passional, impulsivo e insubordinado, não sabe aceitar ordens de terceiros. Conflitos e confrontações com superiores hierárquicos ou empregadores; na família, problemas com os pais... *Vernônia*
- Ambições de poder e comando. Deslealdade em competições...... *Ícaro, Thumbergia*
- Com personalidade dominante, sufoca as ações dos outros........ *Thumbergia*
- Auto-afirma-se esfregando o poder de seu cargo na cara dos outros. Briguento. Intempestivo. Perda de prestígio, da posição social ou das possíveis honrarias a que tinha direito, sendo sabotado por todos aqueles que um dia agrediu, feriu ou menosprezou.. *Vervano, Nicociana*

ASTROLOGIA MÉDICA:
- Desregulagens da temperatura corporal, febres.. *Feminalis, Buquê de 9 flores*
- Perda das funções musculares de controle voluntário................... *Sambucus*

MARTE-MC Aspectos Desarmônicos

- Uso da força para conseguir o que deseja.................................. *Thumbergia*
- Descarrega em casa os problemas do trabalho, e vice-versa. *Basilicum, Lilium* (Ver aspectos negativos da Conjunção.)

♃ JÚPITER

CARACTERÍSTICAS:
Elemento Ar-Fogo. Polaridade Masculina. Quente. Seco.

PALAVRAS-CHAVE E ANALOGIAS:
"O Preservador" (*Vishnu*). "Deus do Olimpo" (*Zeus*). "Senhor do Futuro". Crescimento. Desenvolvimento. Civilização. Expansão. Viagens. Colonização. Erudição. Valores éticos. Postulados científicos. Dogmas religiosos. Fé. Boa estrela. Sorte. Riqueza. Opulência. Benevolência.

TRAÇOS POSITIVOS DO TIPO JUPITERIANO:
Natureza extrovertida, otimista e autoconfiante. Nobreza de coração. Idealismo. O bom humor que possui é reflexo de um espírito aberto e de uma inteligência lúcida e brilhante. Gosta de viajar, de expandir seus horizontes, de conhecer povos e novas culturas. Amante do saber.

TRAÇOS NEGATIVOS DO TIPO JUPITERIANO:
Ânsia de querer crescer e expandir-se sem avaliar os obstáculos. Megalomania. Especulações para obter prestígio, posição, riqueza ou bem-estar. Ostentações. Posicionamentos dogmáticos e inquisitivos.

ANATOMIA E FISIOLOGIA:
Rege os quadris, as coxas; a função hepática; a vesícula biliar (junto com Marte e Saturno); o metabolismo da gordura; os pulmões; o sangue e os músculos do coração (junto com o Sol e Marte); o sistema arterial.

AFINIDADES TERAPÊUTICAS:
Florais: Fuchsia, Verbenácea, Taraxacum, Ícaro, Nicociana.
Fórmulas compostas: Levitate, Fórmula de exame.
Fitoflorais: Movius, Ventilan, Magnificat Pollen.

> *"Somos Almas vindas aqui com a missão de obter o conhecimento e toda a experiência que podem ser adquiridos ao longo da existência terrena; de desenvolver virtudes de que carecemos, de extinguir tudo o que, é defeituoso dentro de nós e, dessa forma, avançar em direção à perfeição de nossa natureza."*
>
> — Bach, *Cura-te a ti mesmo.*

FLORAIS ÚTEIS PARA OS ASPECTOS ASTROLÓGICOS DE JÚPITER

JÚPITER-SATURNO Aspectos Harmônicos

- Com uma visão social bastante desenvolvida, este indivíduo, desde criança, já pensa em sua carreira profissional, nos diversos papéis sociais que possa vir a desempenhar, na conduta e na filosofia de vida e na postura que assumirá diante do mundo e das pessoas. Age de acordo com seu discurso.
- Objetivos de vida claros e definidos. Maturidade psicológica.
- Possui uma mente profunda e disciplinada e pode dedicar-se tanto a assuntos de ordem prático-científico-social e política como ao estudo de temáticas filosófico-religiosas-existenciais.
- As possíveis ambições por grandes realizações escondem uma pessoa simples que despreza o desperdício e a ostentação.
- Habilidades comerciais de alto nível (Júpiter) e financeiras (Saturno) poderão levá-lo a ocupar cargos administrativos em grandes empresas e corporações.
- Dotado de força moral e um caráter íntegro e incorruptível, é respeitado por todos devido ao seu discernimento e à sobriedade de seus julgamentos. Sentido inato de justiça. Pode sair-se bem como juiz, jurista, magistrado, ministro, sacerdote, etc.

Este aspecto lembra muito as atitudes e posicionamentos da filosofia de Confúcio, do homem dedicado ao serviço público como um ideal de vida e com uma consciência social e política bastante desenvolvida.

ASTROLOGIA MÉDICA:
- Bom funcionamento do fígado e da vesícula biliar.

JÚPITER-SATURNO Conjunção

(+) Indivíduo conservador (sem ser retrógrado), possui uma filosofia de vida prática. Austero, seu caráter é sério, sóbrio, seguindo o ditado que diz "muito riso é sinal de pouco siso".
- Planeja sua vida em etapas e com metas definidas, vencendo cada obstáculo com paciência, determinação e um otimismo pautado numa visão extremamente realista de seu potencial e de seus recursos. Interesse em grandes negócios.
- Cumpridor das leis e respeitador da autoridade, possui maturidade psicológica para atuar como juiz, jurista ou sacerdote.
- Deixa uma marca na humanidade por algum tipo de empreendimento ou obra social realizados com perseverantes e contínuos esforços.

(-) Dedicação ao trabalho, à carreira e às responsabilidades assumidas; em sua cabeça não passam idéias de lar, família ou filhos, mesmo que, com toda a certeza, venha a tê-los.. *Lilium*
- Complexos de inferioridade social, intelectual ou de incapacitação profissional podem minar suas forças e seu entusiasmo para ir mais longe..... *Lavândula*

(Ver aspectos desarmônicos.)

JÚPITER-SATURNO Aspectos Desarmônicos

- Enquanto algumas pessoas têm a capacidade de sair fora delas mesmas e rir das situações difíceis em que estão inseridas, este indivíduo parece ser a encarnação da dor, do sofrimento e da dificuldade eterna, sem chances de redenção... *Heliotropium, Sonchus*
- Ambicioso, mas acomodado, enfrenta situações nas quais as responsabilidades ou o cargo que ocupa estão acima de sua experiência ou capacitação profissional... *Margarites*
- Vacilante, falta-lhe coragem e determinação para realizar seus projetos de vida. Não olha para o futuro por temer encarar suas limitações, falhas e deficiências do presente... *Lavândula, Mimosa*
- A coordenação do pensamento, ora é muito lenta, ora muito expandida. Algumas pessoas perdem-se "fora do tempo e do espaço", outras aprisionam-se em minúcias sem importância e fora de questão. Dificuldades na tomada de decisões.. *Ficus, Piperita*
- Filosofia de vida estreita, rígida e conservadora. Inflexibilidade. Materialismo. Ateísmo. Ceticismo. Niilismo....................... *Phyllanthus, Taraxacum*
- A alternância entre otimismo e pessimismo varia de acordo com os sucessos e os fracassos na sua impetuosa escalada por *status*, por posições sociais e cargos que valorizem a figura da autoridade.............................. *Ícaro*

- Problemas financeiros ou com a justiça por causa de ações desonestas....... *Silene, Cauliflora*
- Desconfia de todos. Avareza. Mesquinhez. Sovinagem..... *Pastoris, Sonchus*
- Sofre todo tipo de contrariedades, tem de trabalhar duro para superar obstáculos, perigos e decepções. Adversidade...................... *Dianthus, Sonchus*

PROBLEMAS PSICOLÓGICOS MAIS GRAVES:
- Complexos de inferioridade profissional, intelectual e cultural.... *Lavândula*
- Pessimismo. Melancolia. Depressões. Falta de fé. Desesperança. Derrotismo. Vazio existencial... *Sonchus*

ASTROLOGIA MÉDICA:
- Doenças crônicas que aparecem e desaparecem.............. *Aleluia, Millefolium*
- Problemas na circulação arterial; enrijecimento das artérias; mau funcionamento dos órgãos em geral (arteriosclerose)....... *Anil, Foeniculum, Movius*
- Reumatismo articular... *Imunis*
- Gota. Ciática. Coxalgia (artrite do quadril)...... *Phyllantus, Verbenácea, Malus*
- Hidropisia nas juntas (hidrartrose); artrite crônica no joelho.......... *Limpidus*
- Inflamações da pele sem febre. Erisipela — o avanço desta enfermidade leva à tuberculose (Júpiter) e à morte por asfixia lenta (Saturno) .... *Foeniculum, Verbenácea, Exsultat Gellu*
- Problemas pulmonares. Bronquite crônica. Coqueluche. Asma. Opressão respiratória; respiração cansada (enfisema). Dores no peito, falta de apetite e enfraquecimento geral; tuberculose (tísica pulmonar)............. *Guttagnello, Eucalyptus, Ventilan*

JÚPITER-URANO Aspectos Harmônicos

- De mente aberta, sem preconceitos, como um bom cientista social, este indivíduo possui um vasto conhecimento a respeito da vida humana, das sociedades e de seus padrões de comportamento.
- É por natureza um pensador independente, criativo, inovador, e é possível que suas idéias estejam muito à frente de sua época. Idéias avançadas, revolucionárias e libertadoras.
- Pensador irreverente, contesta e põe em questionamento a maior parte dos postulados e pensamentos formais ou acadêmicos de sua época, principalmente nas áreas da ciência, da filosofia e da religião.

Para melhor compreensão destes aspectos, basta ver a imensa gama de grupos em que este indivíduo pode ser encontrado, que vai desde as unidades de ensino básico, as universidades, os centros de pesquisas, até aqueles grupos que lutam pela defesa dos direitos humanos e a melhoria das condições de vida, tais como os movimentos populares, os sindicatos, os partidos políticos (socialistas), ou, então, os organismos internacionais, como a Unesco, e Unicef, a FAO, a Cruz Vermelha, os movimentos ecológicos do tipo Green Peace, etc. E ainda teríamos todos aqueles que trabalham pelo progresso e a evolução da humanidade por intermédio de organizações filantrópicas ou esotéricas.

- Em geral, todos possuem um elevado grau de altruísmo, sabem defender suas individualidades e seu espaço psicológico e, por esta razão, podem envolver-se em questões sociais de forma totalmente desinteressada.
- Ao contrário do comum das pessoas, que procuram um sentido de ordem no Universo apenas para encontrarem em suas vidas algum tipo de segurança ou estabilidade, este indivíduo é um autêntico buscador da verdade. Seu interesse está voltado em maior grau para a busca de significados, e para questões do tipo: O que é a vida?, Quem somos?, De onde viemos?, Para onde vamos?, A vida tem metas ou objetivos, ou um plano?, etc.

Indivíduo mais Evoluído:
- Com o conhecimento das leis que operam por detrás do pensamento, é provável que esteja, neste momento, fazendo esforços dirigidos e disciplinados para desfazer a rede de ilusões e enganos que cercam a sua própria mente.

JÚPITER-URANO Conjunção

(+) Grande força criativa e executiva. Mente rápida como um relâmpago. Fator de genialidade. Capacidade inventiva. Intuição.
- Filosófico, possui ideais socialistas e libertários. Êxito no setor de educação. Interesse em estudos sociológicos.
- Gosto por aventuras, pelo contato com novas culturas, pelo desconhecido, por viagens exóticas e emocionantes.
- A busca da Verdade leva alguns indivíduos ao envolvimento com ordens esotéricas ou ao estudo da metafísica. Sucesso no campo da investigação científica, ou mesmo da metafísica.

(-) A capacidade de projetar-se além de nossa época facilita o vislumbre futurista de possibilidades de vida humana em sociedades mais perfeitas e mais organizadas que as do momento. Estes pensamentos podem levá-lo a perder o interesse pelo presente, a viver com um sentimento de não pertencer a esta época ou lugar, e podem culminar numa permanente insatisfação, tornando-se um contestador intransigente das sociedades atuais................. *Rosmarinus*
(Ver aspectos desarmônicos.)

JÚPITER-URANO Aspectos Desarmônicos

- Dificuldades para encontrar seu lugar no mundo ou incapacidade de cumprir seus diferentes papéis sociais (Júpiter), devido a uma natureza inquieta e inconstante (Urano). Turbulência... *Impatiens*

- Impaciência e impulsividade mental. Rebelde sem causa.......... *Impatiens, Psidium*
- Sem refletir, repentinamente "vira a mesa", muda de interesses, de metas, de objetivos de vida, de atividades e até de localidade........*Psidium, Calêndula silvestre*
- Concepções filosóficas, religiosas ou científicas extraídas da pura abstração teórica sem um pingo de experiência prática...... *Phyllantus, Tropaeolum*
- Atitudes impensadas levam a problemas econômicos, administrativos ou judiciários. Jogador. Aventureiro. Especulador............. *Ambrosia, Nicociana*
- Comete extravagâncias que costumam sair caras, levando à perda da posição, de amigos e da própria reputação........................ *Ambrosia, Nicociana*
- Excêntrico e intransigente, defende e impõe suas idéias com fanatismo e dogmatismo, ou, então, numa atitude de suprema arrogância existencial, afasta-se do comum das pessoas, isolando-se orgulhosamente em seu "monte Olimpo" de "conhecimento, sabedoria e virtude".......... *Tropaeolum*
- Como este aspecto rege o campo das idéias e das ideologias, influencia significativamente pessoas com formação acadêmica que, acreditando serem os "papas" do conhecimento, usam, como falsos gurus seus seguidores na difusão de idéias e crenças que acreditam ser o supra-sumo do máximo e que provavelmente, os levarão a entrar para a história como eminências pardas do saber de sua época............................ *Ícaro, Tropaeolum*
- Com ideais comunitários utópicos e inviáveis, têm necessidade de pertencer a grupos de vivências alternativas, afastados do mundo....... *Tropaeolum*
...Um outro tipo, de natureza mais anárquica, promove ideais libertários de rompimento com a sociedade e o sistema em todas as suas formas. Uma delas pode ser encontrada na máxima de Aleyster Crowley: "Faz o que quiseres (Urano), pois é tudo da lei (Júpiter)"................... *Ipoméia, Vernônia*
...Indivíduos mais radicais podem aprovar (como mentores intelectuais) o uso da força, da guerrilha e da sabotagem para trazer descrédito ao sistema vigente e, no caos, tentar implantar suas idéias............. *Verbenácea, Vervano*

ASTROLOGIA MÉDICA:
- Dores nevrálgicas nas têmporas... *Ficus, Calmim*
- Cólicas... *Foeniculum*
- Acessos espasmódicos ou convulsivos............................ *Calmim, Serenium*
- Problemas circulatórios. Hipertensão arterial.................................. *Movius*
- Cãibras. Nevralgias do nervo ciático............................... *Serenium, Calmim*
- Peristalse do intestino... *Foeniculum, Limpidus*

JÚPITER-NETUNO Aspectos Harmônicos

- Este indivíduo, de visão intuitiva e não-verbal, é indiferente a todos os esquemas tradicionais e acadêmicos de estruturação do pensamento, do intelecto e do conhecimento humano.

- Silencioso e contemplativo, não precisa fazer complicadas ginásticas mentais para obter uma compreensão das coisas que está muito além daquela das pessoas que o cercam. Sabedoria.
- Impessoal, poderá nem se dar conta do místico que existe dentro dele, mas, como o "seu reino não é deste mundo", vive num estado de contentamento no qual poucas coisas o afetam ou lhe tiram o bom humor.
- Perceptivo, captura num olhar a essência e o espírito das coisas, enquanto os outros ficam apenas com a letra morta.
- Idealista e altruísta, pode devotar sua vida a uma causa que considere boa para o avanço e o progresso da humanidade.
- Com um sublimado sentido estético, pode canalizar suas energias para as áreas da música e das artes em geral. Música *New Age*.
- Voltado para a medicina e a cura, poderá apaixonar-se pelo trabalho mágico com os cristais, a cromoterapia, a musicoterapia, etc.

INDIVÍDUO MAIS EVOLUÍDO:
- Traz dentro de si um sentimento de que faz parte de um todo — daí sua profunda religiosidade, fé e gratidão para com tudo e para com todas as coisas. Santidade. Clarividência. Dom de cura.

NEM TUDO É POSITIVO NOS ASPECTOS HARMÔNICOS:
- Dificuldades nos estudos, devido ao fato de que os atuais métodos de ensino são inadequados para este tipo de indivíduo, sensível, intuitivo e desligado do mundo da forma e dos sentidos............... *Rosmarinus, Piperita*
- Sistema nervoso por demais delicado para lidar com a grosseria, o egoísmo, a falta de solidariedade e o individualismo selvagem dos nossos dias atuais... *Levitate, Calmim*

JÚPITER-NETUNO Conjunção

(+) Abertura mental e emocional para as artes, a filosofia, a religião e o misticismo. Sensibilidade para a música. Imaginação fértil.
- Amável, generoso e compassivo, coopera com os outros de forma espontânea e desinteressada. Altruísmo.
- Idealista e espiritualizado, encontra satisfação em atividades de caráter humanitário.

INDIVÍDUO MAIS EVOLUÍDO:
- Segundo Max Heindel, este indivíduo pode ter durante o sono a consciência desperta nos planos mais elevados. Dons naturais de clarividência.

(-) Indiferente aos atrativos que a vida material oferece, pode querer alcançar os "tesouros" do céu, mas, por não ter construído uma base sólida de conhecimentos fundamentados no estudo profundo da religião, da filosofia

e do verdadeiro esoterismo, como Ícaro, com asas de cera, um dia despenca das alturas... *Ícaro*
(Ver aspectos desarmônicos.)

JÚPITER-NETUNO   Aspectos Desarmônicos

- Este indivíduo perde com facilidade os parâmetros pessoais, culturais e sociais (Júpiter), quando estados expandidos de consciência o deixam retido numa dimensão mística e transpessoal (Netuno) que está bem além de sua capacidade de compreensão..................................... *Luceris, Rosmarinus*
- Não tendo os pés no chão, falta-lhe o sentido de realidade, objetividade e praticidade. Idealismos descabidos. Falsas crenças. Não assume responsabilidades porque desconhece o que seja autodisciplina. Indolência. Fantasias. Devaneios. Distrações. Dispersões. Escapismos..... *Rosmarinus, Ipoméia*
- Acredita que, se uma idéia nasceu na sua mente, foi Deus quem a pôs lá e, com esse álibi, isenta-se das responsabilidades ou das conseqüências de seus atos... *Vernônia, Ipoméia*
- Auto-iludido, guarda consigo sonhos de grandeza, acalentando em seu coração o sentimento de ser uma pessoa especial, como um anjo, um salvador ou um deus encarnado. Complexo de divindade. "Divina" arrogância... *Jasminum*
- Decepciona-se com as pessoas, quando estas o tiram do pedestal em que se colocou.. *Zinnia*
- Desconhecimento básico das leis de causa e efeito, por não aprender com os erros, nem com as lições que a vida lhe traz................. *Salvia, Taraxacum*

INDIVÍDUO MENOS EVOLUÍDO:
- Ao lidar com a vida material, pode agir com leviandade, mentindo ou sendo desonesto.. *Silene*
- ...ou, ao contrário, pode ser do tipo que, não sabendo dizer "não", é explorado por todos. Vítima de charlatães e falsos gurus................. *Ruta, Trimera*
- Procura experiências inusitadas por intermédio de viagens, aventuras ou envolvendo-se em peregrinações místico/religiosas........................ *Ipoméia*
- Indulgente, permite-se toda sorte de estímulos sensoriais que a sociedade oferece: televisão, revistas, sofá, pipoca, cachorro-quente, álcool, drogas, cigarro, bares, etc. Espectador passivo dos acontecimentos..... *Ipoméia, Fuchsia*

PROBLEMAS PSICOLÓGICOS MAIS GRAVES:
- Preguiça. Ociosidade. Indolência. Escapismos de todas as naturezas. Distorções filosóficas. Inversão de valores........................ *Piperita, Rosmarinus*
- A imaginação superestimulada leva este indivíduo a exaltações emocionais e a uma euforia fora de controle. Ri compulsivamente por coisas à toa. Falta de autocontrole. Infantilidade psicológica.......... *Lavândula, Sambucus*

- Tendência a cair em depressões profundas, após passar por estados exaltados de consciência. Sensação de impotência ou de vítima diante da vida, das pessoas e das situações.. *Heliotropium, Sonchus*
- Histeria devida à influência de seres suprafísicos que se apoderam de sua mente super-receptiva. Alucinações. Doenças mentais......... *Linum, Artemísia, Basilicum*

ASTROLOGIA MÉDICA:
- Problemas com o fígado... *Metabilis*
- Falta de tônus muscular. Flacidez.. *Sempiternu*
- Doenças pulmonares. Bronquite. Asma. Tuberculose... *Guttagnello, Ventilan*
- Pleuris serofibrosa. • Elefantíase. • Cistos hidáticos..................... *Limpidus*

JÚPITER-PLUTÃO Aspectos Harmônicos

- Uma mente treinada para pensar em profundidade, aliada a uma vontade poderosamente dirigida a metas específicas, permitem a este indivíduo chegar ao âmago e ao coração de qualquer assunto em que estiver debruçado. Natureza filosófico-pesquisadora impulsionada a participar nos diversos setores da sociedade e da vida pública.
- Liderança intelectual voltada para a organização ou o planejamento estratégico. Vínculo com grandes corporações empresariais ou governamentais.
- A exemplo do "ovo de Colombo", suas idéias causam impacto e assombro, tendo sempre uma "carta" oculta na manga para surpreender a todos. Idéias ousadas, criativas, causadoras de impacto e transformadoras.
- Sociólogo nato, sua mente parece ter o poder de sintonizar o que a massa está pensando, capturando suas necessidades básicas, suas expectativas, sonhos e esperanças. Poderá atuar como cientista, historiador, publicitário, cronista, estrategista ou líder na área socioeconômico-política.
- Como terapeuta, pode trazer à tona tudo aquilo que se encontra nos porões e nos recônditos mais ocultos da psique de seus pacientes, extirpando com sabedoria as "ervas daninhas" que se alojaram na sua alma enferma.
- **Terapeuta alquimista,** transmuta em "ouro" (saúde) o que antes era apenas "chumbo" (doença). Isto é valido para todas aquelas pessoas que exercem papéis de liderança em suas comunidades e conseguem elevar os padrões morais, culturais e espirituais das mesmas com seus esforços pessoais.

INDIVÍDUO MAIS EVOLUÍDO:
- Pode penetrar e sondar intuitivamente o inconsciente coletivo e verificar, dentro daquilo que as pessoas chamam de "normalidade", quais são os vícios, erros e deturpações energéticas que a humanidade está causando ao Plano Evolutivo.
- Fé pautada na compreensão da Justiça Divina e na infalibilidade da Lei do Carma.

- Atuando como "**pedra de toque**" (força interna pessoal), desperta as pessoas para a vida espiritual com sua simples presença.

JÚPITER-PLUTÃO Conjunção

(+) Força interna, determinação e sabedoria para atingir suas metas e objetivos. Possui excelentes recursos de energia mental e psíquica para realizar seus planos e projetos. Criatividade unida a uma poderosa concentração.
- Profundamente religioso, não precisa ver para crer: algo dentro dele sabe. Autoconfiança. Fé inquebrantável na vida e nas forças ocultas da natureza, que sempre estão do seu lado. Poder de cura. Força interna regenerativa.
- Como líder, carrega dentro de si um enigmático poder espiritual capaz de transformar a todos à sua volta. Suas idéias avançadas poderão provocar uma transformação substancial na mentalidade de sua época.
- Êxito como psicólogo, sociólogo, administrador, juiz, etc. Pacificador.

INDIVÍDUO MAIS EVOLUÍDO:
- Possui um conhecimento intuitivo do que ocorre no inconsciente coletivo e das leis ocultas que regem a vida e as sociedades humanas. Dom da profecia.

(-) (Ver aspectos desarmônicos.)

JÚPITER-PLUTÃO Aspectos Desarmônicos

- Os papéis sociais (Júpiter) podem ser assumidos com um sentido de poder pessoal (Plutão) superdimensionado, levando o indivíduo, orgulhoso de si, a acreditar que está acima da lei ou, então, que ele é a própria lei. Complexo de superioridade (autoridade)............................. *Helianthus, Jasminum*
- Havendo preferência por assuntos filosóficos ou religiosos, enfastia-se com temas de psicologia. Caso os interesses sejam materiais, não hesitará em usar manobras psicológicas para conseguir seus intentos. Gosto pela hipnose com fins duvidosos... *Silene, Luceris*
- Suas crenças materiais ou espirituais recebem os traços marcantes do seu caráter inquisitivo e dogmático. Arrogância intelectual................ *Phyllanthus, Verbenácea*
- Passa uma imagem de quem sabe tudo, mas quando examinado mais de perto, não resiste a uma análise mais profunda............ *Helianthus, Jasminum*
- Fica furioso quando contradizem suas convicções. Prepotência. Intransigência. Rigidez mental... *Impatiens, Phyllanthus*

INDIVÍDUO MENOS EVOLUÍDO:
- Com a filosofia de "quem pode mais chora menos", faz uso de meios ilícitos para conseguir seus intentos ou para satisfazer sua ambição de riqueza e poder.. *Cauliflora, Thumbergia*

- Autor intelectual em planos criminosos contra o patrimônio público. Corrupção. Falsificação.. *Vernônia*
- Pode aprovar (mesmo que não se envolva diretamente) o uso da força e da violência para impor suas crenças ou as de uma causa na qual esteja fanaticamente envolvido.. *Verbenácea, Vervano*

PROBLEMAS PSICOLÓGICOS MAIS GRAVES:
- Paranóias que só poderão ser sanadas ou abolidas de sua mente após uma revisão apurada e honesta de seus conceitos, crenças e filosofias, que geralmente, são de natureza sombria, distorcida, preconceituosa, supersticiosa e auto-imposta, tais como:
- Complexos de rejeição intelectual e social... *Althaea*
- Fanatismos morais, sociais e/ou religiosos. Racismo. Desejo de fazer justiça com as próprias mãos.. *Mirabilis, Vervano*
- Complexos de perseguição social e existencial. Paranóico, acredita-se uma vítima nas mãos do destino, com uma sina ou uma trama macabra contra ele. Desconfianças. As sombras noturnas parecem ameaçadoras e chegam a gelar sua alma... *Zinnia, Pastoris*
- Idéias ou ideais obsessivos. Sociopatia............................... *Basilicum, Silene*

ASTROLOGIA MÉDICA:
- Problemas no sangue e no fígado. Infecções. Degeneração dos órgãos............ *Imunis*
- Vítima de doenças epidêmicas... *Buquê de 9 flores*
- Hipertrofia da próstata (prostatismo)............................. *Taraxacum, Tagetes*
- Hemorróidas.. *Limpidus, Supplerium*
- Pólipos. Vegetações adenóides.. *Limpidus*
- Crescimento exagerado de um órgão devido à proliferação exagerada das células (hiperplasia). Tumores cancerígenos que se desenvolvem e expandem pelo organismo com muita rapidez................. *Imunis, Buquê de 9 flores*

JÚPITER-ASC Aspectos Harmônicos

- Natureza alegre, otimista e descontraída. Autoconfiante, transmite segurança aos outros. Honestidade de propósitos.
- Gosto por aventuras, viagens, pelo saber, por novas culturas, pelo que está além dos horizontes.
- Mentalmente expansivo, deseja realizar grandes empreendimentos.

JÚPITER-ASC Conjunção

(+) Com o coração plantado no aqui e agora e a mente voltada para o futuro, este indivíduo sente-se feliz por tudo aquilo que está vivenciando, reali-

zando e semeando no momento presente. É mais feliz ainda por pressentir as novas e melhores oportunidades que estão por vir. Pensamento extremamente positivo.
- Sorriso sempre estampado no rosto. Gestos expansivos ao falar. Magnanimidade. Fé e confiança em si mesmo.
- Sortudo, as pessoas que o conhecem estão convencidas de que ele nasceu com uma "estrela" pairando e brilhando acima de sua cabeça. Bons amigos. Felicidade.
- Parte do segredo de seu sucesso reside no seu inabalável otimismo e na forma alegre e jovial de encarar as situações.

ASTROLOGIA MÉDICA:
- Fator de boa saúde e de bom funcionamento do fígado e da vesícula.

(-) Otimismo cego, usa "lentes cor-de-rosa" para ver o mundo à sua volta .... *Jasminum, Fuchsia, Ipoméia*
(Ver aspectos desarmônicos.)

ASTROLOGIA MÉDICA:
- Corpulência. Gula. Obesidade.. *Levitate*
- Problemas circulatórios.. *Movius, Foeniculum, Anil*

JÚPITER-ASC Aspectos Desarmônicos

- Aparência de quem tem o "rei na barriga". Acha-se mais importante do que os outros. Fala de si mesmo o tempo inteiro. Exageros. Extravagâncias. Ares de grandeza.. *Tropaeolum, Helianthus*
- Promete mais do que pode ou está disposto a cumprir. Demagogia. Hipocrisia.. *Silene*
- Com motivos egoístas e interesseiros ao ajudar os outros, extrai dos relacionamentos apenas o que lhe interessa, e depois se retira......... *Camelli, Orellana*
- Quer levar vantagem em tudo. Desonestidade............................. *Cauliflora*

JÚPITER-MC Aspectos Harmônicos

- Devido a sua boa reputação profissional, poderá obter fama e até reconhecimento público.
- Uma "estrela no céu" guia seus passos, fazendo-o alcançar com sucesso suas metas e objetivos. Na realização de seus planos e projetos recebe apoio de amigos influentes.
- Carreira profissional destacada pela honestidade e benevolência.
(Ver aspectos positivos da Conjunção.)

JÚPITER-MC Conjunção

(+) Independentemente do que venha a fazer em termos profissionais ou sociais, este indivíduo, de pensamento largo e positivo, age com confiança, com conhecimento de causa e com disposição anímica incomum, cheia de fé e otimismo. Certamente, estas são as chaves que o levam diretamente ao sucesso.
* Com mente aberta e espírito de vitória, vê nas quedas ou nos fracassos nada mais do que etapas ou aprendizados para ascensões ainda maiores.
* Tendo uma idéia ou um projeto na cabeça, desloca-se mentalmente para o futuro, o que lhe permite ver, materializado na sua frente, o resultado daquilo que pensou ou planejou e, numa rápida avaliação, saber se vale a pena ou não investir nesse projeto.
* Atinge suas metas sem a necessidade de atropelos ou competições inúteis. Querido por todos, conta com bons e influentes amigos que lhe darão contribuições valiosas nos momentos decisivos de sua vida. Ascensão social.
* Com espírito mecênico[1], apóia a cultura de forma geral e, em particular, prestigia pessoas de valor ou com talentos especiais, ajudando-as, muitas vezes, financeiramente.
* Aspecto favorável para professores, juízes, políticos ou religiosos.

ASTROLOGIA MÉDICA:
* Abomina bebidas alcoólicas ou qualquer coisa que lhe tire a sobriedade e a lucidez mental.

(-) Uso da posição social para satisfazer ambições pessoais ou materiais. Falta de senso comum... *Cauliflora*
* Discurso hipócrita e demagógico... *Silene*
* Problemas no âmbito familiar, com superiores e com a carreira..... *Vernônia*
* Por ostentação ou esnobismo, deseja aparentar ter mais do que tem, saber mais do que sabe ou ser mais do que é; quando desmascarado, assume uma posição cínica e debochada... *Ígnea, Jasminum*

JÚPITER-MC Aspectos Desarmônicos

* Algumas pessoas superestimam suas capacitações intelectuais, técnicas e profissionais, deixando muito a desejar quando se chega mais perto delas... *Helianthus*
* Falta de um sentido de orientação quanto à carreira profissional a seguir ou qual seja o seu papel no mundo e na sociedade........................ *Origanum*
* Perda do prestígio, da reputação ou da posição social. Fracassos profissionais... *Lavândula, Rosa canina*

---
[1] Mecenas: estadista romano (60 a. C. — 8 d. C.), protetor de artistas e homens de letras.

♄ SATURNO

CARACTERÍSTICAS:
Elemento Terra. Masculino. Frio. Seco. Lento. Denso. Estéril.

PALAVRAS-CHAVE E ANALOGIAS:
"Senhor do Tempo" (Cronos). "Senhor do Carma". "O Ceifador". "Mestre Construtor". Superego. Voz da consciência. Deveres. Obrigações. Disciplina. Rigor. Severidade. Trabalho. Experiência. Maturidade. Prudência. Conservadorismo. Tradição. Obstáculos. Limitações. Fardo. Sobrevivência. Perseverança. Tristeza. Melancolia. Depressão. Dor. Pobreza. Velhice. Medo. Morte.

TRAÇOS POSITIVOS DO TIPO SATURNINO:
Cauteloso e sistemático, seus atos inspiram confiança e respeitabilidade. Emocionalmente estável. Mente concentrada e aplicada a assuntos de ordem prática. Força de vontade. Tenacidade. Natureza administrativa, econômica e previdente. Paciência. Modéstia. Frugalidade. Sabedoria.

TRAÇOS NEGATIVOS DO TIPO SATURNINO:
Perfeccionista, mas com medo de falhar, de não ser aceito ou de ser recriminado. Frieza emocional. Preocupações financeiras. Falta de criatividade. Materialismo. Avareza. Vida sedentária. Exigente e desconfiado, pode tornar-se autoritário, despótico e cruel. Crítica mordaz. Isolamento. Fobias.

ANATOMIA E FISIOLOGIA:
Rege a estrutura óssea do corpo, o esqueleto, os dentes, os cabelos, as unhas, a pele, as cartilagens, as articulações, os tendões; as glândulas paratireóides que regulam o metabolismo dos minerais para se ter ossos fortes; a vesícula biliar.

AFINIDADES TERAPÊUTICAS:
Florais: Phyllanthus, Cauliflora, Sonchus, Mirabilis, Pinus, Pastoris.
Fórmulas compostas: Buquê da transformação, Fórmula da opulência, Supplerium.
Fitoflorais: Sustentav, Exsultat Liquor e Gellu, Victris-H.

> *"A Alma sabe que ambiente e que circunstâncias nos ajudarão melhor a levar a cabo tal empresa (o aperfeiçoamento) e, por isso, nos reserva aqueles ramos da existência mais adequados para se atingir semelhante objetivo."*
>
> — Bach, *Cura-te a ti mesmo.*

FLORAIS ÚTEIS PARA OS ASPECTOS ASTROLÓGICOS DE SATURNO

SATURNO-URANO Aspectos Harmônicos

As forças pessoais, conservadoras e materializantes de Saturno estão em equilíbrio e harmonia com as forças universais, criativas, renovadoras e liberalizantes de Urano. Esta configuração demonstra claramente, pelas pessoas que a possuem, que é possível unir o Céu e a Terra num todo, sem conflitos, e, com isso, obter um interessante estado de ser. Não se trata, necessariamente, de nenhuma espécie de sábio iluminado, mas fica claro que este indivíduo está num caminho no mínimo bastante acertado.

- Este indivíduo sintetiza em si a inovação, a criatividade e até uma certa irreverência comportamental, sem perder de vista o trabalho sério e dedicado. Seu lema é: "Liberdade com responsabilidade."
- Com os pés plantados no chão e uma boa mente, analítica e científica, não descarta, no entanto, o uso da intuição, do lampejo criativo, do *insight*, que lhe trazem, em qualquer situação, a necessária luz orientadora. Criatividade aplicada na resolução de problemas de ordem prática.
- De individualidade forte, independente e auto-suficiente, sabe defender suas idéias, seu espaço e sua autoridade sem avançar um milímetro no "terreno" do outro.
- Em momentos cruciais, de crise, pode tornar-se um estrategista de sangue-frio capaz de tomar decisões rápidas e precisas.
- Gosta de atividades organizacionais e pode dedicar-se com sucesso ao planejamento estratégico em empresas de grande porte ou governamentais. Na esfera governamental, poderá atuar como consultor técnico especialista ou articulador político.
- Nas horas de lazer, seu *hobby* poderá ser o xadrez e todos os jogos que tenham como estímulo a estratégia.

NEM TUDO É POSITIVO NOS ASPECTOS HARMÔNICOS:
- Sabe lidar apenas com pessoas fortes como ele, podendo tornar-se exigente e pouco paciente com seus subordinados............... *Thumbergia, Impatiens*

SATURNO-URANO Conjunção

(+) Idéias engenhosas e originais unidas a um profundo sentido prático. Intuição disciplinada. Capacidade executiva.
- Determinado e com uma concentração poderosa, vai até as últimas conseqüências para realizar seus projetos.
- Em certas ocasiões poderá ser pego por um espírito reformador, ou melhor, "reformulador", e se surpreenderá com a capacidade inata que possui de **reciclar** coisas antigas, conceitos, idéias, concepções, ou mesmo objetos, e dar-lhes uma nova e moderna "roupagem".
- Sucesso como inventor, industrial ou político. Como autoridade, sabe impor-se ou fazer-se respeitar. Cientista político.

(-) Acredita que, para conquistar um sentido de individualidade, precisa assumir papéis sociais de relevo, com elevadas responsabilidades sociais, ou tornar-se uma destacada figura de autoridade, respeitada e aceita pelo sistema formal.. *Ícaro*
...ou então, ao contrário, acredita que só poderá encontrar um autêntico sentido de individualidade quando conseguir romper com todos os esquemas estabelecidos pela sociedade, libertar-se deles, e, como um lobo da estepe, refugiar-se na solidão de seus próprios pensamentos e buscas internas. Ermitão altivo e orgulhoso de seus sentimentos anti-sociais............
Tropaeolum
(Ver aspectos desarmônicos.)

SATURNO-URANO Aspectos Desarmônicos

- Dificuldades para manter um ritmo estável de vida: quando deseja mudanças ninguém lhe dá atenção; quando se adapta, as mudanças vêm; quando mais precisa de uma idéia criativa, a cabeça parece não funcionar; quando precisa de paz de espírito para resolver algum assunto que exige um tratamento meticuloso, sua mente explode num turbilhão intenso de pensamentos, idéias, planos, projetos.. *Eucalyptus, Basilicum*
- Uma parte deste indivíduo quer ser livre, voar, ganhar as alturas (Urano), enquanto a outra prefere ficar na segurança que os pés no chão oferecem (Saturno). Essa questão parece simples, mas, na prática, traz conflitos do tipo optar por uma vida livre, alegre e criativa ou aceitar o fardo pesado das responsabilidades e dos compromissos; entre a independência do autônomo e a segurança de um emprego estável; entre ficar com as forças conservadoras de sua época e vincular-se aos movimentos renovadores e de

vanguarda, entre o passado (Saturno) e o futuro (Urano), e assim por diante .... *Ígnea*
- Contestador do *establishment*, mas com medo paranóico de ficar à margem ou esquecido pela sociedade... *Verbenácea*
- Inseguro e retraído, prefere ficar calado, evitando expressar sua individualidade: quando se posiciona, traz à tona toda uma carga de preconceitos, clichês e estereótipos conservadores e retrógrados (apesar de que, em seu íntimo, gostaria de possuir uma mentalidade aberta e moderna e uma total facilidade de comunicação e expressão)........................ *Mimosa, Lavândula*
- Estreiteza mental. Alienação. Cabeça-dura.............. *Phyllanthus, Tropaeolum*
- Sendo do tipo anti-hierarquia, tem sérios problemas quanto a aceitar qualquer pessoa que se apresente como um superior: chefe, patrão, autoridades em geral.. *Vernônia*
...Não sabendo exatamente como reagir, termina, como sempre, num acatamento passivo, submisso e auto-anulativo.. *Ruta*
...o que faz aumentar ainda mais, sua revolta interna contra si próprio... *Malus*
- Falta de criatividade.. *Calêndula silvestre*

INDIVÍDUO MENOS EVOLUÍDO:
- Possui um temperamento rude, brusco e violento. Irascibilidade. Ditatorialismo. Inflexibilidade. Radicalismos....................................... *Thumbergia*
- Realiza suas ambições por meio de atos desonestos e traiçoeiros. Maquiavelismo frio e calculista. Ausência de escrúpulos. Desamor........ *Cauliflora, Thumbergia, Orellana*

ASTROLOGIA MÉDICA:
- Enfermidades crônicas, em geral de difícil cura...... *Aleluia, Buquê de 9 flores*
- Distensões, deformações ou rupturas do tecido duro do corpo, como ossos, juntas, dentes... *Buquê de 9 flores, Sustentav*
- Anemia... *Millefolium, Ruta, Taraxacum*
- Erupções repentinas na pele.. *Exsultat Liquor e Gellu*
- Hipertensão arterial. Arteriosclerose..................... *Anil, Foeniculum, Calmim*
- Reumatismo da coluna. Esclerose múltipla............. *Phyllanthus, Verbenácea, Arnica campestre*
- Paralisias agitantes e espasmódicas. Epilepsia. Paralisia amiotrófica. Coréia, Mal de Parkinson. Histeria............... *Ficus, Anil, Ruta, Buquê de 9 flores*

SATURNO-NETUNO Aspectos Harmônicos

- O ego pessoal, finito e limitado (Saturno) deste indivíduo abre-se sem receios ou temores às forças transpessoais de sua alma (Netuno) e, com isso, vivencia a rica experiência de pertencer a algo de uma dimensão bem maior do que ele mesmo.

- Com um sentimento de entrega e renúncia, descobre que, ao invés de perder alguma coisa, agora tudo lhe pertence. Consciência expandida.
- Um homem como poucos, prático, sensato, realizador e que sabe sintonizar-se com o outro lado de sua natureza, o do homem inspirado e idealista. Como executivo, é aquele indivíduo sensível e preocupado com o lado humano de seus empreendimentos; como sacerdote, é cuidadoso com todas as questões patrimoniais e administrativas de sua ordem.
- No trabalho, em meio a uma reunião, poderá parecer ausente, distante, para, no momento seguinte, sem fugir da pauta, surpreender a todos com inúmeras sugestões, idéias e soluções criativas.
- Capacidade de ver psiquicamente através das coisas e das pessoas, de senti-lhes a essência e sua natureza real, independentemente da forma ou da aparência que apresentem.
- Silencioso, contemplativo e introspectivo, não necessita da ajuda alheia para resolver seus problemas, encontrando respostas para os seus questionamentos no recolhimento e na solidão.
- Possuindo uma natureza altruísta e servidora, é ele quem ajuda os outros.

INDIVÍDUO MAIS EVOLUÍDO:
- Tem sua vida dedicada ao progresso e à evolução da humanidade e, por suas obras (Saturno), torna-se um canal de expressão do Amor Divino e Impessoal (Netuno).
- Interesses pelo estudo da arquitetura sagrada.

ASTROLOGIA MÉDICA:
- Sabe trabalhar de forma solta e descontraída, o que lhe permite livrar-se de inúmeros aborrecimentos, como atrofias musculares ou paralisias decorrentes de problemas de postura.

SATURNO-NETUNO Conjunção

(+) Maturidade espiritual. Faculdades paranormais disciplinadas.
- Empreendimentos orientados por ideais elevados. Inspira confiança aos outros. Seriedade de intenções.
- Pode envolver-se com o misticismo, com a música; como artista, poderá optar pela arquitetura sagrada das igrejas, templos e monastérios.

(-) (Ver aspectos desarmônicos.)

SATURNO-NETUNO Aspectos Desarmônicos

- Conflitos permanentes entre o ego finito, limitado e individual (Saturno) e as forças universais, infinitas, eternas e impessoais (Netuno); entre o materialismo e a espiritualidade; entre o egoísmo e o altruísmo; entre a possessividade e o desapego; entre a sensibilidade, a sintonia, a criatividade,

a liberdade e a praticidade, a produtividade, os cargos, os papéis sociais, o *status*, etc. .... *Ígnea, Ageratum*
- Preso ao fardo pesado das tarefas, deveres e obrigações profissionais, não se permite um só minuto de diversão, relaxamento e lazer. Preocupações paranóicas com a sobrevivência............................. *Agave, Ambrosia, Plantago*
...ou, então, dedicado a uma escalada espiritual impetuosa e excessivamente rigorosa no seu ascetismo... *Phyllanthus, Ícaro*
- Apóia-se excessivamente na razão e na lógica formal e perde, com isso, em inúmeras ocasiões, valiosas oportunidades por não acreditar nas suas intuições; outras vezes, levado por impulsos irrefletidos, inspirados em alguma idéia visionária, atira-se de cabeça numa jogada qualquer, o que lhe traz, mais tarde, amargos dissabores.................................... *Taraxacum, Emília*
- Incapaz de colocar-se no lugar dos outros, estabelece laços empáticos apenas com suas próprias necessidades.. *Mirabilis*
- Não aprendendo nenhuma lição que a vida lhe traz, limita-se a pôr a culpa na falta de sorte, ou então prefere amaldiçoar o dia em que nasceu. Sente-se vítima das circunstâncias.. *Zinnia*
- O fluxo intenso e desordenado de idéias, imagens, emoções, sentimentos, etc. impede-o de concentrar-se no que faz.................... *Momordica, Basilicum*
- Sentimento de estar deslocado no mundo — em alguns casos como se jogado para fora do tempo e do espaço, ou de sua época .... *Althaea, Basilicum, Plantago*
- Incapacidade de lidar com os assuntos básicos da vida prática. Devaneios. Ilusões. Enganos. Decepções... *Rosmarinus*
- Não consegue seguir um objetivo de vida de forma consciente. Incapacidade de auto-análise. Auto-ilusões............................... *Jasminum, Origanum*
- Os estados alterados de consciência (Netuno) tendem a assustar este indivíduo, levando-o a agarrar-se ferrenhamente ao mundo material, numa tentativa de não perder a sanidade mental. Outros indivíduos, no entanto, enfrentam e desafiam o desconhecido e a própria loucura ao levarem uma vida errante, desregrada, sem normas ou regras preestabelecidas, podendo fazer uso do álcool ou das drogas para assim cutucarem o demônio mais de perto .... *Ipoméia*

Dentro deste aspecto planetário, existe um tipo de indivíduo que poderá fazer uso do álcool, das drogas ou das religiões transcendentais, não pela busca de estímulos sensoriais ou por um escapismo qualquer: ao contrário, parece tratar-se de uma forma subconsciente de transcender (Netuno) o seu "eu pessoal" (Saturno) quando descobre que este é o seu grande inimigo e a causa de todos os seus males e sofrimentos. Ansioso por encontrar um pouco de paz de espírito, tentará chutar esse "eu", como uma pedra no caminho, para bem longe de si e buscará nos estados alterados de consciência uma forma de pairar acima de suas próprias estruturas psíquicas. O antagonismo destas duas realidades planetárias leva o indivíduo a, inicialmente, tomar inúmeros caminhos de desacertos, mas, com o tempo, consciente ou inconscientemente, ele aprende, no "caminho do meio", a lidar melhor com essas forças, sem rejeitá-las e sem vincular-se excessivamente a nenhuma delas.

PROBLEMAS PSICOLÓGICOS MAIS GRAVES:
- Baixa auto-estima, devido a uma natureza negativista e pessimista. Derrotismo. Desesperança... *Jasminum, Lavândula*
- Tensões mentais e emocionais. Ansiedades...................................... *Sonchus*
- Maus pressentimentos. Medo do empobrecimento..... *Impatiens, Verbenácea*
- Sentimento de solidão mesmo estando acompanhado.... *Ambrosia, Passiflora*
- Claustrofobia ou medo de ficar só..................................... *Chicorium, Lilium*
- Depressões profundas.. *Fuchsia, Mimosa*
- Fenômenos psíquicos descontrolados. Mediunidade obsessiva................. *Sinapsis, Heliotropium*
- Perda da saúde e da sanidade. Internamentos.......... *Luceris, Linum, Artemísia*
- Imaginação mórbida. Fobias. Paranóias. Neuroses....................... *Bipinatus, Psidium, Basilicum, Momordica*

ASTROLOGIA MÉDICA:
- Hipertrofia do baço e dos gânglios linfáticos; desnutrição; caquexia; aumento dos glóbulos brancos do sangue (leucemia)......... *Ruta, Aristolóquia, Millefolium*
- Coriza. Resfriados crônicos. Tuberculose..................... *Guttagnello, Ventilan*
- Artrite deformante (gota)................................. *Phyllanthus, Malus, Limpidus*
- Reumatismo nos pés....................................... *Phyllanthus, Verbenácea, Imunis*
- Degenerações dos tecidos estruturais dos ossos; descalcificação; desmineralização (osteoporose, osteomalacia).. *Sustentav*
- Enfermidades nervosas debilitantes................ *Tabebuia, Tonarion, Serenium*

SATURNO-PLUTÃO Aspectos Harmônicos

Se um dia superássemos o medo (Saturno) que temos da morte (Plutão), caberia a pergunta: o que mais poderíamos temer? Não estamos afirmando que este indivíduo tenha realizado tal façanha, mas é provável que, em algum nível de seu ser, uma série de questões e interesses pessoais ou mundanos estejam, para ele, há muito tempo, mortos e enterrados. Autotransformado, pode agora, destemidamente, dedicar-se de forma impessoal a algo maior do que ele próprio e em benefício dos outros, da sociedade e do mundo.

Na Astrologia Mundial, este aspecto representa o Poder Judiciário, os governos, as autoridades (juízes, magistrados, desembargadores, ministros, etc.). No nível individual, e de modo geral, poderíamos dizer que representa mais do que o homem com uma consciência política: representa o **homem de ação, movido por questões sociopolíticas.**

- Fator de elevada consciência social e política, mesmo que não chegue a atuar diretamente na esfera governamental, sempre poderemos encontrar este indivíduo olhando ao seu entorno, à procura de uma boa causa pela qual valha a pena lutar — por exemplo, atuando como síndico, promotor de ações comunitárias, líder sindical, etc.
- Indivíduo de caráter forte e enérgico, possui pulso firme e sangue-frio para comandar seu "navio na hora da tempestade".
- Consciente das funções e dos poderes de que está investido, não importando se é o presidente ou o guarda-noturno da rua, cumpre suas responsabilidades e obrigações com determinação ferrenha.
- Por outro lado, é capaz de exigir dos outros os mesmos sacrifícios que impõe a si mesmo e, parafraseando Winston Churchill, poderia dizer a seus subordinados: "Neste momento difícil, nada tenho a oferecer a vocês a não ser sangue, suor e lágrimas."
- Pode ser encontrado em empresas e organizações, atuando como gerente, administrador ou diretor executivo.

INDIVÍDUO MAIS EVOLUÍDO:
- Busca conhecer em profundidade as leis e as forças ocultas da natureza para aplicá-las de forma prática, útil e em prol da humanidade.
- Como um iniciado maçom, age pautado num código de conduta moral estritamente ético. Esoterista prático.

SATURNO-PLUTÃO Conjunção

(+) Líder nato, produz com sua simples presença transformações profundas no seu meio ambiente. Pulso. Capacidade para chegar a cargos elevados.
- Em situações críticas ou fora de controle, estando na esfera de sua atuação, possui o poder de trazer e restabelecer a lei e a ordem. Poder moral.
- Sentido sociológico inato, conhece instintivamente os movimentos das massas.

(-) Leva tudo tão a sério que encontra grandes dificuldades para distanciar-se das situações em que está envolvido e, como aquele mau ator que absorve os problemas psicológicos de seus personagens, termina um dia sucumbindo, mentalmente enfermo.. *Phyllanthus, Millefolium*
(Ver aspectos desarmônicos.)

SATURNO-PLUTÃO Aspectos Desarmônicos

O choque entre as forças conservadoras (Saturno) e as forças transformadoras (Plutão) cria o conflito básico entre lidar com o poder externo de liderar e governar homens ou nações (Saturno) e buscar o poder interno de conquistar a si mesmo pelo autoconhecimento e pelo autodomínio (Plutão).

- Apegado, opõe resistência a qualquer tipo de mudança ou então descarta irracionalmente valores e virtudes que deveria preservar........... *Phyllanthus*
- Perda de oportunidades e fracassos por causa de impaciência, precipitação e impulsividade... *Impatiens, Lavândula*
- ...ou devido à hesitação e à morosidade na tomada de decisões....... *Sonchus*
- Emocionalmente vulnerável, luta para não se sentir manipulado, não permitindo que ninguém assuma o controle de sua vida....................... *Ruta*
- O amor, as emoções e os sentimentos podem ser encarados como símbolos de fraqueza ou de fragilidade e poderá haver o impulso de querer extirpá-los de sua natureza, como se fossem ervas daninhas..... *Camelli, Tropaeolum*
- Rígido, inflexível e obstinado, quando põe uma coisa na cabeça é humanamente impossível que alguém possa falar com ele ou chamá-lo à luz da razão. Obsessividade.. *Phyllanthus*
- Temperamental, quando encurralado e sem saída, bate com força o punho na mesa ou joga tudo para o ar de forma brusca, violenta e inconformada. Orgulhos descabidos. Ditatorialismo... *Thumbergia*
- Ambições profissionais e sociais podem levá-lo a acirrados confrontos e lutas de poder... *Ícaro, Cauliflora, Thumbergia*
- Amarguras e sucessivos fracassos podem levá-lo a adotar linhas de pensamento do tipo "a vida é um campo de batalha onde sobrevive apenas o mais forte" e, com esse posicionamento, poderá endurecer mais ainda sua conduta... *Vernônia, Nicociana*

INDIVÍDUO MENOS EVOLUÍDO:
- Possui um caráter sombrio e desconfiado. Faz chantagens e manipulações psicológicas para obter o que deseja. Capaz de atos desleais ou mesmo de traições, caso lhe seja conveniente.................................... *Pastoris, Chicorium*
- Para enriquecer ou chegar ao poder, pode ligar-se ao submundo do crime organizado, não descartando o uso da força e da violência para obter o que deseja... *Cauliflora*
- Inimigos ocultos sabotam-no com as mesmas armas que usa. Adversidades. Quedas. Ruína.. *Salvia*

PROBLEMAS PSICOLÓGICOS MAIS GRAVES:
- Sensação de fragmentação egóica ou de perda da identidade. Dissociações de personalidade.. *Jasminum*
- Colapsos psicológicos que levam a penosos e desesperadores isolamentos. Depressões crônicas................................... *Supplerium, Heliotropium*
- Profundos e arraigados complexos de rejeição......... *Buquê da transformação*
- Intestino solto em decorrência de medos, temores ou maus pressentimentos.. *Calmim*
- Claustrofobia.. *Bipinatus, Mimosa*
- Medo paranóico da morte....... *Mimosa, Bipinatus, Zinnia, Passiflora, Orellana*
- Na derrota, pode tornar-se mortalmente vingativo, sádico e cruel. Destrutividade. Sociopatia. Terrorismo psicológico...... *Psidium, Calêndula silvestre*
- Pensamentos autodestrutivos e suicidas.............. *Psidium, Calêndula silvestre*

ASTROLOGIA MÉDICA:
- Sinusite.. *Guttagnello, Ventilan*
- Tumores cancerígenos no nariz, no reto ou nos órgãos sexuais......... *Imunis, Calêndula silvestre, Aristolóquia*
- Problemas na pele de natureza crônica e ulcerativa, como, por exemplo: o eczema, o impetigo, a psoríase, a pitiríase, etc. .... *Limpidus, Imunis, Exsultat Liquor e Gellu*
- Problemas com hérnias. Hérnia estrangulada..................... *Buquê de 9 flores*
- Oclusão intestinal. Paralisia do esfíncter do ânus...... *Limpidus, B. de 9 flores*
- Problemas pulmonares. Tuberculose........................... *Guttagnello, Ventilan*
- Anomalia nos órgãos ou na sua posição (ectopia)....................... *Limpidus*
- Tumores nos ossos (osteossarcoma, exostose). Gangrena dos ossos (osteonecrose). Destruição do tecido ósseo (osteólise)................. *Phyllanthus, Taraxacum, Sustentav, Imunis*
- Dificuldades na eliminação de toxinas do corpo..... *Malus, Foeniculum, Imunis*
- Risco de vida na gravidez e no parto............... *Buquê de 9 flores, Aristolóquia*
- Inflamação reumática dos testículos (orquite)......... *Phyllanthus, Verbenácea, Malus, Arnica campestre, Imunis*

SATURNO-ASC Aspectos Harmônicos

- Honesto, íntegro e reservado, este indivíduo passa aos outros uma imagem de seriedade e respeitabilidade.
- Possui um aguçado sentido prático, econômico e financeiro.
- Disciplinado, costuma ser cauteloso e meticuloso em tudo o que faz, nos gestos, nas palavras, nas atitudes e posicionamentos que assume, tendo ainda um redobrado cuidado na direção dos negócios. Cumpre à risca todas as suas obrigações.
- Os relacionamentos costumam ser duradouros. Amigo e companheiro leal.
- Parte de seu *dharma** no mundo é ser um exemplo de força de trabalho, estabilidade e capacidade de arcar com grandes responsabilidades.

SATURNO-ASC Conjunção

(+) Com uma aparência aristocrática, impõe-se pelo ar de respeitabilidade e seriedade que transmite por sua postura.
- Com ar de conselheiro, sua boca pode ser reta e os lábios finos e comprimidos. Maturidade psicológica. Responsável.
- Modesto e reservado, trabalha em silêncio, sem fazer alarde sobre sua pessoa. Paciente, sabe usar o fator tempo como aliado. Austeridade.
(Ver aspectos harmônicos.)

---

* Dharma: destino, missão, caminho.

ASTROLOGIA MÉDICA:
• Fator de longevidade.

(-) Tem problemas por não encontrar uma identidade própria ou sente-se inseguro com a que possui................................... *Jasminum, Emília, Linum, Buquê da transformação*
• Dificuldades nos relacionamentos, por causa de timidez ou de complexos. Inibido e deslocado, em reuniões sociais sente-se completamente inadequado, como um "peixe fora d'água"....................................... *Althaea, Viola*
• Sem confiança em si próprio, fala baixo e acanhadamente........... *Mimosa, Lavândula*
• Por falta de iniciativa ou por insegurança, o início de qualquer empreendimento lhe parece difícil e penoso............................... *Sonchus, Lavândula*
• Inúmeras preocupações o impedem de relaxar ou descontrair-se, mesmo quando está só. Ruminação de pensamentos............................. *Momordica*
• Natureza fria, fechada, solitária e inacessível, com posicionamentos rígidos e inflexíveis... *Cauliflora*
• Inseguranças, temores e maus pressentimentos............... *Passiflora, Sonchus*
• Com uma psicologia de velho rabugento, irrita-se e zanga-se com tudo. Assume uma atitude mandonista e ditatorial............. *Mirabilis, Thumbergia*
• Palavras como "fé" e "esperança" podem ter sido riscadas de seu dicionário, e passou a aborrecer a todos com a velha ladainha derrotista do "coitadinho de mim".. *Zinnia, Aleluia, Rosa canina*
• Egoísmo. Materialismo. Avareza... *Phyllanthus*

ASTROLOGIA MÉDICA:
• Saúde debilitada. Baixa vitalidade.. *Tonarion, Imunis*
• Prostração. Falta de apetite. Impotência sexual. Frigidez....... *Victris-H ou M*
• Resfriados. Coriza. Rinite.. *Guttagnello, Ventilan*
• Problemas nas articulações em geral. Bursite. Artrite. Paralisia muscular. Reumatismo. Esclerose, etc. .... *Imunis, Limpidus*
• Problemas com partos difíceis......... *Aristolóquia, Feminalis, Buquê de 9 flores*
• Dor de dente contínua..................................... *Calêndula silvestre, Matricária*
• Depressões.. *Supplerium*
• Coluna arqueada; corcunda (cifose)........................... *Taraxacum, Sustentav*
• Problemas visuais em geral. Pode não distinguir com nitidez objetos ao longe (miopia)... *Margarites, Luceris, Taraxacum*
• Problemas crônicos no ouvido (otite). Surdez (obstrução da trompa de Eustáquio) decorrente de senilidade precoce............... *Mirabilis, Rosmarinus*
• Manchas na pele e no rosto....... *Sambucus, Momordica, Exsultat Liquor e Gellu*

SATURNO-ASC Aspectos Desarmônicos

* A atitude emocional fria, indiferente e isolacionista cria sérias dificuldades nos relacionamentos e com seu meio ambiente imediato............ *Phyllanthus* (Ver aspectos negativos da Conjunção.)

SATURNO-MC Aspectos Harmônicos

* Seu lugar no mundo e na sociedade está garantido, já que há espaço de sobra para todos aqueles que trabalham com seriedade, constância e determinação. Maturidade psicológica.
* Não falta ao trabalho, nem se atrasa para encontros ou reuniões; sua pontualidade é britânica no cumprimento de seus compromissos, principalmente em questões de prazo, conseguindo, com isso, assegurar para si, perante uma sociedade tão cobradora e exigente, um "cartão de crédito especial." Credibilidade pública.
* Com um sentido inato de respeito à autoridade, aos superiores ou à hierarquia de comando, sua carreira profissional transcorre com normalidade, sem atropelos ou competições inúteis.

SATURNO-MC Conjunção

(+) Constante, paciente e perseverante, este indivíduo é daqueles que entra como um simples contínuo numa agência bancária e um dia, como fruto de seus esforços, chega à presidência do banco.
* Determinação, disciplina e seriedade naquilo que faz.
* Conservador, politicamente costuma engajar-se na defesa da tradição e dos bons costumes. Honestidade de conduta.
* Poderá seguir carreira política.

(-) Sensação de inadequação, de estar perdido no mundo, só, desorientado e desamparado.. *Plantago*
* As ambições em demasia ou o excesso de zelo e meticulosidade comprometem sua carreira ou posição social... *Ígnea, Ícaro*
* Como autoridade, depende da aprovação dos outros e da aceitação pública para se dar conta de seu próprio valor... *Emília*
* Tímido e acanhado, treme diante da idéia de se apresentar em público .... *Mimosa, Lavândula, Fórmula de exame*
...Quando se decide a fazê-lo, aparece tenso e desajeitado. Tem medo de que suas idéias, crenças ou projetos sejam repudiados ou ridicularizados.. *Fórmula de exame, Mimosa*
...Quando isso ocorre, isola-se e sofre em silêncio ou então irrita-se e briga com todo mundo.. *Lavândula*
* Falências. Isolamentos. Exílios. Doenças... *Althaea*

- As dificuldades e as adversidades vão, com o tempo, tornando-o desconfiado, mesquinho, avarento, inflexível, exigente e resmungão....... *Cauliflora, Mirabilis, Pastoris*

PROBLEMAS PSICOLÓGICOS MAIS GRAVES:
- Maus pressentimentos. Medo paranóico de perder o cargo, a posição ou o *status* social alcançados a duras penas............................ *Mimosa, Ambrosia*
- Neuroses. Psicoses... *Psidium, Basilicum, Momordica*

ASTROLOGIA MÉDICA:
- Tiques nervosos; cacoetes... *Serenium, Calmim*

SATURNO-MC Aspectos Desarmônicos

- Problemas de relacionamento com familiares, pais, colegas de trabalho, superiores e autoridades em geral..................................... *Lantana, Vernônia*
- Falta de confiança em si, no que diz respeito a definir uma direção na vida, assumir maiores responsabilidades ou exercer funções de liderança, apesar de não lhe faltarem ambições para isso... *Lavândula*
- Obstáculos para atingir suas metas, para seguir uma carreira e na própria ascensão social. Aplica um certo maquiavelismo para conseguir o que deseja... *Millefolium, Sonchus*
- Treme diante da idéia do empobrecimento, da miséria, da queda social, do desprestígio, etc., mas são justamente esses maus pensamentos que minam a sua segurança interna, levando-o a cometer erros ou à perda de oportunidades.. *Ambrosia, Ígnea*
- A perda de amizades importantes que o apóiam e dão respaldo a seus projetos pode ser-lhe fatal, levando-o ao fracasso ou ao esmorecimento .... *Millefolium*

URANO

CARACTERÍSTICAS:
Elemento Ar. Assexuado. Elétrico. Frio. Seco. Fértil.

PALAVRAS-CHAVE E ANALOGIAS:
"Espaço infinito". "Espírito Universal". "Poder criativo". "O Despertador". "O Divino Descontente". "Espírito revolucionário". Intuição. *Insight*. Genialidade. Individualidade. Impulso de liberdade. Inquietação. Informalidade. Irreverência. Descondicionamento. Ruptura. Crise. Anarquia. Reforma. Renovação. Modernidade. Futurismo.

TRAÇOS POSITIVOS DO TIPO URANIANO:
Criativo, seu espírito é inovador e inconvencional. Mantém uma luta permanente contra tudo que se tornou obsoleto: tradições; hábitos comportamentais; padrões culturais; normas éticas ou morais; concepções científicas, filosóficas ou ideológicas, etc. Livre-pensador. Humanista. Independência e auto-suficiência emocional.

TRAÇOS NEGATIVOS DO TIPO URANIANO:
Internamente tenso, possui um sistema nervoso superexcitado. Sensação de inadequação e de estar fora do seu tempo. Excêntrico. Temperamental. Rebelde. Desprezo pela tradição e pelo sistema sociopolítico vigente. Idéias ou ideais utópicos. Frieza emocional. Falta de afetividade. Teimosia. Intransigência.

ANATOMIA E FISIOLOGIA:
Rege o hipotálamo, o sistema nervoso simpático e o parassimpático; as gônadas que regulam a sexualidade; a coordenação das atividades rítmicas do corpo, tais como a respiração, a pulsação e o movimento peristáltico.

AFINIDADES TERAPÊUTICAS:
Florais: Millefolium, Plantago, Lantana, Tropaeolum, Vernônia.
Fórmulas compostas: Fórmula ecológica, Calmim, Sempiternu.
Fitoflorais: Movius, Ventilan.

> *"A independência, a individualidade e a liberdade devem ser ensinadas desde o começo, e a criança deve ser estimulada o mais cedo possível na vida a pensar e agir por si mesma."*
>
> — Bach, *Cura-te a ti mesmo.*

FLORAIS ÚTEIS PARA OS ASPECTOS ASTROLÓGICOS DE URANO

URANO-NETUNO Aspectos Harmônicos

Este é um dos aspectos transpessoais mais importantes. Atinge, de modo geral, o comportamento de toda uma geração, das massas, dos países, ou, então, de forma particularizada, das pessoas de maior evolução. A pessoa comum poderá receber alguma influência, caso tenha planetas pessoais em contato com qualquer um destes planetas.

- Genericamente falando, as pessoas nascidas com este aspecto poderão contar, ao longo de suas vidas, com um potencial fantástico para o crescimento mental e espiritual. Expansões súbitas de consciência. *Insights*.
- O princípio da individuação (psicologia de Jung, Urano) é conquistado quando a mente se expande e a pessoa compreende, no fundo de seu ser, que ela e a vida, como um todo, são uma unidade indivisível e intrinsecamente inseparáveis (Netuno).
- Facilidade para sintetizar, harmonizar e integrar os postulados científicos com os dogmas religiosos, a lógica com a intuição, a razão com a inspiração e assim por diante.
- Como artista, seus trabalhos poderão ser conscientemente direcionados para metas evolutivas, inspirando e elevando a mente de quem estiver apreciando suas obras ou ouvindo-as, no caso da música.

Obras como as de Leonardo da Vinci, Michelangelo, Mozart, Beethoven, Bach, Richard Wagner e muitos outros são exemplos de como é possível fazer esse tipo de arte, que eleva a mente e produz um estado alterado de consciência semelhante ao êxtase religioso, permitindo que por alguns instantes, relembremos a nossa origem divina, há muito esquecida.

- Inspiração criativa de ordem superior. Serviço altruísta.

- Este aspecto ativa a mente intuitiva, a capacidade visionária e profética; e cada indivíduo, em seu próprio nível de ser, poderá usá-las à sua maneira, na escala que vai desde um simples pesquisador, escritor, político, etc., a uma alma mais avançada e sábia, como Nostradamus por exemplo, que pôde fazer previsões detalhadas de acontecimentos de uma época que estava muitos séculos à frente de seu tempo.

O termo "holístico", aplicado a uma moderna forma de pensamento filosófico-científico-espiritual, tem todas as características de ter nascido sob a égide desta inspirada configuração planetária, capaz de trazer novas "roupagens" à velha sabedoria milenar.

URANO-NETUNO Conjunção

(+) Almas espiritualizadas que sabem unir harmoniosamente, dentro de si, a religião, a ciência, a filosofia e o misticismo.
- Tratando-se de pessoas idealistas, altruístas e intuitivas, funcionam com naturalidade, em sintonia com os planos sutis da natureza. Solidariedade.
- Algumas poderão ser clarividentes, enquanto outras terão uma visão quase profética dos acontecimentos à sua volta.
- As que se voltarem para a política trarão reformas sociais profundas com base em idéias socialistas e pacifistas.

(-) Alguns indivíduos afastam-se do pensamento científico, com receio de perder suas inspirações artísticas ou místicas.......... *Luceris, Rosmarinus, Ipoméia*
...Outros repelem qualquer tipo de experiência psíquico-espiritual, com medo de perder a noção que têm de sua individualidade e dos parâmetros que estabeleceram para sua vida.. *Linum, Phyllanthus*
(Ver aspectos desarmônicos.)

URANO-NETUNO Aspectos Desarmônicos

- Esta geração choca-se com a ordem social de sua época, devido à falta de controle mental e emocional... *Vernônia, Ipoméia*
- Caos existencial. Idealismos fora da realidade.......... *Rosmarinus, Jasminum*
- Contestação dos valores sociais ou morais através de atitudes irreverentes, questionadoras e agressivas ou, então, num protesto passivo, vida decadente, desleixada e auto-anuladora.. *Vernônia, Ipoméia*
- Rejeição de posturas devocionais, práticas meditativas, religião, etc., ou entrega a elas sem reflexão e sem nenhuma base teórica bem fundamentada.. *Phyllanthus, Salvia, Taraxacum*
- Como cientistas ou como místicos, poderão seguir falsos mestres; caso eles próprios desempenhem esse papel, poderão iludir seus seguidores.. *Origanum, Silene*

PROBLEMAS PSICOLÓGICOS MAIS GRAVES:
- Busca de si mesmo através das drogas... *Ipoméia*
- "Autismo" existencial. Alienação................................ *Rosmarinus, Ipoméia*
- Confusões psíquicas. Alucinações. Desequilíbrio mental... *Psidium, Basilicum*
- Mediunidade obsessiva... *Luceris, Lilium, Artemísia*

ASTROLOGIA MÉDICA:
- Paralisia dos processos rítmicos do organismo................ *Sambucus, Trimera*
- Colapsos e doenças nervosas................. *Calmim, Buquê de 9 flores, Serenium*
- Epilepsia.. *Levitate, Calmim*
- Falha cardíaca.. *Borragine, Orellana*
- Propensão a derrames cerebrais (apoplexia)............... *Buquê de 9 flores, Anil*
- Hemorragias difíceis de conter (hemofilia)............ *Artemísia, Ruta, Origanum*
- Úlceras varicosas.. *Malus, Artemísia, Salvia, Arnica*

URANO-PLUTÃO Aspectos Harmônicos

Este aspecto afeta toda uma geração. Nesses períodos poderão nascer egos muito especiais. Dependendo dos planetas pessoais envolvidos com Urano ou com Plutão, poderemos saber onde cada um deles realizou uma transformação significativa em sua natureza e onde obteve avanços e progressos no seu caminho de crescimento espiritual.

- Genericamente, poderemos encontrar indivíduos com alto grau de independência, auto-suficiência e individualização e, por serem capazes de se defender sozinhos, empenham-se, agora, na ajuda aos outros e em causas sociais. Altruísmo.
- Força, resistência psíquica e poder moral para liderar. Senso de justiça. Idealismo. Fertilidade incomum de idéias criativas.
- Alguns indivíduos possuem tal poder mental e psicológico que nada à sua volta escapa à sua visão de raios X, nem homens nem sociedades. Consciência do momento histórico em que vive.
- Como uma espécie de cientista social, pode ver em profundidade os erros, os vícios e os crimes que a humanidade comete contra a natureza e contra ela mesma.

INDIVÍDUO MAIS EVOLUÍDO:
- Com a mente iluminada, compreende tanto científica quanto misticamente as Leis Ocultas que operam por detrás da natureza e do homem. Esoterista prático.

NEM TUDO É POSITIVO NOS ASPECTOS HARMÔNICOS:
- Impaciência com os subordinados e, principalmente, com pessoas de mente lenta.. *Impatiens*

- Como instrutores (acreditando fazer um bem), poderão adotar métodos duros, rigorosos e autoritários de ensino..................................... *Thumbergia*
- Riscos de fazer uso da força e da violência para tirar pessoas do ócio, do ostracismo ou mesmo para corrigir vícios e erros pessoais e sociais (episódio do Mestre Jesus chicoteando os comerciantes no templo)............. *Vernônia, Taraxacum*

URANO-PLUTÃO Conjunção

Aspecto mais universal que pessoal, influencia toda uma geração, trazendo um tipo especial de almas que introduzirão no planeta energias renovadoras e regenerativas.

(+) Poderosa energia psíquica, criativa, intuitiva e sexual.
- Possibilidade de funcionar como um instrumento do Poder e da Vontade Universal e colaborar de forma consciente com o Plano Evolutivo da Humanidade.
- Capacidade de transmutar padrões negativos de energia emocional do meio ambiente através de uma ação enérgica e corretiva que possibilita restaurar a lei e a ordem, seja no nível pessoal, social ou universal (de acordo, é claro, com o poder pessoal e social de cada indivíduo).

(-) Acredita que, para revelar uma individualidade forte e bem posicionada, tem que impor-se autoritariamente aos outros, com o uso da força. Explosões temperamentais de ira.......... *Thumbergia, Vervano, Calêndula silvestre, Calmim*
(Ver aspectos desarmônicos.)

URANO-PLUTÃO Aspectos Desarmônicos

- Caso o aspecto desarmônico destes planetas esteja envolvido com um ou mais planetas pessoais, poderá revelar indivíduos com uma natureza extremamente inquieta, impaciente e rebelde......................... *Impatiens, Vernônia, Verbenácea*
- Temperamentalismo. Explosões emocionais. Intolerância. Ditatorialismo. Manipulações.. *Mirabilis, Impatiens, Thumbergia*
- O tipo idealista tem necessidade de engajar-se em alguma coisa do tipo "Exército Revolucionário de Libertação Nacional", podendo não se importar muito com os meios para atingir seus fins................. *Thumbergia, Vervano, Verbenácea*
- Tentação de usar o poder social ou o de seu cargo a serviço de seus próprios interesses. Corrupção..................................... *Cauliflora, Camelli, Silene*

INDIVÍDUO MENOS EVOLUÍDO:
- Destrutivo, tem necessidade de descarregar a raiva e a revolta que carrega dentro de si, causando dano às pessoas........ *Psidium, Sambucus, Calêndula silvestre*
- Busca o engajamento em grupos, movimentos ou organizações que visam desde a simples contestação irreverente ao tumulto gratuito, a convulsão e o caos social.. *Vernônia, Vervano*
- Aproveita qualquer situação fora de controle para fazer uso da violência, do terrorismo e da sabotagem. Desejo de fazer justiça com as próprias mãos. Sociopatia... *Vervano, Silene*

ASTROLOGIA MÉDICA:
- Mudanças repentinas nos ritmos biológicos do corpo.................. *Sambucus*
- Espasmos intensos e dolorosos.. *Calmim*
- Flatulência, com arrotos e gases difíceis de conter..................... *Foeniculum*

URANO-ASC Aspectos Harmônicos

- Fator de forte individualidade. Independência. Auto-suficiência.
- Movido por idéias ou pela investigação científica das leis universais. Intuição desenvolvida.
- Seu espírito reformador e nada convencional permite-lhe estar um passo além de sua época.

URANO-ASC Conjunção

- Espontâneo e irreverente, este indivíduo é conhecido por todos pela rapidez de pensamento e ação e pela criatividade com que responde a cada nova situação que se apresenta.
- Livre, independente e auto-suficiente, é possível que tenha bem poucas carências ou dependências emocionais.
- Espírito no mínimo incomum, deixa na mente das pessoas uma imagem de alguém genial, criativo e de "cuca fresca".
- Inovador, parte de sua missão na vida é mostrar ao mundo e às pessoas novos horizontes, novas possibilidades de viver, novas maneiras de ser, pensar e agir.

ASTROLOGIA MÉDICA:
- Sistema nervoso de reações e reflexos rápidos.
- Pele sensível e eletrizada.

(-) Problemas nos relacionamentos devido a uma atitude comportamental altiva, arrogante, orgulhosa e de egocêntrica irreverência, que mais afasta de si do que aproxima as pessoas .... *Tropaeolum*
- Instável e inconstante, suas ações são imprevisíveis............... *Ficus, Psidium*

- Com uma atividade mental intensa e desordenada, não lhe é possível ficar um minuto quieto, parado ou em silêncio...... *Psidium, Momordica, Impatiens*
- Numa situação de espera, sentado, apóia firmemente a ponta dos pés no chão e move freneticamente o joelho para cima e para baixo; em pé, encosta-se no balcão e, com os dedos das mãos "toca castanholas" ou faz batucadas, num claro sinal de impaciência e protesto pela demora... *Sambucus, Impatiens*
- Impaciente e intolerante, irrita-se por nada, com todas as pessoas e com todas as coisas... *Impatiens, Mirabilis*
- Cabeça-dura e intransigente, não aprende absolutamente nada com os erros que comete e como um disco riscado, não consegue sair de uma certa "trilha" de atitudes comportamentais............................. *Taraxacum, Salvia*
- O sempre crescente inconformismo leva-o a um comportamento rebelde, anárquico e, muitas vezes, explosivo e violento............................. *Psidium*

URANO-ASC Aspectos Desarmônicos

- Sentimento de superioridade ou inadequação em relação ao seu meio ambiente. Indiferença. Frieza emocional... *Tropaeolum*
(Ver aspectos negativos da Conjunção, acima.)

URANO-MC Aspectos Harmônicos

- Mesmo que não saibamos qual é a profissão ou a carreira que este indivíduo virá a escolher, uma coisa é certa: sempre haverá um toque de genialidade, de originalidade e inventividade em tudo aquilo em que puser as mãos. Criatividade.
- Atualizado e com um espírito reformador, em qualquer lugar é sempre o primeiro a levantar a bandeira contra tudo aquilo que é retrógrado, introduzindo por onde passa novas idéias e novos conceitos.
- Sua necessidade de liberdade faz com que procure ocupações que lhe permitam mobilidade e autonomia de ação e pensamento. Independência. Auto-suficiência. Profissional autônomo.
- Sabe, no entanto, trabalhar em grupos, desde que compostos por pessoas de uma mentalidade aberta e de cunho universal.
- Não descarta o uso da informática para otimizar as rotinas que costumam roubar seu tempo, para poder pensar, planejar, inventar, etc.

URANO-MC Conjunção

(+) Profissionalmente, pode envolver-se com a informática, com a investigação científica (sociólogo, cientista político), com a astrologia, as ciências ocultas ou tornar-se um profissional liberal em qualquer setor: publicitário, inventor, vendedor, etc.

- Pensador que está à frente da sua época, introduz, onde quer que se encontre, novas idéias e novos padrões de ser e agir. Reformador social. Em termos políticos, pode ser considerado um liberal-socialista.
- (-) Com uma natureza rebelde e contestadora, vive permanentemente insatisfeito e inconformado com todos e com todas as coisas................... *Vernônia*
- Sujeito à inconstância de pensamento, um dia quer uma coisa e no outro joga tudo para o ar, inclusive sua carreira profissional....................... *Ficus*
- Incapaz de suportar qualquer tipo de rotina.................................... *Vernônia*
- Não aceita figuras que representem autoridade, sejam governantes, sejam empregadores. Anarquia social.. *Vernônia*

URANO-MC Aspectos Desarmônicos

- Problemas na vida profissional por não suportar a rotina, por impaciência e por uma natural rebeldia contra todas as coisas: *"Se hay gobierno, soy contra"*... *Vernônia, Impatiens*
- Não aceita ser liderado, mandado, nem aceita qualquer tipo de autoridade. Individualismo exacerbado... *Vernônia*

NETUNO

CARACTERÍSTICAS:
Elemento Água. Polaridade Feminina. Quente. Úmido. Fértil.

PALAVRAS-CHAVE E ANALOGIAS:
"Deus Providência". "Consciência cósmica". "Realidade transcendente". Inconsciente coletivo sutil. "Dissolução do ego". Misticismo. Êxtase. "Terceira visão". Intuição. Compaixão. Amor platônico. Renúncia. Sacrifício. Idealismo. Inspiração. Empatia. Mediunidade. Psiquismo. Sofrimento. Vítima.

TRAÇOS POSITIVOS DO TIPO NETUNIANO:
Indivíduo pacífico, quieto, calado, porém receptivo e conectado com as necessidades dos outros. Artístico, busca inspiração no silêncio interior, na introspeção ou na contemplação extática de um objeto. Sintonia emocional com os planos elevados e com as forças sutis do ser.

TRAÇOS NEGATIVOS DO TIPO NETUNIANO:
Idealiza ou faz projeções errôneas das pessoas e das situações. Decepções. Fragilidade egóica. Vontade fraca. Perda do sentido da realidade. Psiquicamente instável. Dispersivo. Sonho. Devaneio. Escapismos. Caos mental e emocional.

ANATOMIA E FISIOLOGIA:
Rege o lado direito do cérebro, a glândula pineal, o fluido cérebro-espinhal, o sistema linfático (junto com a Lua). Governa as percepções extra-sensoriais e as doenças psicossomáticas de difícil diagnóstico.

AFINIDADES TERAPÊUTICAS:
Florais: Mimosa, Viola, Rosmarinus, Jasminum, Linum, Luceris, Ipoméia.
Fórmulas compostas: Fórmula da opulência, Supplerium.
Fitoflorais: Imunis, Magnificat Liquor.

> "A Causa de todos os nossos problemas é o ego e a separatividade, e esses desaparecem tão logo o Amor e o conhecimento da grande Unidade se tornem parte de nossas naturezas."
>
> — Bach, *Cura-te a ti mesmo.*

FLORAIS ÚTEIS PARA OS ASPECTOS ASTROLÓGICOS DE NETUNO

NETUNO-PLUTÃO Aspectos Harmônicos

Trata-se de um aspecto que marca muito mais o movimento das massas, do coletivo do que as pessoas em particular e, a não ser que planetas pessoais estejam envolvidos com um destes dois planetas, pouco ou nada representará para a pessoa comum.

- O indivíduo que estiver, neste momento, fazendo esforços evolutivos poderá tornar-se agente de novas manifestações criativas e em qualquer área em que atuar o fator marcante em seu comportamento será o traço artístico, a sensibilidade poética e musical, o gosto pelo que é bom, belo e verdadeiro.
- Poder criativo que se revela na forma de um idealismo inspirado.
- As faculdades paranormais e clarividentes podem surgir e irão variar de uma pessoa para outra, de acordo com os talentos naturais de cada uma.
- Dons de cura, cujos poderes podem também variar de um indivíduo para outro, mas que, sem dúvida podem atingir pináculos surpreendentes, tais como os que se manifestaram por intermédio do Mestre Jesus.
- De maneira geral, todos possuem um profundo sentimento de gratidão por tudo e por todas as coisas.
- Aspirações ao Divino demonstradas na forma de um serviço altruísta e compassivo aos menos favorecidos, um serviço firme, corajoso e decidido, tal como o encontrado na figura de uma Madre Teresa de Calcutá, de um São Francisco de Assis e de tantos outros ao longo da história, que, por trabalharem sem fazer alarde sobre sua pessoa, jamais vieram a ser conhecidos.

NETUNO-PLUTÃO Conjunção

No século XX, Netuno e Plutão fizeram um único aspecto e foi o Sextil.

- **(+)** Geração de indivíduos voltados para o estudo das ciências ocultas, misticismo, religião, morte, renascimento, regeneração.
- Serviço desinteressado pela elevação da humanidade. Idéias novas e renovadoras.
(Ver aspectos harmônicos.)
- **(-)** De exacerbada sensibilidade, pode confundir fenômenos psíquicos paranormais com espiritualidade. Astralismo. Fascinação. Auto-ilusões de ser um pessoa especial no mundo espiritual (dependendo dos planetas pessoais envolvidos, pode se achar um discípulo, um mestre ou mesmo uma divindade encarnada).. *Luceris, Jasminum*

NETUNO-PLUTÃO Aspectos Desarmônicos

Aspecto mais universal do que pessoal, afeta toda uma geração, muito mais do que uma pessoa em particular.

- Acontecimentos na ordem social condicionam o destino do indivíduo (mudanças políticas, guerras, etc.), e vice-versa............................... *Millefolium*

Poderá ser levado inconscientemente (Netuno) a participar de um evento que, no seu desfecho final, trará uma transformação na ordem social (Plutão); por exemplo, envolver-se num escândalo de ordem pública que acabe trazendo como conseqüência mudanças na mentalidade e no comportamento social de sua época.

- Dificuldades em trazer à tona ou passar em revista e à luz da consciência falhas de caráter, medos, complexos ou frustrações que, sendo de ordem sutil, mas estando vivos no fundo de sua alma, são, por isso mesmo, mais poderosos e, se forem imprudentemente liberados, poderão ter uma ação devastadora sobre o indivíduo.. *Dianthus*

INDIVÍDUO MENOS EVOLUÍDO:
- Entranhadas frustrações podem levá-lo a se tornar uma espécie de agente instigador do caos social, da corrupção, do vício e da decadência.. *Cássia, Orellana*

PROBLEMAS PSICOLÓGICOS MAIS GRAVES:
- Distorções da realidade. Alucinações. Terror noturno.. *Jasminum, Guttagnello*
- Sentimento de "orfandade ou desamparo existencial"....... *Plantago, Althaea*
- Regressões psicológicas .... *Lavândula*
- Paranóias de complôs ou de perseguições à sua pessoa... *Pastoris, Jasminum*

ASTROLOGIA MÉDICA:
- Inflamação do ovário (ovarite)..................... *Limpidus, Malus, Imunis*
- Emissão involuntária de esperma (espermatorréia)......... *Limpidus, Artemísia*
- Doenças tuberculosas da pele. Ulcerações. Lúpus do nariz............ *Limpidus*
- Envenenamentos. Intoxicações....................... *Limpidus, Buquê de 9 flores*

NETUNO-ASC Aspectos Harmônicos

- Se todas as pessoas fossem tão sensíveis, amáveis e espiritualizadas como este indivíduo, tudo seria mais fácil nos relacionamentos humanos. Personalidade sensível, gentil, artística e imaginativa.
- Capacidade de aquietar sua natureza e, no silêncio, obter uma compreensão intuitiva da vida, das pessoas e das situações à sua volta. Contentamento.
- Prestativo e atencioso, pede bem pouco para si, enquanto, por outro lado, está sempre pronto a atender a uma solicitação de ajuda ou apoio. Dotado de espírito de sacrifício, pode trabalhar como terapeuta.

NETUNO-ASC Conjunção

(+) Possui um misterioso magnetismo psíquico que o reveste de uma aura de espiritualidade, pureza e santidade. Olhar penetrante, misterioso e insondável.
- Pacífico, é incapaz de causar qualquer dano ou distúrbio ao seu meio ambiente. "Anjo sem asas", está misteriosamente presente em situações onde alguém precisa de ajuda.
- Capacidade de captar os planos mais sutis da natureza. Sensitividade, clarividência ou algum tipo de paranormalidade.
- Parte de seu *dharma* (missão de vida) é agir de forma desinteressada, levar ao mundo e às pessoas um pouco do Amor Universal e Impessoal que carrega consigo.
- Gosta de trabalhar em silêncio, sem chamar a atenção para si.

(-) Ajuda os outros em prejuízo de si mesmo.. *Ruta*
- Incapacidade de auto-análise ou de se ver como realmente é. Auto-ilusões.. *Jasminum*
- Usando "lentes cor-de-rosa" para ver o mundo, faz projeções e desenvolve expectativas irreais sobre quase todos os assuntos..... *Rosmarinus, Jasminum*
- Idealismos utópicos e desprovidos de sentido prático................. *Rosmarinus*
- Quando as pessoas deixam de corresponder à sua expectativa (idealizada) fica profundamente decepcionado, desencantando-se com a vida. Permanentes desapontamentos... *Lavândula*
- Como um "peixe fora d'água", carrega um sentimento de inadequação, de estar deslocado, fora do tempo e do espaço, sentindo-se como se não pertencesse ao lugar ou à época em que vive........................ *Plantago, Vernônia*
- Numa conversa, parece estar atento ao assunto, mas na verdade está longe e só Deus sabe por onde anda sua cabeça.................................... *Rosmarinus*
- Tendo dificuldades para encarar o mundo material e as responsabilidades, foge das grandes decisões. Escapismos. Omissões............. *Ígnea, Fortificata*

PROBLEMAS PSICOLÓGICOS MAIS GRAVES:
- Complexo de "Salvador", de "mensageiro de Deus" ou de ser a encarnação de alguma espécie de "Divindade"... *Jasminum*
- Ego fraco, débil e despersonalizado........................ *Lilium, Foeniculum, Ruta*
- Possibilidade de apresentar problemas de dislexias, tais como: não entender o que lhe dizem; falta de atenção; dispersão; atrapalhar-se enquanto fala; inteligência fraca; lapsos de memória; amnésia; erros de leitura, de cálculo, de escrita, de expressão; uso de termos impróprios ao falar (disfasia, afasia, dislalia, etc.). Ao escrever, pode cometer hipérbatos de linguagem, invertendo totalmente a ordem natural das palavras ou das orações........ *Fórmula de aprendizado*
- Pesadelos. Terrores noturnos. Sonambulismo............. *Guttagnello, Serenium*
- Existe uma relação empática entre este indivíduo e o álcool e/ou as drogas. Muitas vezes, dá a impressão de que estes últimos foram criados unicamente para servir-lhe de alimento — um "nutriente" indispensável para a sobrevivência de sua extracorpórea alma.......................... *Ipoméia, Limpidus*
- Distúrbios mentais. Alucinações. Insanidade... *Psidium, Basilicum, Jasminum*
- Vítima de entidades obsessoras ou de forças involutivas que provocam fenômeno de múltiplas personalidades................. *Lilium, Artemísia, Origanum*

ASTROLOGIA MÉDICA:
- Desequilíbrio energético. Perda de vitalidade. Desmaios....... *Victris-H ou M*
- Resfriados. Coriza. Espirros. Rinite alérgica.................... *Mirabilis, Ventilan*
- Doenças misteriosas, de difícil diagnóstico........................ *Tabebuia, Silene*
- Varíola.. *Buquê de 9 flores, Limpidus, Imunis*
- Propensão à desmineralização e a descalcificação dos ossos (osteoporose, osteomalacia)... *Sustentav*

NETUNO-ASC Aspectos Desarmônicos

- Num relacionamento, nunca está cem por cento presente, nem ao assunto, nem à própria relação que está acontecendo............................. *Rosmarinus*
- Desejando ajudar os outros, torna-se escravo da vontade e dos desejos deles. Explorado... *Ruta, Trimera*
- Faz tantas projeções sobre as pessoas e as situações que não sabe mais distinguir o que é falso do que é verdadeiro. Distorções. Confusões. Decepções... *Ficus*
- Com uma auto-expressão confusa, tem extrema dificuldade para relacionar-se objetivamente com o mundo à sua volta, não sabendo definir com precisão ou clareza quem ele próprio é, o que deseja ou o porquê deste ou daquele comportamento.. *Emília, Viola*
- Algumas pessoas são boas e compassivas, mas a única imagem que conseguem passar com suas lamentações é a de vítimas........................... *Zinnia*

ASTROLOGIA MÉDICA:
(Ver aspectos negativos da Conjunção, logo acima.)

NETUNO-MC Aspectos Harmônicos

- O sucesso na atividade profissional, bem como no desempenho dos papéis sociais, acontece devido ao seu natural engajamento com ideais humanitários e espirituais. Sensibilidade e diplomacia.
- Pode seguir carreira artística, religiosa ou ligada à cura.

NETUNO-MC Conjunção

(+) Este indivíduo, místico e intuitivo, encontra seu espaço no mundo através de atividades profissionais que expressam sua sensibilidade criativa e artística.
- Mesmo no seio de organizações que exijam um posicionamento mais racional e analítico, tanto seus colegas de trabalho quanto seus superiores aprendem a respeitar esse seu "jeito" de resolver os assuntos, que é diferente mas que, sem dúvida, traz resultados.
- Possui tato para lidar com o público, porém é sensível e não deve expor-se a multidões.

(-) Com objetivos de vida vagos e nebulosos, "não sabe o que vai ser quando crescer", nem que destino dar à sua vida. Desorientação.............. *Origanum*
- A desorganização mental e emocional torna-o incapaz de se definir por uma profissão ou uma carreira... *Ficus, Origanum*
- Ausência de estímulos, de interesses, de ambição, desejos ou paixões. Falta de vontade própria...................... *Ruta, Rosa canina, Tagetes*
- Irresponsabilidades e omissões no cumprimento de suas obrigações profissionais. Não tem o menor sentido de disciplina, de compromisso ou mesmo de hierarquia.. *Ipoméia, Vernônia*
- Alienado, mete-se onde não é chamado........................... *Silene, Rosmarinus*
- Auto-iludido, pode querer mostrar ao mundo e à sociedade uma imagem que, na verdade, se encontra bem distante da sua realidade. Mistificação .... *Silene*
- Como um camaleão, mimetiza-se quando deseja passar desapercebido, ou então quando deseja obter alguma coisa... *Silene*
- Falta de confiança em si mesmo.. *Lavândula*

PROBLEMAS PSICOLÓGICOS MAIS GRAVES:
- A falta de uso do lado esquerdo do cérebro (racional) e a excessiva atuação do lado direito (intuitivo) podem gerar hipersensibilidade, distorções da realidade, caos mental e emocional........................... *Margarites, Luceris*
- Sentimento de incapacitação. Depressões.................. *Heliotropium, Sinapsis*

- Esquizofrenia... *Ipoméia, Millefolium, Malus*
- Desequilíbrios mentais. Psicoses... *Psidium, Momordica, Basilicum, Artemísia*

ASTROLOGIA MÉDICA:
- Perda de controle motor sobre os joelhos.. *Sambucus*

NETUNO-MC Aspectos Desarmônicos

- Incapacidade de decidir-se por alguma carreira ou então abandona-a por falta de persistência, o que acontece com tudo na sua vida.:............ *Sonchus* (Ver aspectos negativos da Conjunção, acima.)

♇ PLUTÃO

CARACTERÍSTICAS:
Elemento Água. Masculino. Planeta transpessoal.
Rege o inconsciente coletivo e o movimento instintivo das massas.

PALAVRAS-CHAVE E ANALOGIAS:
Vida. Morte. Renascimento. Criação. Destruição. Corrupção. Regeneração. Transformação. Sexo. Poder. Magia. Mistério. Forças cegas. Irracionalidade. Energia nuclear. Desintegração. Caos. Abismo. Inferno interior. Submundo.

TRAÇOS POSITIVOS DO TIPO PLUTONIANO:
Força de vontade dirigida a metas criativas. Mente profunda, penetrante e pesquisadora. Poderes psicológicos, telepáticos e/ou curativos. Desejos de transcender a forma física e as limitações pessoais. Autodomínio quanto à natureza inferior.

TRAÇOS NEGATIVOS DO TIPO PLUTONIANO:
Ambições desmedidas. Manipulação psicológica para obter o que deseja. Idéias obsessivas. Explosões emocionais. Atração pelo submundo. Corrupção moral. Vingança. Violência. Crueldade. Fobias. Paranóias. Auto-aniquilação.

ANATOMIA E FISIOLOGIA:
Rege o cólon, o ânus, os órgãos reprodutores (no homem, os testículos; na mulher, os ovários); a função corporal de gerar secreções para a criação de uma nova vida, o fogo da Kundalini, situado na base da coluna, a destruição e renovação das células e dos tecidos.

AFINIDADES TERAPÊUTICAS:
Florais: Psidium, Thumbergia, Vervano, Camelli, Heliotropium, Bipinatus.
Fórmulas compostas: Buquê da transformação, Calmim, Guttagnello.
Fitoflorais: Imunis, Metabilis, Exsultat Gellu.

> *"Devemos compreender que a curta passagem por esta terra, que conhecemos como vida, não é mais que um breve instante no curso da nossa evolução, assim como um dia na aula está para uma vida e, embora possamos no momento ver e compreender somente esse único dia, nossa intuição nos diz que o nascimento esteve infinitamente longe do nosso começo e a morte infinitamente longe do nosso fim."*
>
> Bach, *Cura-te a ti mesmo.*

FLORAIS ÚTEIS PARA OS ASPECTOS ASTROLÓGICOS DE PLUTÃO

PLUTÃO-ASC Aspectos Harmônicos

- Com boa disposição física, emocional e mental, este indivíduo é notoriamente conhecido por sua força de vontade e inigualável poder de concentração.
- Os relacionamentos são vividos com intensidade e vão a um nível mais profundo que os normalmente vistos.
- Sua excepcional capacidade psicológica faz dele uma pessoa extremamente telepática e em sintonia com as pessoas à sua volta.
- Parte de sua missão de vida é levar um sentido de lei e de ordem espiritual ao mundo, mostrando às pessoas (com seu exemplo) que o homem se faz somente quando aperfeiçoa seu caráter; elevando-se acima da natureza, ao invés de ser um escravo submisso das paixões instintivas, torna-se senhor de si e de sua própria vontade.

PLUTÃO-ASC Conjunção

(+) Natureza física vigorosa, energética e robusta. Resistência às doenças. Força interior.
- Possui um invejável poder psíquico, que se manifesta pela força de seu olhar penetrante e quase hipnótico.
- Voluntarioso e decidido, quando traça uma meta ou um objetivo, "as montanhas" costumam sair de sua frente para não atrapalhar.
- Este indivíduo afasta-se temporariamente do mundo e das pessoas para repensar sua vida, seus valores, objetivos, crenças, etc., retornando depois totalmente renovado.

- Poderosa força de vontade para realizar autotransformações, algumas muito dolorosas e sofridas, já que tem de enfrentar e extirpar de sua natureza inferior aspectos negativos ainda muito vivos e atuantes, mas que ele sabe que não pertencem ao seu Eu real (este processo pode durar toda uma encarnação ou mais).

INDIVÍDUO MAIS EVOLUÍDO:
- Poder mental para penetrar em profundidade no lado oculto das forças da natureza e compreender suas leis. Psicólogo nato.

ASTROLOGIA MÉDICA:
- Força e robustez física. Energia vital excepcional.

(-) Tendência a olhar a vida com "lentes" que parecem agigantar o lado negativo do mundo, das pessoas e das situações, vendo apenas seus aspectos mais sórdidos e sombrios.. *Zinnia, Mirabilis*
- Com isso, torna-se arisco, desconfiado, defensivo e reativo, passando a atacar primeiro e em todas as direções, para evitar ser pego de surpresa pela retaguarda. Paranóias.. *Pastoris*
- Impaciente, irritadiço, pedante, arrogante, prepotente, etc., etc., cria caso com Deus e todo mundo. Quando não consegue o que deseja, tem um ataque histérico. Falta de controle emocional.... *Impatiens, Thumbergia, Calmim*
- Com sua falta de tato e a "franqueza" que se orgulha de possuir, faz em nome da amizade, críticas que considera construtivas, mas que conseguem apenas menosprezar, diminuir e ferir a sensibilidade das pessoas .... *Camelli*
...Por outro lado, sendo suscetível e melindroso, quando perde ou sai ferido, guarda mágoas e ressentimentos por toda vida e pensa vingativamente no dia da desforra.................................. *Zinnia, Orellana, Camelli, Chicorium*
- "Idéia fixa" — quando põe uma coisa na cabeça, até que essa mesma coisa não acabe com ele, não há ninguém que possa ajudá-lo. Obtusidade. Obstinação cega. Irracionalidade... *Phyllanthus, Pinus*

PROBLEMAS PSICOLÓGICOS MAIS GRAVES:
- Com uma ciclotimia maníaco-eufórico-depressivo-acelerada, passa por inúmeros estados humorais em poucos minutos...... *Ficus, Eucalyptus, Zinnia*
- De natureza catártica, descarrega sobre as pessoas toda a pesada carga de seu inferno interior, tornando praticamente impossível que alguém mais sensível possa conviver com ele. Nunca faz a catarse final, purificadora e redentora.. *Psidium, Buquê 9 flores*
- Vítima de complexos de rejeição emocional, intelectual e social, muitas vezes se sente como que existencialmente abandonado. *Althaea, Supplerium*
- Distorções da realidade e de si mesmo. Auto-ilusões............. *Buquê da transformação*
- Pessimismo e negatividade crônica. Derrotismo... *Aleluia, Sonchus, Borragine*

- Obsessividade mental. Explosões temperamentais violentas, destrutivas e/ou autodestrutivas. Brutalidade. Maldade........ *Psidium, Calêndula silvestre*
- Complexo de perseguição. Paranóias. Fobias.................... *Pastoris, Mimosa*
- Paixões desenfreadas. Sexualidade desregrada. Promiscuidade........ *Lilium, Origanum*

ASTROLOGIA MÉDICA:
- Marcas, cicatrizes ou deformações no rosto e na cabeça.......... *Malus, Ficus, Exsultat Gellu*
- Tumores cancerígenos em geral. Câncer da próstata (prostatite). Tumores que se formam nas vísceras ou no ânus. Apendicite.......... *Calêndula silvestre, Imunis*

PLUTÃO-ASC Aspectos Desarmônicos

- Problemas com a auto-expressão, devido a um comportamento impaciente, autoritário e agressivo.. *Impatiens, Thumbergia*
- Nos relacionamentos costuma ser possessivo, tendendo a controlar e manipular psicologicamente as pessoas e as situações, até mesmo quando deseja ajudar ou ser prestativo aos outros.. *Chicorium*
- Tem dificuldade de jogar limpo, agir às claras e com franqueza; depois se chateia porque os outros não confiam nele.......................... *Silene*
- No fundo é ele quem desconfia de todos e termina agindo com astúcia ou sombriamente.. *Cauliflora*
- Choques. Disputas. Competições. Inimizades.......................... *Thumbergia*

PLUTÃO-MC Aspectos Harmônicos

- Determinado, voluntarioso, não importa qual profissão ou carreira venha a seguir: este indivíduo, sem dúvida, se destacará entre os colegas de trabalho, principalmente por suas habilidades técnicas, sentido de organização, capacidade de liderança e, principalmente, por sua força moral.
- Poderá receber ajuda de pessoas poderosas e influentes.

PLUTÃO-MC Conjunção

(+) Capacidade de determinar seu próprio destino. Corajoso, não teme assumir qualquer tipo de liderança. Pode agir como psicólogo, terapeuta, cientista, sociólogo, líder político ou espiritual.
- Oportunidade de renascer para uma vida nova ou um novo papel social.

INDIVÍDUO MAIS EVOLUÍDO:
- Intuitivo e com um forte poder mental, pode penetrar em profundidade nos problemas sociais e mundiais e compreender os fatores psíquicos, compor-

tamentais, culturais e sociopolítico que bloqueiam o crescimento espiritual das massas.

ASTROLOGIA MÉDICA:
- Recuperações rápidas principalmente no nível psicológico.

(-) Devido à sua "particular forma" de agir ou executar as tarefas, entra em choque direto com seus colegas de trabalho, chefes, patrões, etc. ... *Vernônia, Lantana*
- Usa o poder psicológico que possui para manipular e controlar as pessoas e as situações à sua volta... *Thumbergia*
- Manobras e jogos políticos para obter mais poder ou vantagens pessoais. Estagnação mental.. *Cauliflora, Orellana*

INDIVÍDUO MENOS EVOLUÍDO:
- Suas ambições desmedidas podem levá-lo a buscar obstinadamente o poder, nem que tenha de corromper, subornar, chantagear, ameaçar, etc. Usa e abusa do poder de seu cargo.. *Thumbergia, Ícaro*

PROBLEMAS PSICOLÓGICOS MAIS GRAVES:
- Paranóias envolvendo perseguições, complôs ou motins contra sua pessoa ou contra a figura de autoridade que representa........... *Pastoris, Basilicum, Artemísia*
- Utiliza o terrorismo psicológico para conseguir o que deseja, principalmente com os seus subordinados. Liderança tirânica. Desamor............ *Thumbergia*
- Destrutividade. Sociopatia. Loucura.................................... *Buquê de 9 flores*

PLUTÃO-MC Aspectos Desarmônicos

- Consegue o que deseja através de todas a formas de manipulação, inclusive as que afetam os níveis psicológicos...................................... *Thumbergia*
(Ver aspectos negativos da Conjunção, logo acima.)

Parte III

O Sistema Floral de Minas

> *"Entre os tipos de remédios que serão utilizados, estão os que são obtidos da maioria das plantas e das ervas mais bonitas que se encontram no boticário da Natureza, plantas que foram divinamente enriquecidas com poderes curativos para o corpo e para a mente do homem."*
>
> — Bach, *Cura-te a ti mesmo*.

AS ESSÊNCIAS FLORAIS DE MINAS

Os Florais de Minas são constituídos por um conjunto de oitenta e quatro (84) essências extraídas de flores das regiões montanhosas do Quadrilátero Ferrífico de Minas Gerais. A metodologia empregada por Breno e Ednamara para a determinação das virtudes terapêuticas de cada vegetal envolve uma pesquisa de múltiplas facetas onde é utilizada uma abordagem que é ao mesmo tempo intuitiva, simbólica, analógica e empírica.

Para eles, as espécies vegetais representam personalidades simbolicamente análogas àquelas encontradas entre os homens, apesar de permanecerem puras em sua natureza essencial. A base de seu trabalho segue fielmente o pensamento e a filosofia do Dr. Bach, como podemos ver em afirmações como estas: "...os florais ajudam-nos a compreender que a verdadeira cura é aquela que é instalada no âmago do nosso ser, trazendo, como reflexo, pensamentos e sentimentos puros e bondosos"; "...não há pois como curar verdadeiramente uma parte do homem, e nem faz sentido lutar contra uma doença específica! O que importa é tratar o homem integralmente, na sua totalidade, e sincronizar suas ações concretas com os ideais Divinos latentes em sua alma".

Passamos agora a uma descrição sucinta das essências que compõem o sistema floral de Minas, acompanhada de algumas breves observações do ponto de vista astrológico. São elas:

Agave. Para pessoas corajosas, fortes, lutadoras, que trabalham com muita obstinação e escondem o cansaço; relutam em admitir qualquer sobrecarga de trabalho; mesmo na adversidade ou na doença, continuam lutando, como se nada estivesse acontecendo; não descansam nas horas habituais de lazer, mudando apenas a natureza da atividade; trabalham compulsivamente, porém o coração e os sentimentos parecem estar ausentes; desconhecem os limites energéticos do próprio corpo e os sinais que antecedem sua exaustão.

Com a disposição anímica de "querer carregar o mundo" nas costas surgem as tensões e a rigidez nos ombros e no pescoço.

Essência floral útil para o tipo escorpiano-saturnino. Marte ou Plutão em conjunção com Saturno, ou qualquer um destes planetas no Meio-do-céu ou no Ascendente.

Ageratum. Essência floral que ajuda na purificação ou sublimação gradativa e constante das emoções e sentimentos mais dolorosos do ser, principalmente durante os sonhos. O remédio permite uma conexão bastante criativa com a alma, levando-nos a percorrer os nossos terrenos interiores úmidos e densos e transformando-os em ambientes adequados ao pleno desabrochar dos propósitos mais sublimes. Recomendável para aqueles que desejam realizar um serviço altruísta, mas sentem a necessidade de uma purificação prévia e uma avaliação de suas motivações internas.

Uma expressão de Mercúrio nos signos do Ar. Útil para pessoas que possuem muitos planetas em signos da Água.

Aleluia. Desespero, perda da fé e da esperança ou da capacidade de reagir e se curar frente a situações de doenças crônicas incuráveis (câncer, AIDS, diabetes, etc.). Útil para os que lidam com estas pessoas.

ASC ou Lua aflitos por Saturno no Mapa Natal ou em qualquer um de seus trânsitos.

Althaea. Para aquelas personalidades com forte sentimento de rejeição social ou de exclusão familiar ou grupal, que duvidam da própria condição de cidadãos e fogem dos compromissos sociais. Para trazer as vibrações superiores de integração e convivência.

Para o complexo de rejeição dos signos da Água. Sentimento de exílio e abandono grupal e social de planetas na Casa 12.

Ambrosia. Preocupação exagerada com a escassez de recursos vitais, principalmente de alimentos. Medo do fracasso financeiro, do desemprego, da falta de dinheiro e de não ser capaz de suprir as necessidades básicas da família. Medo de mudanças drásticas na organização social. Ansiedades e inseguranças com a situação financeira e com as expectativas em relação à sobrevivência no futuro. Não se arrisca por temor ao fracasso. Compulsão à comida.

Útil para pessoas com uma forte ênfase planetária em Terra.

Anil. Tônico para o caso de enfraquecimento intelectual precoce. Envelhecimento, senilidade, esclerose, Acidente Vascular Cerebral, atrofia e degeneração cerebral, podendo haver perda de memória, raciocínio, alterações na percepção sensorial, dificuldade de expressão verbal, comprometimento neuromotor, distúrbios de comportamento, falhas na higiene pessoal.

Útil para o tipo saturnino. Nódulo Sul em Capricórnio. Saturno nas Casas 1, 3, 5, 6 ou em aspectos aflitivos ao ASC, à Lua, a Mercúrio ou ao Sol. Saturno retrógrado.

Aristolóquia. Personalidade assoberbada pelo conceito de pecado. Para os sentimentos de culpa de origem religiosa e que podem atingir dimensões psicóticas, principalmente no que se refere à sexualidade, considerada impura, sujo instrumento de tentação. Esses sentimentos podem desencadear a impotência masculina, inflamação nos testículos, a frigidez feminina, irregularidades menstruais (tensão, cólicas, etc.). Casos de aborto com sentimento de culpa, ou casos de envolvimento com esse tipo de situação. Rejeição da vida, traduzida por emagrecimento, anorexia, amenorréia, anemia, hidropisia, etc.

Muitos planetas no signo de Virgem, Capricórnio ou na Casa 12, em especial Saturno. Virgem regendo a Casa 12. Nódulo Sul em Câncer, Virgem, Escorpião, Capricórnio ou Peixes. Saturno em quadratura ou oposição a Netuno e em aspectos difíceis com outros planetas.

Arnica campestre. Traumatismo do corpo físico, acidentes de qualquer natureza, tais como, ferimentos, contusões, torções, picadas de insetos, intervenções cirúrgicas, partos, operações odontológicas; impactos corporais devidos ao abuso de drogas, álcool. Traumas psíquicos (feridas internas) — catalisador para o efeito de outros remédios.

Utilizar esta essência durante trânsitos difíceis ou para superar traumas por eles deixados.

Artemísia. Emergência de purificação da mente e do corpo, em situações traumáticas. Estados obsessivos. Parasitismo. Infecções bacterianas — havendo debilidade do sistema imunológico de defesa, funciona como um antibiótico de largo espectro.

Eixo Virgem-Peixes. Ascendente ou Nódulo Sul nestes signos.

Basilicum. Personalidade forte, com eventuais dúvidas sobre sua capacidade. Sentimento temporário de inadequação frente às responsabilidades — como conseqüência pode haver insônia, dores corporais, nervosismo, fadiga mental, dificuldades sexuais. Impotência sexual de origem psicológica. Frigidez feminina. Histeria. Psicopatologias neuróticas e psicóticas em geral.

Útil em trânsitos que debilitam a força do Sol ou de Marte. Saturno em conjunção com a Lua ou Vênus num mapa feminino.

Bipinatus. Para as situações emergenciais de pânico, terror ou medo agudo. Enfermidades agudas, paralisias repentinas ou estados muito expandidos de consciência. Almas desajustadas com o ambiente da encarnação sofrem de tensões no plexo solar, doenças broncopulmonares, dificuldades digestivas, cãibras, hipertensão, taquicardias, pesadelos, experiências fora do corpo, síndrome do pânico.

Útil quando planetas como Urano, Netuno ou Plutão trazem aspectos angustiantes aos planetas pessoais. Planetas em signos de Água.

Borragine. Indivíduos pessimistas que, com o passar do tempo, interiorizam muita falta de fé. Depressão crônica; tensões no plexo solar e sensação de aperto ou abafamento no peito. Ajuda a afastar os pensamentos sombrios e negativos, pelo florescimento de novas perspectivas pessoais. Útil quando a desistência se instala nos sentimentos e no nível do coração. Traz coragem e ânimo àqueles abandonados à própria sorte, aos sofredores e idosos.

Útil quando o Sol, Júpiter ou Mercúrio se encontram aflitos por Saturno num mapa masculino, ou quando isso ocorre com a Lua ou Vênus num mapa feminino. Muitos planetas no signo de Capricórnio, Escorpião ou estes signos no Ascendente. Planetas na Casa 12.

Calêndula silvestre. Indivíduos do tipo "oito ou oitenta", "tudo ou nada", "vida ou morte", que estão sempre nos limites extremos da razão e do sentimento. Para as atitudes, posturas e situações em que há formas destrutivas de criatividade interiorizadas; para a agressividade verbal, emocional e física e a destrutividade em todas as sua formas de manifestação na pessoa. No nível mental: bloqueios extremos de criatividade, pensamentos negativos persistentes. No nível emocional: sentimentos extremos de ódio e amor, oscilações repentinas de humor, explosões de cólera. No nível etérico-físico: cânceres, tumores, verrugas, putrefações. Mágoas profundas.

Para o tipo plutoniano. Plutão em quadratura ou oposição com Mercúrio, Sol e, principalmente, Marte. Nódulo Sul em Escorpião ou este signo no Ascendente.

Camelli. Para a ausência de amor expressa na forma de ódio, inveja, ciúmes, ganância, desconfianças, sentimentos de vingança, malícia, amarguras, raivas e agressividade. Desamor; racismo; separatividade. Mágoas profundas. Propensão a barbaridades, crueldade, agressões, violência, impulsos criminosos e negatividade. A essência conecta com os espíritos bondosos que infundem o ser de amor altruísta e incondicional.

Eixo Touro-Escorpião. Útil para planetas no signo de Escorpião ou este signo no Ascendente ou no Nódulo Sul. Para aspectos difíceis entre Marte e Plutão.

Cássia. Personalidade com tendência para autocondenação, remorsos por atitudes públicas ou sociais, consideradas impuras. A essência é própria para aqueles que se aproveitaram de forma abusiva da liberdade e do poder sobre o destino de muitos, prejudicando-os em sua evolução; traz novas perspectivas de visão do passado. Ajuda-nos a extrair as lições mais importantes dos eventos equivocados de outrora. Propicia a aquisição de qualidades morais elevadas, impulsionando-nos a novos patamares de crescimento em amor.

Sol ou Júpiter em conjunção ou desarmônicos com Saturno e/ou Plutão. Muitos planetas no hemisfério superior do Mapa Natal e em especial nas Casas 10, 11 e 12. Júpiter, Saturno ou Plutão retrógrados.

Cauliflora. Para aquele indivíduo materialista, avarento e ganancioso que ambiciona poder e possessões. É útil àqueles que têm dificuldades de viver em comunidade, que não sabem compartilhar recursos e tendem a trapacear ao dividir o pão. Pode ser empregado nos quadros psicológicos em que há tendência aos furtos, incapacidade de aceitar derrotas e traços de deslealdade nas competições.

Excesso do elemento Terra ou este elemento no Nódulo Sul. Saturno muito forte no Mapa Natal (por posicionamento ou por aspectos).

Chicorium. Indivíduo possessivo e egoísta e que se magoa e chora com facilidade. Carente de afeto, sufoca os outros ao invés de amá-los. Cobra retorno afetivo. Gosta de manter seus entes queridos sempre nas proximidades, ao próprio alcance, para assim melhor controlá-los e corrigi-los, principalmente no que se refere aos sentimentos. A essência traz da alma um amor altruísta e incondicional.

Útil para as mães de natureza canceriana-escorpiana, que desejam manter seu entes queridos debaixo de suas asas. Lua, Vênus ou Ascendente no signo de Câncer ou Escorpião.

Dianthus. Pessoas muito sensíveis a tudo que ocorre ao redor e que vão acumulando em silêncio as escórias das contradições e equívocos dos fatos cotidianos. Suportam caladas os enganos, a ignorância e a ira alheias, mas internamente ficam remoendo os acontecimentos que lhes são inaceitáveis e incompreensíveis. Passam assim um ar de frieza, não deixando transparecer nem tristeza nem alegria. Recatadas e orgulhosas, perdem a oportunidade de uma boa explosão emocional. Por dentro, estão torturadas, com a alma encharcada por antigas e novas emoções que as ferem continuamente. Não choraram em eventos dolorosos de outrora e tampouco o fazem nos fatos duros do presente. Indivíduos fechados, frios, solitários, silenciosos e ensimesmados, que nunca demonstram na face o que lhes ocorre na alma; embora tensos e ansiosos, ocultam a ansiedade com um falso bom humor externo.

Alguns autores falam da frieza e da repressão emocional da Lua nos signos do Ar (elemento da mente fria e desapaixonada). Fato curioso foi constatar que, nas minhas anotações, dos cinco registros que possuía com estas descrições, dois tinham a Lua no signo de Capricórnio (o que parece natural), mas os outros três tinham a Lua no signo de Aquário.

Emília. Pessoas de fraca convicção, que vivem pedindo conselhos e opiniões aos outros. Têm dúvidas nas escolhas e decisões mais banais e mudam freqüentemente de idéia, quando influenciadas. Possuem fraco sentimento de identidade e, com isso, tendem a imitar as outras pessoas. A essência fortalece a conexão da consciência com os níveis intuitivos; favorece a coordenação e a integração global do ser, mediante o despertar da voz interna e da convicção pessoal.

Para a indecisão e a superficialidade de alguns indivíduos dos signos de Gêmeos e Libra. Mercúrio em conjunção ou desarmônico com a Lua. Mercúrio, Vênus, Lua ou Sol enfraquecidos por Netuno.

Eucalyptus. Pessoas psiquicamente instáveis, que experimentam uma aguda contradição entre o querer mais profundo e a prática cotidiana, entre a ideação e a realização concreta. Para aqueles que fazem as coisas exatamente da forma oposta àquela como, no fundo, desejariam realizá-las; que constroem na mente um plano de vida ou ação, mas passam, de forma inconsciente, a executá-lo às avessas. Para as personalidades complexas e contraditórias que sentem grande necessidade de interação social e que, no entanto, têm dificuldades para elaborar ou absorver as conseqüências inevitáveis, às vezes inesperadas, da convivência mútua.

Para os excessos do elemento Ar e a falta do elemento Terra. Mercúrio ou Urano retrógrados ou em mau aspecto entre si ou com outros planetas.

Ficus. Para aquelas pessoas indecisas, que ficam oscilando entre as diversas possibilidades por um tempo muito longo e que, depois de decidirem, se arrependem por falta de convicção; que apresentam mudanças repentinas de humor (euforia-depressão) e são muito influenciáveis pelas alterações climáticas. A essência traz clareza mental e estabilidade psíquica.

Útil nas indecisões e oscilações do elemento Ar, principalmente de Gêmeos e Libra. Indivíduos regidos pela Lua ou por Netuno.

Foeniculum. Para aqueles temporariamente com dúvidas sobre sua própria capacidade. Para períodos subseqüentes às mudanças na vida, como, por exemplo, após nascimentos, casamentos, mudanças no trabalho e transições biológicas. Trata-se de um tônico geral para o cansaço mental e físico. Facilita a digestão de novas idéias, impressões e sentimentos.

Para a falta dos elementos Fogo e Ar no Mapa Natal. Mercúrio combusto. Útil quando Urano em trânsito fizer oposição ao Urano natal.

Fortificata. Personalidades nas quais o amor possessivo e a extrema carência afetiva provocam um bloqueio de energia de tal ordem que sobrevém um colapso psíquico-físico. Perda de vitalidade pela avidez com que esgotam os outros. Bloqueios no plexo solar e no chacra cardíaco. Anorexia nervosa. A essência liberta para o amor incondicional.

Planetas nos signo de Escorpião. Útil durante os trânsitos de Plutão com os planetas pessoais, e em particular a Lua ou Vênus.

Fuchsia. Esportivo, extrovertido, falante, brincalhão, dissimula suas preocupações e torturas internas através de muito senso de humor ou por detrás de um falso sorriso. Tendo dificuldades para encarar os problemas, refugia-se na busca de excitações externas. Necessita estímulos sensoriais contínuos de — drogas, álcool, cigarro, televisão, vida social intensa. Gosta de estar sempre acompanhado, pois é muito extrovertido e loquaz. Tem extrema dificuldade de ficar só. Quando isso ocorre, sente um vazio assustador, como se a vida perdesse o significado. Inquietudes. Insônia. Problemas psicossomáticos. Obesidade.

Esta essência parece ser útil para acalmar a enorme necessidade de estímulos sensoriais e intelectuais de geminianos e sagitarianos. Para o excesso de Ar-Fogo. Fuchsia, como essência que também é útil para o tratamento em casos de uso do álcool e das drogas em geral, não deveria ser vista como específica para estes signos ou elementos. A tendência ao uso de drogas não é patrimônio de nenhum signo em particular. No nível planetário, a Lua e Netuno regem as drogas entorpecentes, enquanto Marte e Plutão regem as estimulantes, que ativam a adrenalina.

Helianthus. Egoísmo manifestado por introversão ou exagerada extroversão. Loquacidade. Auto-estima baixa ou excessiva. Possessividade. Egoísmo ou servilismo. Incapaz de ficar só, aborrece os outros com seus assuntos; desvitaliza as pessoas à sua volta. Fala muito perto do ouvido das pessoas, toca-as, faz cenas e gestos para atrair a atenção e a audiência. Não presta atenção à opinião alheia, pois as poucas palavras que lhe chegam são suficientes para desencadear histórias, que fica ansioso para contar. A forte carência afetiva e o autocentramento da personalidade fazem com que não tenha preferências pessoais, pois se "agarra" ao primeiro que aparece. Ego agigantado.

Útil para indivíduos com planetas mal aspectados em signos do Fogo e, possivelmente, com a Lua no signo de Gêmeos, cuja mente salta de um assunto para o outro sem muita profundidade. Útil para a extrema loquacidade de alguns arianos e leoninos, bem como para seus agigantados egos.

Heliotropium. Para os estados temporários de angústia extrema e melancolia; para aquele indivíduo que se acha em completa escuridão interna, no limite máximo de suas forças; para quando há desespero insuportável e a pessoa não enxerga nenhuma luz no fim do túnel, estando o futuro completamente obscurecido. Para aqueles estados existenciais mais negativos, em que há uma tremenda pressão interna para o parto de uma grande expansão da consciência. Para derrubar o muro entre a personalidade e o Sol interno. Para o parto de um novo ser. A personalidade típica de quem cai nestes buracos existenciais normalmente é calada, angustiada, introvertida e cristalizada em certos padrões psíquicos de comportamento.

Útil nas aflições de Plutão ao Sol e a outros planetas, ou durante os seus angustiantes e penosos trânsitos. Para as depressões existenciais do elemento Água. Sol, Júpiter ou Saturno na Casa 12.

Hibiscus. Pessoas que não conseguem uma fusão psíquica com o parceiro. Cisão na polaridade interna. Falta de criatividade ativa do homem e receptiva da mulher. Quando há mau humor na convivência do casal e a criatividade do relacionamento é dissociativa. Impotência sexual psicológica. Frigidez. A essência permite a fusão harmônica das polaridades feminina e masculina, fertilidade e criatividade.

Útil nos aspectos desarmônicos entre Vênus e Marte. Saturno em Escorpião ou na Casa 8 tem sérias dificuldades de entregar-se plenamente ao companheiro durante o ato sexual.

Ícaro. Personalidades desmesuradamente audaciosas, com elevadas ambições ou pretensões, que correm riscos sem avaliar as conseqüências. Ânsia de crescer, de obter sucesso na vida através de uma escalada impetuosa. Pode procurar um caminho ascético ou espiritual, mas com bases falsas. Útil nos casos em que o indivíduo não consegue desenvencilhar-se do excesso de impressões sensoriais, principalmente nos ambientes congestionados das grandes cidades.

Para aplacar os excessos do elemento Fogo, principalmente quando se busca a glória e o destaque pessoal, como é o caso de alguns indivíduos dos signos de Áries e Leão. Também é útil para Sagitário, que costuma voar (material ou espiritualmente) mais alto que suas asas podem permitir.

Ígnea. Para as situações de escolha entre valores internos e segurança externa. Para personalidades apegadas ao luxo, à ostentação, à ilusão das formas, às aparências, às convenções, aos ornamentos e adornos materiais, em detrimento dos valores espirituais. Para aqueles vaidosos e narcisistas com forte auto-identificação física. Vergonha quanto à sua situação socioeconômico-familiar. A essência equilibra a espiritualidade com a manifestação terrena.

Para indivíduos com planetas como Vênus, Sol e Júpiter muito fortalecidos entre si ou em signos como Leão, Libra ou Sagitário (vaidosos, narcisistas e amantes do luxo e do suntuoso). Útil para equilibrar o excesso do elemento Terra.

Impatiens. Para aqueles que são rápidos na ação e no pensamento, perdendo sempre a paciência com pessoas lentas. Para indivíduos francos, tensos, irritadiços, nervosos com detalhes, impetuosos, impulsivos, impacientes, ansiosos e fisicamente irrequietos, a essência é útil quando há aflição, ansiedade, tensão, irritabilidade, agressividade, nervosismo, insônia, hipertensão e problemas psicossomáticos.

Excesso do elemento Fogo. Para a impaciência e impulsividade do signo de Áries. Útil nas quadraturas e oposições a planetas como Marte, Urano e Plutão ou em qualquer um de seus trânsitos.

Ipoméia. Para aquelas personalidades que sentem necessidades constantes de êxtase, que precisam do estímulo contínuo do novo, do inusitado e do desconhecido; que sentem urgência em transcender a realidade vulgar. São amantes da liberdade individual, aborrecem-se com as responsabilidades e têm estilos de vida desregrados ou abusivos. Na ânsia de transcender, podem, com freqüência, tornar-se viciados em álcool ou drogas em geral, ou mesmo entregar-se ao lema do prazer total e irrestrito, ignorando todas as possíveis conseqüências.

Floral do netuniano clássico. ASC, Lua ou Mercúrio nos signos de Sagitário ou Peixes. Netuno em conjunção com planetas pessoais, no ASC ou no MC. Netuno em oposição a Saturno. Netuno trigono Júpiter. Falta do elemento Terra, com predominância de Ar-fogo.

Jasminum. Liberta o indivíduo de fantasias e devaneios relativos a uma auto-imagem falsa, uma personalidade com excesso de bagagem. Para romper hábitos, criar uma imagem mais autêntica de si. Útil na adolescência ou em qualquer etapa da vida onde haja conflitos de auto-ilusão. Casos de narcisismo ou desequilíbrios da função erótica. Combate as inflamações nos olhos, o que acentua a ligação da planta com a visão da realidade.

Útil para desfazer auto-ilusões de uma Lua, um Mercúrio ou um Sol em aspectos desarmônicos com Júpiter ou Netuno. Vênus ou Júpiter em aspectos harmônicos com o Sol tem revelado indivíduos altamente narcisistas.

Lacrima. Purificação dos corpos mais sutis em relação a desequilíbrios emocionais temporários. Favorece a meditação. Surgimento de idéias e sentimentos nobres. Ajuda a sublimar qualquer excesso de emoções e sentimentos que porventura se tenha acumulado na alma. Apropriado para estágios de decaída, em que o discípulo se sente conturbado e frágil diante de sua própria natureza. Lacrima eleva a mente na direção do belo, do bom, do sagrado e divino.

Essência de elevada espiritualidade, lembra a benevolência e a nobreza de sentimento dos indivíduos com aspectos harmônicos entre Júpiter e Netuno. Lacrima pode ser útil nos aspectos desarmônicos entre esses dois planetas.

Lantana. Trata-se de uma essência apropriada para a harmonização de grupos humanos reunidos em assembléias, congressos, locais de trabalho, escolas, hospitais, casas de detenção, creches, asilos, retiros, meditações, viagens, festas, etc. Equilíbrio entre a manifestação individual e a coletiva; entre saber ouvir e saber falar. Elevação do padrão vibratório do grupo.
Para os desequilíbrios do eixo Leão-Aquário.

Lavândula. Talentoso, embora incapaz de atingir seus objetivos, em conseqüência das forças emotivas, que desgastam suas energias conclusivas e impedem a finalização de seus intentos. Sentimentos de fracasso. Hesitação. Complexo de inferioridade. Insegurança em relação às suas reais capacidades. Entravado por problemas de ordem emotiva e afetiva. Insônia, dor de cabeça, indigestão, desmaios. Personalidade imatura. Regressão emocional. Tipo infantil.
Útil na insegurança emocional dos signos da Água, em especial o signo de Câncer, que costuma passar por regressões psicológicas. Para os aspectos difíceis entre o Sol e a Lua.

Lilium. Purifica as manifestações dos aspectos psíquicos feminino e masculino, tanto do homem quanto da mulher. Conflitos na conciliação da maternidade com a carreira profissional. Equilibra os papéis na relação conjugal, incluindo a energia sexual e a agressividade — favorece, portanto, a constância emocional.
Útil para equilibrar as polaridades Yin e Yang do tipo Sol-Lua, Marte-Lua, Sol-Vênus, Marte-Vênus. Marte ou Vênus retrógrados.

Linum. Para aqueles indivíduos que experimentaram fortes expansões de consciência devido a experiências muito duras, tendo como conseqüência seqüelas em seus planos interdimensionais. Para quando não há uma nítida definição sobre quais pensamentos e emoções pertencem à pessoa e quais pertencem a outros. Sistema nervoso abalado pelo abuso de drogas, sexo, alimentos, contatos mediúnicos e magias pessoais. Rompimentos áuricos. Linum repele pensamentos e emoções alheios ao indivíduo.
Este floral parece ter o poder de recuperar os estragos causados pelo mau uso das energias místico-espirituais de Netuno e Plutão quando em trânsito por planetas pessoais como a Lua e Mercúrio, ou mesmo o Sol e Júpiter.

Luceris. Para os indivíduos cujo desenvolvimento extra-sensorial, paranormal ou espiritual se encontra fora de controle, trazendo-lhes conflitos emocionais ou desconforto mental. Degradações energéticas que podem surgir durante as meditações mal-conduzidas; desvios, ilusões, congestão cerebral, cansaço, confusão mental, incapacidade de concentração, perda do poder de autocrítica, emotividade exacerbada, irritabilidade, agressividade, insônia e sensação de ofuscamento das faculdades visuais e auditivas. Tentativa de despertar artificialmente os poderes psíquicos e espirituais (kundalini). Astralismo. Fascinação. A essência favorece a elevação da consciência para os chacras superiores. Clarividência e clariaudiência.

Assim como Lacrima, este floral parece ser outra exaltação da ligação Júpiter-Netuno. Deve ser utilizado quando estes dois planetas estiverem em desarmonia. Para planetas no signo de Peixes, nas casas 8 e 12. Verificar a condição da Lua e de Mercúrio no Mapa Natal, para ver se estão aflitos por Netuno.

Madressilva. Indivíduo conservador, nostálgico e saudosista, preso aos acontecimentos do passado, à lembrança dos bons tempos que não voltam mais, ou então cheio de arrependimento pelas oportunidades perdidas em nível afetivo. Sentimental e romântico, sofre com as perdas. Apego. Emocionalismo. Conservadorismo.

Eixo Câncer-Capricórnio. Útil para pessoas que tenham planetas no signo de Câncer ou este signo no Ascendente.

Malus. Indivíduos exageradamente detalhistas e obcecados por limpeza ou com relação à aparência externa. Podem tomar vários banhos por dia ou lavar inúmeras vezes as mãos. Medo de contaminação por germes. Repugnâncias. Útil para aqueles que necessitam de limpeza física e psíquica: para os que sentem vergonha de alguma parte do corpo ou de sua aparência em geral. Sentimentos de autodesgosto ou de auto-aversão. Para aqueles que sentem que seus pensamentos e sentimentos são impuros.

Eixo Virgem-Peixes. Útil para planetas no signo de Virgem ou este signo no ASC ou no Nódulo Sul.

Margarites. Para pessoas com a visão fragmentada da vida e que não conseguem correlacionar os eventos, devido à ilusão que as aparências externas lhes causam. A essência permite ao ser englobar muitas informações num todo integrado, ajudando-o a galgar novos estágios de consciência. Casos de deficiência mental. Permite um contato maior com o corpo intuitivo. Auxilia no aprendizado. Trata-se de uma lente ampliadora da capacidade de síntese e globalização. Útil para os que se dedicam ao trabalho terapêutico.

Para equilibrar a falta ou excesso do elemento Ar. Útil para geminianos e virginianos excessivamente intelectualizados e com uma visão materialista, árida e fragmentada da vida. Mercúrio combusto, retrógrado ou aflito por outros planetas. Júpiter mal aspectado.

Matricária. Para aquela personalidade cheia de entusiasmo, que se entrega totalmente ao serviço que lhe apraz. Devotada, não mede esforços para servir e atender bem aos outros, mas sofre quando não observa a mesma solidariedade à sua volta. Maternal, nutridora e superprotetora, mas internamente tensa, devido à sobrecarga de trabalho, e irritada com as atitudes egoístas dos outros.

Para planetas no signo de Câncer, em particular a Lua, e ASC ou Nódulo Sul neste signo.

Millefolium. Os indivíduos típicos são os espiritualmente inquietos, idealistas, pioneiros em realizações, revolucionários e que estão sempre querendo a transformação das coisas ao seu redor. Têm dificuldade para se adaptar à estrutura social, familiar e escolar e estão sempre propondo novos valores e modos de conduta. Útil nas separações, nas influências negativas ou quando há hipersensibilidade às idéias dos outros, aos ambientes circundantes e às influências alheias. Desvitalizações, bocejos, fraquezas momentâneas. Útil para libertar as pessoas vítimas de encantamentos, "vampirismos" e toda sorte de irradiação negativa (raios X, computadores, usinas nucleares, etc.).

Para equilibrar a falta ou o excesso do elemento Ar. Útil para as inquietações de espírito do tipo uraniano ou para planetas mal aspectados com Urano ou, ainda, para as repentinas e dolorosas mudanças causadas pelos seus trânsitos. Câncer ou Peixes no Ascendente como uma espécie de "esponjas" psíquicas ficam facilmente desvitalizados em alguns ambientes.

Mimosa. Para os que sentem medo das coisas concretas. Medo do mundo natural, dos animais, das intempéries, das chuvas, trovões, relâmpagos, águas, rios, lagos, piscinas, mato, alturas, elevadores, injeções, hospitais, doenças, câncer, AIDS, enfarto, demência, paralisia, dor. Medo obsessivo de acidentes, de ladrões, do fracasso pessoal, da repressão e da agressão alheias, da morte e do parto. Para o medo patológico de doenças graves e contagiosas.

Essência floral útil para netunianos e piscianos, cuja delicada sensibilidade os torna, muitas vezes, extremamente amedrontados com todas as coisas.

Mirabilis. Para aqueles que são intolerantes e críticos, com forte autoidentificação com o ambiente circundante, que julgam cada palavra, sentimento ou ato, podendo expressar ou não a condenação que fazem dos mesmos. Para os tipos sistemáticos, irritáveis, irônicos, egoístas, antipáticos, arrogantes, autoritários, hipócritas, racistas e criadores de discórdias.

Ascendente ou muitos planetas em signos de Terra principalmente Virgem e Capricórnio. Para o uraniano autoritário e intolerante.

Momordica. Para os casos em que há ruminação de pensamentos indesejáveis. Para a mente que se apega obsessivamente a certas idéias ou preocupações, quando os pensamentos se tornam persistentes, repetitivos. Preocupações com assuntos corriqueiros. Indivíduos perfeccionistas, persistentes, detalhistas, que se apegam demasiadamente aos mínimos obstáculos, enfrentado-os com certo pessimismo, porém com obstinação mental. O bloqueio energético pode ocasionar esgotamento psíquico, incapacidade de concentração, insônia, gagueira, tremores, tiques nervosos, dores de cabeça, prisão de ventre, infecções e febres.

Este floral pode ser de grande utilidade para todos aqueles que possuam uma forte ênfase no elemento Terra em seus Mapas Natais. Útil nos trânsitos de Saturno e Plutão, que costumam vir acompanhados de uma carga muito grande de preocupações e pensamentos persistentes e insidiosos.

Myosotis. Para aqueles que viveram a experiência traumatizante da perda de um ente querido e não conseguem se recuperar de sua ausência. Para indivíduos que sustentam uma forte ligação com pessoas que faleceram e que continuam a viver com elas no ambiente, como se nada houvesse acontecido. Essência consoladora útil para recuperar o gosto pela vida, eliminando sentimentos de perda ou rejeição.

Útil para planetas em signos da Água, principalmente Câncer e Escorpião. Pessoas com Planetas na Casa 8 costumam sentir-se atraídas pelo oculto e pelos contatos mediúnicos. Nos aspectos difíceis de Plutão em trânsito.

Nicociana. Para aquelas personalidades destemidas, valentes, fortes, aventureiras, porém desordenadas e descuidadas e que estão sempre procurando um desafio que exija coragem física. São pessoas competitivas, geralmente musculosas e que se interessam por armamentos e formas de defesa e ataque. Tipo guerreiro, atlético — soldados, bombeiros, dublês e praticantes de artes marciais. São egocêntricos, solitários e emocionalmente grosseiros; têm propensão a acidentes físicos.

Para equilibrar o excesso do elemento Fogo no Mapa Natal. Útil para indivíduos de natureza marciana-ariana.

Orellana. Para as personalidades cuja permanência no desamor já trouxe um certo comprometimento ao corpo físico-etérico, principalmente nas imediações do plexo solar e do chacra cardíaco. Tipo sangüíneo ou colérico, quase sempre liberando suas emoções pela agressividade. A pessoa mostra matizes arroxeados na pele e nos lábios, revelando estagnações no sistema sangüíneo venoso, muitas vezes devido ao enfraquecimento cardíaco. O enrijecimento anímico, nos padrões egoístas, "endurece" o coração, dificultando o livre fluir do eu no organismo. A essência auxilia na desobstrução daqueles centros energéticos, dando ao ser uma nova chance de compreender a lição do verdadeiro amor divino e incondicional.

Útil quando Vênus, o Sol ou Júpiter se encontram aflitos por planetas como Marte, Saturno ou Plutão, ou então em qualquer um de seus trânsitos.

Origanum. Personalidades perdidas, sem destino, que não sabem qual o caminho a seguir, o que fazer, que tentam muitas coisas, mas sem que nenhuma lhes traga satisfação. Para a falta de vocação, a falta de idealismo, as frustrações profissionais e as inquietações quanto à criatividade. Indicado para pessoas cheias de tédio e aborrecidas com o dia-a-dia. Almas fracas que, após encarnarem, tornam-se vítimas das forças materiais instintivas e se entregam aos vícios, à devassidão sexual, às disputas inúteis, a toda sorte de egoísmo e separatividade. Origanum busca nas profundezas da alma os conceitos de motivação interna e propósito superior.

Essência que lembra a motivação e a autodeterminação dos indivíduos dos signos do Fogo. Ajuda a corrigir os desvios da falta ou do excesso deste elemento. Útil para todas as pessoas, independentemente do signo, que desejem recuperar aquela chama interna que arde em silêncio e que dá à vida um significado e um sentido de meta e propósito.

Passiflora. Personalidades atormentadas por medos vagos de origem desconhecida. Pressentimentos, maus presságios, sensação de perseguição, de punição e de morte. Medos vagos, ansiedades, mudanças de humor por causa de idéias obsessivas. Para o supersticiosos, que às vezes sentem calafrios, tremores, suores, arrepios e que têm medo da escuridão, de fantasmas, de velórios e cemitérios. Pesadelos. Sonambulismo. Falas e chutes noturnos, enurese, bruxismo, insônia. Percepção de espectros. Com sua força mental, podem atrair para si eventos negativos.

Útil para a Lua, Mercúrio ou o Sol em signos da Água e em aspectos desarmônicos com Saturno, Netuno ou Plutão.

Pastoris. Embora possam ser dóceis, estas pessoas constroem uma barreira de defesa psíquica, principalmente com desconhecidos. Falta de sociabilidade, retraimento, isolamento pessoal e social. Podem ser levados a ocultar informações ou qualquer elemento de ajuda aos seus semelhantes, devido à insegurança com relação aos objetivos e predisposições alheias. Desconfiança. Pensamentos de perdas materiais e agressividade. A essência tem valor nos tratamentos dermatológicos e, do ponto de vista anímico, ajuda a despertar internamente a consciência da origem comum de todos, permitindo um relacionamento social mais leve, confiante e criativo. A essência floral contribui para eliminar os julgamentos alienados e as barreiras da separatividade, desenvolvendo maior moderação, benevolência e fraternidade na convivência.

Planetas como Mercúrio, Vênus, Sol e/ou Júpiter na Casa 12 e, possivelmente, em aspectos desarmônicos com Saturno.

Phyllanthus. Pessoas sistemáticas, metódicas, perfeccionistas, teimosas, exigentes, preconceituosas, excessivamente sombrias e severas consigo mesmas e que gostariam que seu comportamento servisse de exemplo para os outros. Dificuldades de adaptação. Prisioneiras de formas cristalizadas de sentimentos e pensamentos. Inflexibilidade e rigidez mental. Frieza psíquica e espiritual. Egoísmo. Phyllanthus evoca em nossas profundezas as maravilhosas vibrações da adaptabilidade e da liberdade interior.

Útil para pessoas que possuam uma excessiva concentração de planetas em signos da Terra, principalmente em Capricórnio. Para aspectos difíceis de Saturno aos demais planetas, bem como para a rigidez e a cristalização mental que é trazida por seus trânsitos. Para o saturnino clássico.

Pinus. Personalidade que experimenta sentimento de culpa e de autocondenação, remorsos e arrependimentos por atitudes do passado. Desgosto e depressão quando é obrigado a fazer a mais leve repreensão, pois não suporta mais sentir-se como uma fonte de sofrimento para os outros. Pinus é recomendado para aqueles que são introvertidos, perfeccionistas, exigentes, sóbrios, conscienciosos, tristes e negativistas. Depressão pela sensação de estarem "devendo" moralmente alguma coisa ou por acharem que outrora poderiam ter agido melhor, talvez sem prejudicar alguém. Impotência e frigidez sexual. Problemas articulares, artrite, artrose, reumatismo. Anorexia. Patologias pulmonares.

Outro floral utilíssimo para alquimizar os principais traços negativos do signo de Capricórnio e do planeta Saturno. Útil para tratar a autocondenação e a auto-anulação dos que tenham planetas na Casa 12. Nas aflições de Saturno ao Sol, à Lua e ao Ascendente. É comum encontrar pessoas com o Nódulo Sul em Capricórnio que têm problemas físicos e psíquicos como os descritos neste quadro.

Piperita. Indivíduo física e mentalmente lento; fala e move-se devagar e também reage muito vagarosamente às excitações externas. Não se trata de resignação e apatia, mas de um estado natural de lentidão, onde não há interesse frente às situações. A pessoa chega atrasada aos compromissos, demora para terminar suas atividades e acaba sofrendo isolamento dos outros, que geralmente perdem a paciência com ela. A essência dá ao indivíduo vivacidade para viver o presente e a rotina do dia-a-dia.

Falta de Ar-Fogo. Útil para alguns indivíduos com o Sol, a Lua ou o Ascendente no signo de Touro.

Plantago. Para o medo das fantasias, dos sonhos, do entusiasmo, das surpresas, do inesperado, do perigo, dos riscos, de cantar aberta e livremente a vida, de ser alegre, de ter desejos, de amar e ser amado. Para as pessoas perceptivas, que captam dos níveis sutis as inseguranças e tensões ocultas nos mínimos atos da vida, nos relacionamentos familiares e grupais e que ficam quase sempre assustadas, embora não demonstrem na aparência e nem nos diálogos seu verdadeiro estado interno. Para o temor vago, mas profundamente real, da vida na sua totalidade, enquanto medo de perder o equilíbrio cósmico, de cair na ilusão e no caos material, de romper as ligações angelicais e trocá-las por efêmeros vínculos terrenos. Para aqueles que estranham seus almins, ou seja, conjunto de almas afins, e o ambiente encarnatório. A personalidade típica é espiritualmente estéril, árida, fria, prosaica, destituída de calor humano, sem sonhos e fantasias. Vive acorrentada num mundo tecnicista, vazio, duro, sem compaixão, de preceitos morais e éticos ditados por regras de pura competitividade. Intelectualização excessiva.

Os dois signos que mais temem a entrada no mundo e a conseqüente perda de seu "estado de graça" são Aquário e Peixes. Isso ocorre devido à poderosa ação transpessoal de seus planetas regentes, que são respectivamente Urano e Netuno. Pelo quadro de atuação deste floral, de natureza mental, muito mais que emocional, fica claro que aquarianos e uranianos têm muito a ganhar com o uso. Quando o indivíduo já se encontra totalmente imerso no mundo e Saturno assume a regência de Aquário é que este floral, mais do que nunca, pode ser útil.

Psidium. Indivíduos psiquicamente impulsivos e violentos, que têm medo de perder o controle sobre a razão e os sentimentos. Para aqueles que só imaginam saídas violentas e se reconhecem como de "pavio curto". Para os estados obsessivos, a histeria e as explosões incontroláveis de ira. Para o medo da loucura e do suicídio. Coadjuvante nos distúrbios noturnos, como pesadelos, enurese, agitação, sonambulismo, bruxismo, etc.

Útil para plutonianos e alguns indivíduos do signo de Escorpião. Plutão retrógrado, no Nódulo Sul, no Ascendente, no MC, em trânsito ou em aspectos difíceis com outros planetas, principalmente Marte.

Rosa canina. Indivíduos conformados com a própria condição adversa e que se sentem incapazes de dar um novo passo na tentativa de alterá-la. Insensibilidade emocional, monotonia na expressão facial. Rigidez nas expectativas, sempre pessimistas, e fadiga constante. Trata-se de personalidades passivas, frustradas, desconfiadas, retraídas, infelizes, sem iniciativa, fatalistas, desvitalizadas e capituladoras frente à vida. Os reveses, os traumas e as decepções compelem tais pessoas a "endurecerem" o coração, que se torna cheio de "pedras", "frio" e destituído do tão necessário "fogo da ação". "Anemia psíquica e espiritual." Distanciamento das funções corpóreas.

Esta essência parece ser útil para o indivíduo do signo de Touro que, depois de ferido ou decepcionado com a vida, torna-se apático, resignado e rotineiro (o boi é um touro castrado). Útil ainda quando o Sol, Marte ou Vênus estão enfraquecidos no Mapa Natal ou quando se encontram sob fortes trânsitos.

Rosmarinus. Para os desatentos, sonhadores, distraídos e "lunáticos". Traz o indivíduo para a realidade do "aqui e agora". Indiferença, sonolência, dissociação mental, ausência, desmaio ou síncope, insensibilidade às estimulações externas, como ocorre nas crises de ausência e no autismo. Memória fraca e grande dificuldade para lembrar detalhes. Rosmarinus é uma personalidade aérea, avoada, "hidrogenada", leve, suave, fluida, fugidia. Desprovido de senso prático. A alma parece não encarnar integralmente na Terra.

Falta do elemento Terra. Útil para alguns indivíduos com muitos planetas no signo de Peixes ou com Netuno destacado no Mapa Natal, como, por exemplo, no Ascendente ou no MC.

Ruta. Personalidades subservientes, tímidas, cuja fraqueza de vontade faz com que sejam facilmente dominadas pelos outros. Não sabem dizer "não", são facilmente influenciadas e reagem de forma exagerada aos desejos e às necessidades alheias. Para pessoas submetidas a qualquer tipo de servilismo ou exploração. Para aqueles que se esgotam na ânsia de agradar e atender bem aos outros. Embora psiquicamente ativos, sofrem de uma tremenda escassez de individualidade, abrindo mão das aspirações pessoais para cuidar das necessidades alheias, tendendo assim à auto-renúncia e, por agravamento, ao automartírio. Para a fraqueza temporária e nos esgotamentos físico-psíquicos. Para os que têm carência de autodeterminação e auto-realização.

Virgem no Ascendente apresenta tão boa vontade de servir aos outros que pode cair num servilismo cego. Libra é explorado porque quer agradar aos outros e não sabe dizer "não". Peixes, impessoal, vive mais a vida dos outros que a sua própria. Algumas pessoas com planetas na Casa 12 sofrem com todos os tipos de "autos" negativos: auto-renúncia, autopunição, auto-anulação, etc.

Salvia. Pessoas com dificuldades para "digerir" as experiências da vida; que repetem com freqüência os mesmos erros e, às vezes, se colocam em situações difíceis, por não perceberem os sinais à sua volta. Superficialidade materialista perante a vida. Perdidos no presente. São indivíduos apressados, impacientes e desatentos, que não estão interessados em deter-se em minúcias, pois querem apenas cumprir suas obrigações até o final do dia.

Compulsão à ação mecânica, impensada e massificada. Dificuldades de aprendizado.

Útil para alguns indivíduos do signo de Áries, que, na sua pressa compulsiva e impensada, vivem cometendo sempre os mesmos erros. Marte retrógrado. Mercúrio aflito por Marte tem sérias dificuldades de aprendizado por pura impaciência e compulsividade à ação mecânica.

Sambucus. Para aqueles que temem a falta e o controle do próprio corpo físico, principalmente nas situações em que a concentração, a coordenação e o controle são requeridos (tiques nervosos, disritmias, tremores dos alcoólatras e dos idosos, gagueira, etc.). Movimentos involuntários de origem nervosa. Agressividade verbal e física. Comportamento desordenado e fortemente agressivo. Bruxismo, pesadelos, enurese.

Útil quando Marte, Urano e/ou Plutão formam aspectos difíceis com o Ascendente, com a Lua e, principalmente, com Mercúrio. Floral útil para uma grande quantidade de dislexias causadas pelos aspectos difíceis de Netuno com os planetas pessoais.

Sempervivum. Para aqueles acometidos de esgotamento físico e psíquico. Estados depressivos de fraqueza e prostração que aparecem após longos períodos de adversidade física ou psicológica em que grandes exigências feitas à pessoa exauriram sua vitalidade. Para o estresse, a debilidade crônica e os estados de convalescença. Tônico físico, psíquico e espiritual.

Para a falta de vitalidade do saturnino clássico. Útil nos trânsitos de Saturno, principalmente quando fica em conjunção com outros planetas. Para o estresse psíquico causado pelos trânsitos difíceis de Urano e/ou Plutão.

Silene. Personalidades que estão sempre falseando em suas atitudes perante os outros. Têm dificuldades em contrapor suas idéias às dos outros e, assim, num diálogo, estão sempre concordando com o interlocutor. Não chegam a ser subservientes, mas não são francos. Não são dominadas, porém assumem diferentes posturas perante diferentes pessoas. Camaleão. Propensão às mentiras. Falsidades. Imitam os outros por falta de um sentido de individualidade. Ingenuidade. Fragilidade psíquica.

Útil nas ligações desarmônicas de Mercúrio ou Vênus com planetas como Netuno por exemplo. Alguns geminianos, librianos e piscianos de Ascendente fariam bem em fortalecer suas estruturas psíquicas com este floral.

Sinapsis. Indivíduo acometido de tristeza, desesperança ou melancolia, sem que haja uma causa definida para esses estados. Para a depressão endógena, acompanhada de desinteresse pelas circunstâncias. Introversão, isolamento, redução na percepção sensorial, letargia, ou até paralisia geral. A essência ajuda a pessoa a perceber sua onipotência interna, permitindo aflorarem a vontade, a iniciativa, a ação serena, a fé e a alegria.

Floral útil nos trânsitos depressivo de Saturno, principalmente quando fica em conjunção com o Sol, a Lua ou o Ascendente.

Sonchus. Indivíduo pessimista, que desanima com muita facilidade frente ao menor obstáculo. Tende a sofrer de depressão quando aparecem os fracassos. Melancolia. Falta de fé. Materialista, conservador, teimoso, moralista, cabisbaixo, metódico, excessivamente sombrio e inseguro, busca apoio em normas rígidas de conduta moral.

Útil para todos aqueles que se polarizam, de uma ou de outra forma, com o lado negativo de Saturno e que perderam, inclusive, algumas de suas maiores virtudes, que são a determinação e a perseverança.

Tabebuia. Para aqueles que se sentem solitários em nível energético, e que necessitam concentrar e potencializar seus recursos internos na obtenção da autocura. Necessidade de concentração. Esta essência vitaliza e aguça o autodiscernimento, sendo recomendável nas situações de impasse psicológico, para tomar decisões e escolher caminhos em plena solidão, sem contar com apoio externo.

Floral útil quando se tem muitos planetas retrógrados ou na Casa 12.

Tagetes. Para as situações excepcionais de choques emocionais, traumas, surpresas e sustos; notícias graves; fatos duros e irreversíveis. Cicatrização de feridas causadas por eventos traumáticos. Rejeição da realidade. Mágoas. Tristezas. Paralisias. Debilidades. Pesadelos. Experiências fora do corpo. A negação da realidade pode determinar prisão de ventre.

Trânsitos traumáticos à Lua ou mesmo ao Sol (caso esteja num signo mais sensível, como os do elemento Água). Pode ser útil nas desarmonias entre o Sol e a Lua.

Taraxacum. Indivíduo idealista, criativo e cheio de fervor e que, entretanto, não consegue exprimir o que se passa com ele, por falta de ímpeto ou vontade fraca. Há uma dissociação entre o pensamento, o sentimento e as atitudes. Digere mal as experiências do dia-a-dia, não analisando detalhadamente os fatos, mas apenas seus contornos. Não tem uma visão nítida da vida. Maus hábitos alimentares; mastiga pouco a comida. Dificuldade de expressão oral, de encadeamento de raciocínios longos. Vocabulário grosseiro. Fanatismos.

Mercúrio ou Júpiter retrógrados ou aflitos por outros planetas. Útil para planetas mal aspectados no signo de Sagitário, que costumam apresentar inúmeras facetas deste quadro.

Thumbergia. Para pessoas marcadamente autoritárias e inflexíveis; dotadas de enorme força de vontade; que tendem a menosprezar a opinião alheia, a exigir obediência incondicional e a adotar métodos cruéis para atingir seus objetivos pessoais. Mão de ferro. Sentimento de superioridade. Crianças agressivas e tirânicas com os pais. A personalidade padrão é cruel, dominadora, sem escrúpulos, onipotente, arrogante, ditatorial, impiedosa, maquiavélica e ambiciosa por poderes. Em alguns casos pode haver sadismo e masoquismo. Preocupam-se com os outros na justa medida em que estes se devotam a eles e os seguem em silêncio e sem contestações. Ambição.

Marte, Saturno, Urano e Plutão em aspectos tensos entre si e, por outro lado, formando aspectos difíceis com outros planetas. Pode ser de grande ajuda para quem tenha uma forte ênfase planetária em signos da Terra e do Fogo, com ausência do elemento Água.

Trimera. Ansiedade e aflição pelo bem estar dos outros, sempre imaginando que as pessoas queridas estão sendo atingidas por catástrofes, doenças graves e por toda sorte de infortúnios. Congestão mental devido à apreensão excessiva com os outros e sempre que há uma relação simbiótica entre pessoas com laços afetivos doentios. Exagera nas recomendações de cuidado e, quando alguém se atrasa, não relaxa e tem a mente invadida por pensamentos negativos.

Útil nas preocupações paranóicas das mães de natureza escorpiana. Plutão em conjunção com alguns planetas pode apresentar traços deste quadro, principalmente quando envolvido com planetas como a Lua, Vênus ou mesmo o Sol.

Tropaeolum. Indivíduo acometido por um certo grau de vaidade, orgulho, arrogância, excessiva auto-estima, muita frieza emocional e que não admite ser repreendido. Natureza silenciosa, honesta, simples e com dotes artísticos, que optou por uma vida espontânea e independente, mas que pode, eventualmente, desequilibrar-se por causa do conceito de inferioridade que atribui aos outros. Reserva, solidão, independência, criatividade. Pessoa que se basta a si mesma.

Para os desequilíbrios do eixo Leão-Aquário.

Verbenácea. Para pessoas tensas, superansiosas, exasperadas, desejosas de justiça e, quase sempre, muito entusiasmadas com as próprias idéias e opiniões. Para aqueles que são propensos aos fanatismos de toda espécie, que assumem muitas atividades ao mesmo tempo e, quando iniciam as tarefas, sentem necessidade de terminá-las, custe o que custar. Para indivíduos "inflamados", propensos a discussões e lutas por causas justas. Floral antiinflamatório.

Útil para algumas atitudes negativas de planetas mal aspectados nos signos de Leão ou Sagitário. Forte tônica no elemento Fogo. Júpiter desarmônico com Marte no ASC ou no MC.

Vernônia. Personalidade inconformada com sua posição na sociedade, em grupos ou na família. Não aceita a hierarquia profissional. Conflitos de autoridade e de insubordinação, não compreendendo as diferenças de nível e as hierarquias na sociedade humana; freqüentemente revoltado com a aparente desordem de posições. Útil para crianças desobedientes e adolescentes rebeldes.

Urano retrógrado, no ASC, no MC ou mal aspectado com outros planetas. Urano em quadratura com o Sol ou com Marte. Útil para indivíduos com forte ênfase no elemento Fogo.

Vervano. Personalidade com um senso exacerbado de justiça, propensa a castigar, surrar, bater ou agredir psíquica ou fisicamente. Indivíduo de índole biliosa que, ao detectar algo injusto à sua volta, fica inundado de ira e rancor, tendendo a censurar e a corrigir de forma muito enérgica, exigindo demais das outras pessoas. Com espírito de liderança, voluntarioso, altivo, justiceiro, sincero, fanático, perfeccionista, com enorme força de vontade, mas quase sempre tenso e ansioso. Hiperquinético. Histeria. Esta essência age como um antiinflamatório emergencial.

Plutão retrógrado no ASC, no MC ou em aspecto com Sol e/ou com Júpiter. Planetas como o Sol, Marte ou Plutão mal aspectados em signos do Fogo. Áries no ASC costuma ficar irado e raivoso quando contrariado em sua vontade, tendendo a querer punir e castigar os outros.

Viola. Indivíduo que sente falta de confiança nos seus relacionamentos de grupo e que se sente oprimido quando na presença de personalidades diversas. Pressente uma ameaça toda vez que um agrupamento humano o cerca e então se retrai. Tímido, delicado, humilde, silencioso, recatado, sério, moralista e calmo, porém ansioso por um compartilhamento livre e confiante. De natureza perceptiva capta toda sorte de vibrações à sua volta, muitas delas grosseiras o suficiente para assustá-lo. Conflito entre um forte impulso interno de empatia e solidariedade e uma tenaz resistência externa a abrir-se aos relacionamentos. Pessoa devocional, criativa, que quer agir no mundo, mas sente dificuldades para revelar-se.

Maravilhoso floral para a delicada sensibilidade de indivíduos com planetas em signos da Água, principalmente Câncer e Peixes. Para o Netuniano clássico, que se ressente das energias grosseiras de seu meio ambiente. Mulheres com Netuno em conjunção com a Lua ou com Vênus fariam bem em incluir este floral em suas fórmulas.

Zante. Para pessoas acometidas de desgosto com relação à sua identidade sexual. Para aqueles psiquicamente femininos em corpos físicos masculinos, e vice-versa. A essência é útil na puberdade e na infância, quando alguma ambivalência nas polaridades sexuais se faz notar. Para os conflitos emocionais relativos à identidade sexual, masculina ou feminina; na rejeição ou aversão sexual.

Para planetas ou signos no Ascendente e que são de polaridade oposta ao sexo do indivíduo. Útil para harmonizar desequilíbrios de polaridades planetárias do tipo Sol/Lua ou Marte/Vênus.

Zinnia. Pessoa mal-humorada, ingrata, ressentida, amargurada e negativista, que culpa a todos pela sua própria adversidade; tem índole agressiva, queixosa, provocadora, irritável e sente-se vítima do destino; não suporta as afrontas, as repreensões e os obstáculos, magoando-se facilmente com coisas mínimas. Personalidade séria, triste e às vezes tétrica, que tende a se identificar com o lado negro da vida, com a escuridão, com a noite, com as cores cinzentas ou enegrecidas, que costuma invejar a sorte alheia, que resmunga consigo mesma e inunda a atmosfera com suas projeções repletas de desapontamentos. Indivíduos com os lábios caídos nos cantos da boca e a face prematuramente envelhecida.

Ligações Plutão-Saturno em desarmonia com outros planetas, em especial a Lua, que pode tornar-se amarga, ressentida e vítima do destino. Mulheres com a Lua ou Vênus mal aspectados nos signos de Escorpião e Capricórnio, quando rejeitadas afetivamente, tendem a apresentar a maior parte deste quadro de sintomas.

POSOLOGIA:

A posologia-padrão é de 4 gotas sublinguais, 4 vezes ao dia. A freqüência pode ser alterada, conforme a conveniência de cada caso.

Não há um número fixo ou limite de essências a serem prescritas, simultaneamente, no mesmo frasco. Se quisermos trabalhar, inicialmente, conferindo a atuação de cada um dos florais, o bom senso nos diz que, quanto menos essências utilizarmos juntas, maior será o nosso poder de observação e aprendizado. Transposta esta primeira etapa, o número de prescrições fica a critério de cada terapeuta.

> *"Lembremos que a enfermidade é um inimigo comum, e que cada um de nós que domine um fragmento dela está, por isso mesmo, ajudando não só a si próprio, mas a toda a humanidade."*
>
> — Bach, *Cura-te a ti mesmo*.

Os Florais Compostos

Feminalis *(Rosa canina, Cássia, Lavândula, Aristolóquia, Millefolium, Ficus, Lilium, Matricária, Madressilva).* Para as transições biológicas e psíquicas da mulher, especialmente no climatério e durante a menstruação; ajuda na superação dos sintomas da tensão pré-menstrual, na irritabilidade, nervosismo, hipersensibildade, depressão, dores de cabeça, dores no corpo, falta de apetite, cólicas menstruais e nos sentimentos de angústia e de abandono que eventualmente apareçam. Auxilia nos distúrbios da menopausa, principalmente nos "fogachos" e nas depressões.

Útil para todo e qualquer assunto em que a Lua esteja envolvida em aspectos aflitivos, seja no Mapa Natal, seja nas Progressões ou nos Retornos; mas, principalmente, devem ser observados os trânsitos planetários que a estejam afetando no Mapa Natal.

Fórmula ecológica *(Lantana, Camelli, Millefolium, Artemísia, Silene, Impatiens, Vernônia).* Na solução de 4 gotas da solução-estoque em 100 ml de água, deve ser aspergido em ambientes para harmonizar agrupamentos de pessoas. Para o equilíbrio entre as manifestações coletivas e individuais, onde o padrão vibratório grupal precisa ser elevado. Ajuda a captar em maior profundidade a psique do outro. Entendimento.

Útil para indivíduos com muitos planetas no hemisfério superior do Mapa Natal. Sol na Casa 11.

Levitate *(Ambrosia, Artemísia, Calêndula silvestre, Chicorium, Fuchsia, Malus, Jasminum, Ruta, Cauliflora).* Para o descontrole alimentar provocado pela ansiedade, pensamentos obsessivos, medos, carências afetivas, bloqueios na criatividade, possessividade material, falsa auto-identificação e fraca força de vontade; ajuda na mudança de postura mental da personalidade frente a si, aos outros e com relação aos alimentos.

Útil nas desarmonias entre o Sol e a Lua. Fortalece o poder de consciência e a força de vontade que são as principais funções solares.

Calmim *(Momordica, Mimosa, Lavândula, Fuchsia, Psidium, Impatiens, Ficus, Basilicum, Vervano)*. Para estados de tensão, ansiedade, nervosismo, irritabilidade, ruminação de preocupações, impulsividade, impaciência, confusão mental e agressividade. Mentes obsessivas, medrosas em relação ao cotidiano, com falta de autoconfiança, descontroladas, impetuosas, instáveis, punitivas, confusas e torturadas por pensamentos ocultos. Distúrbios psicossomáticos como insônia, dores de cabeça, indigestão, gastrites e prisão de ventre.

Fórmula floral útil nos trânsitos aflitivos de planetas como Marte, Saturno, Urano ou Plutão.

Sempiternu *(Anil, Artemísia, Borragine, Phyllanthus, Foeniculum, Rosmarinus, Sambucus, Basilicum, Madressilva)*. Auxilia nos distúrbios em geral, principalmente nas perdas das faculdades intelectivas e sensoriais; tônico mental e físico; nos tremores, dificuldades de concentração, problemas circulatórios, impotência sexual, confusão mental, insônia, irritabilidade, nervosismo, abafamento no peito, enrijecimento e dores no corpo, tristeza e saudosismo, estados de esgotamento ou apatia que se seguem aos períodos de muita adversidade física ou psíquica; para idosos que se sentem abandonados.

Composto floral útil para recuperar um Ascendente e um Mercúrio que foram afetados simultaneamente por trânsito planetário desgastante.

Fórmula da opulência *(Cauliflora, Ambrosia, Millefolium, Aristolóquia, Basilicum, Margarites, Vernônia, Jasminum)*. Dificuldades em lidar com os valores monetários; para os gananciosos; os avarentos; os perdulários; para aqueles que enxergam o dinheiro como algo sujo e pecaminoso; ajuda na percepção da riqueza infinita do universo e facilita o entendimento de que podemos lidar sabiamente com a abundância. Para os que temem uma possível escassez de recursos e precisam desenvolver a fé na Providência Divina.

Particularmente útil quando houver uma forte ênfase no elemento Terra, que se manifesta tanto no pólo da ganância e avareza quanto no pólo oposto do desprezo pelo dinheiro e pela riqueza quando o indivíduo resolve espiritualizar-se.

Buquê da transformação *(Ageratum, Artemísia, Ígnea, Jasminum, Millefolium, Origanum, Phyllanthus, Salvia, Silene)*. Para aqueles que estão aprisionados em padrões de comportamento e que tentam de variadas maneiras uma transformação profunda sem, todavia, lograrem resultados positivos; ajuda na restauração profunda da psique, potencializando novas posturas internas, externas e comportamentais; quando há estagnação nos tratamentos florais e psicológicos; ajuda no rejuvenescimento espiritual, mental e emocional.

Útil nos trânsitos dos planetas transpessoais, para ajudar nas mudanças e transformações pelas quais o indivíduo inevitavelmente terá de passar.

Supplerium *(Sonchus, Sinapsis, Tagetes, Ficus, Borragine, Momordica, Pinus, Jasminum, Heliotropium).* Para pessoas deprimidas, negativistas, pessimistas, tristes, melancólicas, com sentimento de culpa e queixosas que precisam despertar a alegria interior. Para a depressão causada por infortúnios e contrariedades; depressão endógena, sem causa identificável; ruminação de pensamentos negativos; para o rejuvenescimento psíquico; desfaz as auto-identificações falsas.

Para as aflições de Saturno a outros planetas, seja no Mapa Natal, seja nos seus trânsitos. Pode ser útil para indivíduos com muitos planetas em signos da Terra, principalmente em Capricórnio.

Buquê de 5 flores *(Bipinatus, Rosmarinus, Tagetes, Psidium e Impatiens).* Remédio emergencial que serve como um primeiro socorro psíquico, enquanto se procura uma orientação especializada. Comprometimentos do corpo; desmaios, desfalecimentos, choques emocionais, sustos, pesadelos, desespero, descontroles, paralisias temporárias, tensões nervosas, histeria, etc.

Tenha sempre este floral por perto quando os aspectos planetários indicarem riscos de acidentes ou de momentos difíceis, principalmente nos trânsitos ao Mapa Natal ou em previsões mais específicas, como, por exemplo, o Retorno Lunar.

Buquê de 9 flores *(Bipinatus, Rosmarinus, Tagetes, Sambucus, Impatiens, Aleluia, Origanum, Artemísia, Arnica campestre).* Fórmula emergencial de primeiro socorro psíquico-físico, enquanto se procura a orientação especializada. Para a perda dos sentidos, choques, descontroles, colapsos, histeria, pânico, desesperança, bem como ferimentos, cortes, torções, pancadas, fraturas, hemorragias, intoxicações, envenenamento, dores ou ainda depois de intervenções cirúrgicas, tratamentos dentários, nos partos e nas convalescenças.

O mesmo que o anterior, com a ressalva de que é preferível optar por este floral caso Marte e/ou Plutão estejam envolvidos na problemática.

Fórmula de exame *(Rosmarinus, Basilicum, Lavândula, Momordica, Sonchus, Foeniculum, Tabebuia).* Para aqueles que estão na expectativa de um exame, um teste, uma prova, uma situação qualquer que exija maior coragem, confiança, segurança, autocontrole, concentração e tranquilidade. Situações de impasse e "provações" na vida, em que um problema difícil precisa ser resolvido, uma decisão precisa ser tomada.

Útil nos testes e provações que planetas como Saturno, Urano, Netuno e Plutão costumam trazer nos seus trânsitos aos planetas de ordem pessoal.

Limpidus *(Pastoris, Linum, Mirabilis, Matricária, Malus, Millefolium, Aristolóquia, Foeniculum, Salvia).* Indicado para fortalecer o mecanismo de defesa do organismo, ou seja, para tonificar o sistema imunológico em geral. Para os quadros alérgicos em geral, tanto os dermatológicos quanto os respiratórios. Preventivo dos surtos de herpes e dermatoses de caráter alérgico. Para aqueles cujas defesas estão exauridas em decorrência de uma atitude mental crítica, intolerante, desconfiada e separatista. Útil no tratamento e controle da psoríase.

Vale apenas observar os contatos de Saturno (alergias) e/ou Plutão (sistema imunológico) principalmente com o ASC, a Lua, Mercúrio e Vênus. Virgem e Capricórnio costumam apresentar indivíduos extremamente críticos, intolerantes e separativos.

Guttagnello *(Psidium, Passiflora, Plantago, Malus, Bipinatus, Salvia, Eucalyptus).* Para crianças inseguras, tensas e temerosas, principalmente quando tais estados implicam distúrbios respiratórios, sono agitado, terror noturno, pesadelos, enurese noturna, bruxismo, nervosismo, dificuldades de convivência e automutilação. Bronquites alérgicas ou asmáticas, faringites, laringites, amigdalites, gripes em geral, tosse, rouquidão, dificuldades de expectoração e alergias respiratórias.

Crianças de qualquer signo podem beneficiar-se a qualquer hora deste floral, mas é altamente recomendado àquelas cuja Lua, Mercúrio ou ASC se encontra aflito, principalmente por Saturno e/ou Plutão.

Fórmula de aprendizado *(Salvia, Margarites, Lavândula, Rosmarinus, Taraxacum, Piperita, Tabebuia, Lantana, Sonchus).* Dificuldades de compreensão, memorização, concentração, síntese, globalização, amadurecimento, integração e convivência mútua. Para crianças desatentas e para adultos que desejam extrair o máximo de lições das suas experiências para não cometerem os mesmos erros no futuro.

Mercúrio e/ou Júpiter mal aspectados no Mapa Natal, em exílio ou retrógrados. Saturno na Casa 3 em conjunção ou desarmônico com Mercúrio.

Tonarion *(Fortificata, Rosa canina, Tabebuia, Foeniculum, Aristolóquia, Ruta, Tagetes, Rosmarinus, Sempervivum).* Cansaço, esgotamento mental e físico, prostração, hipoglicemias, desinteresse pelas circunstâncias e falta de apetite, principalmente quando tais sintomas são decorrentes de: trauma psicológico no passado, carências afetivas prolongadas, posições comportamentais de muita submissão e sobrecargas profissionais ou familiares; quando a rejeição pelo alimento surge como chantagem emocional ou tentativa de chamar a atenção.

Este floral pode ser de grande utilidade em trânsitos prolongados e estressantes que deixam entre outros planetas a Lua e/ou Ascendente por demais desgastados.

> *"O dever da arte de curar consistirá em ajudar-nos a obter o conhecimento necessário e os meios pelos quais superar nossos males e, além disso, em ministrar os remédios que fortalecem nossos corpos físicos e mentais e nos dêem maiores oportunidades de vitória."*
>
> — Bach, *Cura-te a ti mesmo.*

OS FITOFLORAIS

Ao invés de usar o conhaque puro como conservante inerte para as essências florais, Breno e Ednamara optaram por agregar um complexo de tinturas vegetais, consagradas há séculos como poderosíssimos remédios da medicina popular.

Com isso, amplia-se o leque de atuação das essências florais, que passam a agir também, com igual força, não somente nos níveis espirituais e psíquicos, mas nos planos energéticos, etéricos e físicos. São eles:

SISTEMA URINÁRIO:

Efluvium. Fórmula fitofloral que harmoniza e revigora as contrapartes energéticas do sistema urinário. Produz a limpeza das mucosidades e arenosidades dos rins, regularizando a formação da urina e protegendo contra o aparecimento de cálculos. Útil nas afecções gerais dos rins e da bexiga, principalmente nos processos infecciosos crônicos. Intensifica a eliminação do excesso de líquidos do corpo.

Útil para fortalecer as funções orgânicas de Vênus e da Lua. O primeiro rege os rins e a bexiga, enquanto o segundo rege o equilíbrio dos líquidos do corpo.

SISTEMA CIRCULATÓRIO

Movius. Complexo fitofloral balanceado para harmonizar e proteger as vias de circulação energética e física do organismo. Dinamiza o sistema circulatório em sua totalidade, evitando a formação de varizes e hemorróidas, favorecendo as propriedades fluídicas do sangue. Ajuda na perfeita alimentação e oxigenação dos tecidos. Útil nos distúrbios circulatórios, na labirintite e no enfraquecimento da memória.

Útil para fortalecer as funções do Sol e de Marte que regem a circulação energética e sangüínea do organismo. Júpiter rege as propriedades nutritivas e protetoras do sangue.

SISTEMA IMUNOLÓGICO

Imunis. Combinação floral com propriedades antioxidantes e imunoprotetoras, ativante do sistema imunológico do organismo. Ajuda na proteção energética, psíquica, espiritual e física do indivíduo, agindo como um preventivo para as diversas manifestações viróticas e bacteriais, favorecendo a eliminação de toxinas.

Útil para fortalecer as funções orgânicas de planetas como Netuno e Plutão, responsáveis pelo bom andamento do sistema imunológico.

SISTEMA GASTRINTESTINAL

Metabilis. Complexo fitofloral indicado para facilitar a absorção e libertação das experiências cotidianas, as quais, quando mal elaboradas, trazem como conseqüência somática os vários distúrbios gastrintestinais (prisão de ventre, colites, flatulências, azia, gastrite, indigestão, mau hálito, etc.). Aumenta a ação peristáltica dos intestinos, protegendo ainda a flora local e regularizando o processo de eliminação das fezes. Ativa o fígado, a vesícula e estômago, proporcionando uma digestão natural e agradável dos alimentos. Facilita a eliminação de gorduras tóxicas.

Útil para fortalecer e regularizar as funções orgânicas dos signos de Câncer e Virgem.

SISTEMA GLANDULAR

Hormina. Para a integração completa dos chacras e dos sistemas energético e glandular feminino, ajudando nas funções metabólicas e na produção hormonal. Contribui para a harmonização das glândulas femininas, sendo um preventivo contra os distúrbios menstruais (nervosismo, cólicas, corrimentos, etc.) e da menopausa (fogachos, irritabilidade, etc.).

Útil para regularizar as funções orgânicas de Vênus, que rege a produção hormonal feminina, e da Lua, que rege as glândulas, os ovários e a regularidade menstrual.

SISTEMA NERVOSO

Serenium. Para a harmonização do sistema nervoso, auxiliando na estabilidade emocional, no relaxamento muscular e no equilíbrio neuropsíquico. Útil para controlar a agitação, o nervosismo, a tensão, a ansiedade, a irritabilidade, a insônia, a histeria, as perturbações gástricas, as crises nervosas e as dores em geral.

Útil quando o ASC, a Lua ou Mercúrio estiverem fortemente aflitos no Mapa Natal ou por trânsitos.

Sistema Respiratório

Ventilan. Fórmula indicada para equilibrar as funções e ritmos do sistema respiratório, prevenindo contra afecções catarrais, bronquites, tosses, faringites, resfriados, rinites e outros processos de natureza alérgica. Ajuda na desintoxicação pulmonar, na expectoração, no descongestionamento e na tonificação do aparelho respiratório.

Útil quando Mercúrio ou Júpiter estiverem enfraquecidos por signos, casas ou aspectos no Mapa Natal.

Sistema Estrutural

Sustentav. Para a manutenção da saúde e equilíbrio do sistema estrutural e ósseo, fortalecendo os dentes e músculos; ajuda na recuperação de fraturas, nos desgastes das articulações, nas perdas minerais, na prevenção da osteoporose e na boa elasticidade e resistência muscular.

Para o fortalecimento das funções estruturais de Saturno. Útil na fragilidade óssea causada pelos esquemas de Netuno.

Sistema Dermatológico

Exsultat Liquor. Para a proteção e tonificação das unhas, cabelos e pele. Apoio nutricional aos tratamentos de queda de cabelo, unhas, acnes e no fortalecimento de tendões e ligamentos. Ajuda no tratamento das dermatoses em geral, manchas de pele e vitiligo. Deve ser tomado e também aplicado topicamente.

Exsultat Gellu. Gel preparado com essências de flores e extratos vegetais. Útil em muitas aplicações dermatológicas: ferimentos, cortes, rachaduras, furúnculos, pruridos, coceiras, micoses, herpes, sarcomas, câncer de pele, psoríase, dermatoses, hemorróidas, manchas da pele, cicatrizações em geral, etc.

Estes fitoflorais podem ser úteis quando o ASC, a Lua ou Vênus se encontram aflitos por Saturno ou Plutão. Planetas em Capricórnio ou este signo no Ascendente costumam apresentar, com a idade, manchas no rosto.

Sistema Energético

Victris-H. Para trazer vitalidade, energia, disposição e vigor, sendo útil nos estados de fraqueza, cansaço mental e físico, prostração, falta de apetite e impotência sexual. Traz energia e força de vontade e impelindo à ação, favorecendo os impulsos masculinos.

Victris-M. Para vitalidade, energia e vigor, nos estados de fraqueza, cansaço mental e físico, prostração, falta de apetite e frigidez sexual. Traz energia e força de vontade, favorecendo os impulsos femininos.

Ambos os florais são úteis para a falta de energia vital do saturnino clássico. Para os trânsitos de Saturno aos planetas pessoais, em especial as conjunções, que costumam ser altamente desvitalizantes e depressivas em quase todos os sentidos.

SISTEMA DE REGULAÇÃO ALIMENTAR

Magnificat Liquor. Para o controle da hipoglicemia, excesso de apetite, dificuldades de perda de peso e de eliminação de líquidos, principalmente quando esses sintomas estão associados a problemas de ordem psíquica e comportamental (ansiedade, angústia, nervosismo, trauma, culpas, carência afetiva, fragilidade psíquica, etc.). Para a obesidade ou retenção de líquidos (inchaços), principalmente quando associadas à diabetes (hiperglicemia).

Magnificat Pollen. Indicado no tratamento da diabetes (hiperglicemia), nos regimes de emagrecimento, na eliminação de colesterol e gorduras do organismo. O uso contínuo desta fórmula traz sensível melhora na capacidade de autocontrole alimentar.

Estes dois produtos são úteis nos casos de abusos alimentares das pessoas regidas pela Lua ou por Júpiter. Signos de Água no Ascendente ou na Casa 6 costumam apresentar este quadro de sintomas (o uso preventivo destes fitoflorais lhes faria muito bem).

POSOLOGIA GERAL DOS FITOFLORAIS:
Adulto: 4 a 20 gotas em um pouco de água, 4 vezes ao dia.
Crianças: doses menores, conforme a idade.

CORRESPONDÊNCIAS DIDÁTICAS ENTRE OS FLORAIS DE BACH E OS FLORAIS DE MINAS

Agrimony.........	Fuchsia	Mustard.........	Sinapsis
Aspen.........	Passiflora	Oak.........	Agave
Beech.........	Mirabilis	Olive.........	Sempervivum
Centaury.........	Ruta	Pine.........	Pinus
Cerato.........	Emília	Red Chestnut.........	Trimera
Cherry Plum.........	Psidium	Rescue.........	Buquê de 5 flores
Chestnut Bud.........	Salvia	Rock Rose.........	Bipinatus
Chicory.........	Chicorium	Rock Water.........	Phyllanthus
Clematis.........	Rosmarinum	Scleranthus.........	Ficus
Crab Apple.........	Malus	Star of Bethlehem.........	Tagetes
Elm.........	Basilicum	Sweet Chestnut.........	Heliotropium
Gentian.........	Sonchus	Vervain.........	Vervano
Gorse.........	Aleluia	Vine.........	Thumbergia
Heather.........	Helianthus	Walnut.........	Millefolium
Holly.........	Camelli	Water Violet.........	Tropaeolum
Honeysuckle.........	Madressilva	White Chestnut.........	Momordica
Hornbeam.........	Foeniculum	Wild Oat.........	Origanum
Impatiens.........	Impatiens	Wild Rose.........	Rosa canina
Larch.........	Lavândula	Willow.........	Zinnia
Mimulus.........	Mimosa		

NOTAS:

(1) Estas correspondências foram estabelecidas por Breno e Ednamara e têm um caráter puramente didático, não querendo sugerir substituições recíprocas em fórmulas de prescrição floral.

(2) Como o Sistema Floral de Minas é composto por 84 unidades, as outras essências, não constantes na tabela acima, encontram uma correspondência mais tênue ou menos direta com os florais de Bach.

O Médico do Futuro

Texto extraído do livro *Os Remédios Florais do Dr. Bach*, Ed. Pensamento

"...A verdadeira paz da Alma e da mente está conosco quando progredimos espiritualmente, e isso não pode ser obtido somente com o acúmulo de riquezas, por maiores que elas sejam. Mas os tempos estão mudando, e há muitos indícios de que essa civilização tem começado a passar da idade do puro materialismo à da vontade de se alcançar as realidades e verdades do universo. O interesse geral e rapidamente crescente pelo conhecimento das realidades suprafísicas que hoje se verifica, o número cada vez maior dos que desejam informações sobre a existência antes e depois desta vida, a descoberta de métodos para se superar a doença por meios espirituais e pela fé, a busca de antigos ensinamentos e da sabedoria oriental — tudo isso é sinal de que nossos contemporâneos começaram a vislumbrar a realidade das coisas. Assim, quando chegamos ao problema da cura, compreendemos também que esta deve pôr-se à altura dos tempos e substituir seus métodos baseados num materialismo grosseiro por recursos de uma ciência fundamentada nas realidades da Verdade e regida pelas mesmas leis Divinas que governam nossas naturezas. A cura passará do âmbito dos métodos físicos de tratamento do corpo físico para a cura mental e espiritual que, restabelecendo a harmonia entre a mente e a Alma, é capaz de erradicar a utilização dos meios físicos como possam ser necessários para completar a cura do corpo.

Contanto que a profissão médica compreenda esses fatos e avance com o crescimento espiritual das pessoas, é bem possível que a arte da cura possa passar das mãos das comunidades religiosas às dos curadores natos que existem em toda geração, mas que têm vivido mais ou menos ignorados, impedidos pelos ortodoxos de seguir sua vocação natural. Assim, o médico do futuro terá dois objetivos principais: o primeiro será o de ajudar o paciente a alcançar um conhecimento de si mesmo e apontar-lhe os erros fundamentais que ele possa estar cometendo, as deficiências de seu caráter que ele teria de corrigir e os defeitos em sua natureza que têm de ser erradicados e substituídos por virtudes correspondentes. Esse médico terá de ser um grande estudioso das leis que governam a humanidade e a própria natureza humana, de modo que possa reconhecer em todos os que a ele acorrem os elementos que estão causando conflito entre a Alma e a personalidade. Tem de ser capaz de aconselhar o paciente de como restabelecer de melhor modo a harmonia requerida, que ações contra a Unidade deve deixar de praticar e que virtudes necessárias deve desenvolver para eliminar seus defeitos. Cada caso necessitará de um minucioso estudo, e só os que dedicaram grande parte de sua vida ao conhecimento da humanidade e em cujos corações arde a vontade de ajudar, serão capazes de empreender com sucesso essa gloriosa e divina obra em favor da humanidade, abrir os olhos daquele que sofre, iluminá-lo quanto à razão de sua existência, e inspirar-lhe esperança, consolo e fé que lhe capacitem dominar sua enfermidade.

O segundo dever médico será ministrar os remédios que ajudem o corpo físico a recobrar a força, auxiliem a mente a serenar-se, e ampliem seu panorama e sua luta pela perfeição, trazendo, assim, paz e harmonia para toda a personalidade. Tais remédios existem na natureza, e foram colocados ali pela graça do Divino Criador para a cura e o conforto da humanidade; alguns desses são conhecidos, e outros estão sendo procurados atualmente pelos médicos nas diferentes partes do mundo, principalmente na nossa Mãe Índia, e não há dúvidas, recuperaremos grande parte do conhecimento adquirido há mais de dois mil anos, e o curador do futuro terá à sua disposição os remédios naturais e maravilhosos que foram dados ao homem para aliviá-lo da doença.

Assim, o extermínio da enfermidade dependerá de que a humanidade descubra a verdade das leis inalteráveis do nosso Universo, e de que se adapte com humildade e obediência a essas leis, estabelecendo, assim, a paz com a sua Alma e adquirindo a verdadeira alegria e a felicidade da vida. E a parte que caberá ao médico será ajudar alguém que esteja sofrendo a conhecer essa verdade, indicar-lhe os meios pelos quais poderá conseguir a harmonia, inspirá-lo com a fé em sua Divindade que a tudo pode vencer, e ministrar remédios físicos tais que o ajudem a harmonizar sua personalidade e a curar seu corpo."

BIBLIOGRAFIA

Alan Leo, *Marte — Senhor da Guerra*, Editora Pensamento, São Paulo, 1987.
Alan Leo, *Júpiter — O Senhor do Futuro*, Editora Pensamento, São Paulo, 1988.
Alan Leo, *Saturno — O Construtor de Universos*, Editora Pensamento, São Paulo, 1988.
Alan Oaken, *Soul-Centered Astrology: A Key to Your Expanding Self*, Bantam Books, 1990. [*Astrologia e os Sete Raios — Uma Chave para a Revelação da Alma e da Personalidade*, Editora Nova Fronteira, Rio de Janeiro, 1995.]
Alice A. Bailey, *Esoteric Astrology*, Lucis Publishing Co., Nova York, 1951. [*Astrologia Esotérica — Tratado sobre os Sete Raios*, Editora Kier, Buenos Aires, Argentina. 1975.]
Alice A. Bailey, *Labour of Hercules*, Lucis Publishing Co., Nova York, 1957. [*Os Doze Trabalhos de Hércules*, Fundação Cultural Avatar, Niterói, 1991.]
André Barbault, *Tratado Prático de Astrologia*, Editora Cultrix, São Paulo, 1987.
André Barbault, *L'Astrologie Mondiale*, Librarie Arthème Fayard. [*Astrologia Mundial*, Vision Libros, Barcelona, 1981].
Angela Maria La Sala Batà, *Medicina Psico-espiritual*, Editora Pensamento, São Paulo, 1984.
A. T. Mann, *A Astrologia e a Arte de Curar*, Editora Pensamento, São Paulo, 1992.
Breno Marques da Silva e Ednamara Batista Vasconcelos e Marques, *As Essências Florais de Minas — Síntese para uma Medicina de Almas — Casos Clínicos e Depoimentos*, Editora Azul, Belo Horizonte, 1994.
Breno Marques da Silva e Ednamara Batista Vasconcelos e Marques, *As Essências Florais de Minas — Casos Clínicos e Depoimentos*, vol. 1, Edições Florais de Minas, 1995.
Breno Marques da Silva e Ednamara Batista Vasconcelos e Marques, *Repertórios das Essências Florais de Minas*, Editora Aquariana, São Paulo, 1994.
Charles E. O. Carter, *Os Aspectos Astrológicos*, Editora Pensamento, São Paulo, 1987.
Cornélio Agrippa, *La Filosofia Oculta — Tratado de Magia e Ocultismo*, Editorial Kier, S.A., Buenos Aires, 1982.
Dane Rudhyar, *A Dimensão Galáctica da Astrologia*, Editora Pensamento, São Paulo, 1991.
Dane Rudhyar, *Um Estudo Astrológico dos Complexos Psicológicos*, Editora Pensamento, 1988.
Dane Rudhyar, *Astrologia da Personalidade,* Editora Pensamento, São Paulo, 1989.
Dane Rudhyar, *Tríptico Astrológico*, Editora Pensamento, São Paulo, 1987.
Dane Rudhyar, *A Astrologia e a Psique Moderna*, Editora Pensamento, São Paulo, 1993.
Donald H. Yott, *Triangulação de Saturno — Júpiter — Mercúrio*, Editora Pensamento, São Paulo, 1986.
Donna Cunningham, *A Influência da Lua no seu Mapa Natal*, Editora Pensamento, São Paulo, 1991.
Donna Cunningham, *Astrologia e Cura Através das Vibrações*, Editora Cultrix, São Paulo, 1991.
Donna Cunningham, *Um Guia Astrológico para o Conhecimento de Si Mesmo*, Editora Pensamento, São Paulo, 1988.
Dr. Edward Bach, *Os Remédios Florais do Dr. Bach — Incluindo: Cura-te a ti Mesmo*, publicado pela Editora Pensamento, São Paulo, 1990.
Dorothée Koechlin de Bizemont, *L'Astrologie Karmique*, Editions Roberto Laffont, S.A., 1983. [*Astrologia Cármica*, Editora Nova Fronteira, Rio de Janeiro, 1990.]
Erin Sullivan, *Saturn in Transit.* [*Saturno em Trânsito*, Editora Siciliano, 1992.]
Frances Sakoian e Louis S. Acker, *The Astrologer's Handbook* [*Manual do Astrólogo*, Editora Ágora, São Paulo, 1993.]
Firmicus Maternus, *Ancient Astrology — Theory and Practice*, Noyes Press, Nova Jérsei, 1975.

G. B. de Surany, *Manual de Astrologia Médica*, Editora Pensamento, São Paulo, 1988.
Georges Antarès, *El Arte de la Interpretation Astrológica*, Ediciones Obelisco, Barcelona, 1987.
Georges Antares, *Transitos Planetarios y Destino*, Ediciones Obelisco, Barcelona, 1987.
H. P. Blavatsky, *A Doutrina Secreta* — 6 vols., Editora Pensamento, São Paulo, 1980.
Hadès, *Su Salud y la Astrologia*, Teorema, S. A., Barcelona, 1982.
Haydn Paul, *Revolutionary Spirit — Exploring the Astrological Uranus*, [*Espírito Evolucionário — Explorando o Urano Astrológico*, Editora Ágora Ltda, São Paulo, 1993.]
Haydn Paul, *Lord of the Light — Exploring the Astrological Sun*. [*O Senhor da Luz — Explorando o Sol Astrológico*, Editora Ágora, São Paulo, 1992.]
Haydn Paul, *A Rainha da Noite — Explorando a Lua Astrológica*, Editora Ágora, São Paulo, 1991.
Howard Sasportas, *The Gods of Change*. [*Os Deuses da Mudança*, Edições Siciliano, São Paulo, 1991.
Irène Andrieu, *Planètes D'ombre et de Lumière*. [*Planetas de Sombra e de Luz*, Editora Rocco, Rio de Janeiro, 1994.]
Jeff Green, *Pluto — The Evolutionary Journey for the Soul*, Llewellyn Publications — USA, 1985. [*Plutão — A Jornada Evolutiva da Alma*, Editora Objetiva, Rio de Janeiro, 1992.]
Jeff Green, *Uranus — Freedom from the Known*, Llewellyn Publications — USA, 1988. [*Urano — A Liberação do Descconhecido*, Editora Objetiva, Rio de Janeiro, 1991.]
Jane Ridder-Patrick, *A Handbook of Medical Astrology*. [*Guia Prático de Astrologia Médica*, Editora Record — Nova Era, Rio de Janeiro, 1994.]
Jeanne Avery, *Astrology and Your Health*. [*Astrologia e Saúde*, Editora Saraiva, 1993.]
Jeanne Avery, *Astrology and Your Past Lives*. [*Astrologia e suas Vidas Passadas*, Editora Nova Fronteira, Rio de Janeiro, 1988.]
Karen Hamaker-Zondag, *Planetary Symbolism*. [*Simbolismo Planetário no Horóscopo*, Editora Nova Fronteira, Rio de Janeiro, 1989.]
Karen Hamaker-Zondag, *Astropsychology*, The Aquarian Press, Wellingborough, 1985.
Kathleen Burt, *Arquétipos do Zodíaco*, Editora Pensamento, São Paulo, 1993.
Liz Greene, *Saturno*, Editora Pensamento, São Paulo, 1986.
Liz Greene, *A Astrologia do Destino*, Editora Cultrix, São Paulo, 1989.
Liz Greene, *Os Astros e o Amor*, Editora Cultrix, São Paulo, 1986.
Liz Greene e Howard Sasportas, *O Desenvolvimento da Personalidade*, Editora Pensamento, São Paulo, 1990.
Liz Greene e Howard Sasportas, *A Dinâmica do Inconsciente*, Editora Pensamento, São Paulo, 1990.
Liz Greene e Stephen Arroyo, *Júpiter e Saturno — Uma Nova Visão da Astrologia Moderna*, Editora Pensamento, São Paulo, 1988.
María Luisa Pastorino, *La Medicina Floral de Edward Bach*, Editorial Club de Estudio, Buenos Aires, 1987.
Marylyn Waran, *The Book of Netune*, ACS Publications — USA, 1989. [*O Livro de Netuno*, Editora Objetiva, Rio de Janeiro, 1991.]
Marion D. March e Joan McEvers, *Curso Básico de Astrologia — Princípios Fundamentais* — 1º vol., Editora Pensamento, São Paulo, 1988.
Martin Schulman, *Astrologia, Energia e Sexualidade*, Editora Pensamento, São Paulo, 1992.
Martin Schulman, *O Ascendente — Sua Porta Kármica*, Editora Pensamento, São Paulo, 1991.
Martin Schulman, *Os Nodos Lunares — Astrologia Cármica I*, Editora Ágora, São Paulo, 1987.

Martin Schulman, *Os Planetas Retrógrados — Astrologia Cármica II*, Editora Ágora, São Paulo, 1987.
Martin Schulman, *Vênus — A Dádiva do Amor*, Editora Pensamento, São Paulo, 1992.
Marysol G. Sterling e Geraldyn Waxkowsky, *Astrologia Kármica Básica*, Altalena Editores S.A., Madrid, 1982.
Max Heindel e Augusta F. Heindel, *A Mensagem das Estrelas*, Editora Pensamento, São Paulo, 1992.
Mellie Uyldert, *A Magia das Plantas*, Editora Pensamento, São Paulo, 1989.
Mellie Uyldert, *A Magia dos Metais*, Editora Pensamento, São Paulo, 1985.
Oscar Adler, *La Astrologia como Ciência Oculta*, El Testamento de la Astrologia, Editorial Kier, S.A., Buenos Aires, 1981.
Pauline Stone, *A Astrologia do Karma*, Editora Pensamento, São Paulo, 1995.
Puiggros, *Plutão*, Editora Pensamento, São Paulo, 1988.
Richard B. Vaughan, *Astrologia em Linguagem Moderna*, Editora Pensamento, São Paulo, 1989.
Robert Carl Jansky, *Introdução à Astrologia Médica Holística*, Editora Pensamento, São Paulo, 1993.
Robert Pelletier, *Planets in Aspect*, Schiffer Publishing Ltd., Pensilvânia.
Stephen Arroyo, *Astrologia, Karma e Transformação*, Publicações Europa-América, Portugal, 1978.
Stephen Arroyo, *Astrologia, Psicologia e os Quatro Elementos*, Editora Pensamento, São Paulo, 1984.
Stephen Arroyo, *Normas Práticas para a Interpretação do Mapa Astral*, Editora Pensamento, São Paulo, 1992.
Tracy Marks, *A Astrologia da Autodescoberta*, Editora Pensamento, São Paulo, 1989.
Z'ev ben Shimon Halevi (Warren Kenton), *Astrologia Cabalística*, Editora Pensamento, São Paulo, 1981.
Z'ev ben Shimon Halevi (Warren Kenton), *The Tree of Life, an Introduction to the Kabala*, Rider & Company, Londres, 1973. [*A Árvore da Vida*, Editora Três, São Paulo, 1973.]
Z'ev ben Shimon Halevi (Warren Kenton), *Kabbalah and Psychology*. [*Cabala e Psicologia*, Edições Siciliano, São Paulo, 1990.]
Z'ev ben Shimon Halevi (Warren Kenton), *Adam and the Kabbalistic Tree*. [*Adão e a Árvore Kabbalística*, Imago Editora Ltda, Rio de Janeiro, 1990.]

INFORMAÇÕES PRÁTICAS:

Para a aquisição de essências, *kits*, livros sobre os Florais de Minas e repertório, ou para obter informações a respeito de palestras e cursos, escrever ou entrar em contato com:

FLORAIS DE MINAS LTDA.
Rua Sesostres Milagres, 230 — CEP 35.680-173 — Itaúna — MG
Fone/fax: (037) 242-1147/ 242-3461
e-mail: floraisdeminas@nwnet.com.br

Para entrar em contato com o autor:
INSTITUTO ASTROLÓGICO SOLARIS
Caixa Postal 18837 — CEP 80.410-990 — Curitiba — PR
e-mail: solaris@cwb.matrix.com.br

ASTROLOGIA DA PERSONALIDADE

Dane Rudhyar

"A Astrologia foi a primeira expressão humana de uma percepção de ordem", escreve Dane Rudhyar. "Seu objetivo é transformar o caos em cosmos, a natureza humana coletiva em personalidade individual e criativa."

Para atingir esse objetivo, Dane Rudhyar usa os modernos conceitos da psicologia acrescidos dos elementos das filosofias ocidental e oriental. Ele procura apresentar a Astrologia principalmente como uma linguagem simbólica, reformulando seus conceitos básicos e acentuando a importância do estudo do mapa astral como um todo. Em vez de simplesmente reunir pequenos itens facilmente memorizáveis, juntando-os a alguns dados tradicionais, ele tenta reorientar e modernizar a abordagem da Astrologia — a mais antiga procura de uma ordem e de um significado para o Universo.

EDITORA PENSAMENTO

UM GUIA ASTROLÓGICO PARA O CONHECIMENTO DE SI MESMO

Donna Cunningham

Este livro se caracteriza pela sua abordagem moderna, inovadora e sensata. Nele, numa linguagem clara e despretensiosa, Donna Cunningham analisa os significados mais profundos dos planetas, das casas, dos aspectos e dos trânsitos, enfatizando a compreensão de si mesmo, o crescimento pessoal e a importância em cada um aceitar a responsabilidade pelos rumos que dá à própria vida.

Editora Pensamento

Os Remédios Florais do Dr. Bach

Dr. EDWARD BACH

Problemas de saúde freqüentemente têm suas origens na mente; sentimentos que foram persistentemente reprimidos irão emergir, primeiro, como conflitos mentais e, depois, como doença física.

O Dr. Edward Bach, um médico inglês, depois de atuar como bacteriologista num hospital de Londres e de obter êxito profissional com suas vacinas orais, resolveu morar numa floresta de Gales, na Grã-Bretanha. Desanimado com a medicina ortodoxa, lá descobriu que tinha uma sensibilidade tal que lhe permitia sentir as energias transmitidas pelas flores apenas tocando-as ou colocando na boca as gotas que o orvalho deixava sobre elas. Ao mesmo tempo constatou que, enquanto algumas flores eram capazes de provocar sentimentos negativos, outras tinham a propriedade de anulá-los. Entre 1930 e 1934, o Dr. Bach identificou 38 flores silvestres entre essas últimas e escreveu os fundamentos da sua nova medicina.

De volta à civilização, verificou na prática a eficácia dos medicamentos florais e compreendeu a grande ajuda que poderiam dar à humanidade doente. O Dr. Bach dizia que "o medicamento deve atuar sobre as causas e não sobre os efeitos, corrigindo o desequilíbrio emocional no campo energético". Estes remédios atuam sobre a desarmonia profunda do paciente e, assim fazendo, formam a base para a recuperação dos sintomas físicos.

A terapia das flores age no plano mais sutil da pessoa; seu efeito, reconhecido em 1976 pela Organização Mundial de Saúde, se constitui de grande ajuda à humanidade nestes momentos de transição, auxiliando a harmonização dos corpos (etérico, emocional e mental) e facilitando o livre fluxo das energias superiores através da personalidade.

Neste livro fascinante, o Dr. Bach nos traz explicações sobre sua terapia floral e sobre sua aplicação em cada circunstância, assim como sobre a natureza das enfermidades e a forma de dominá-las, permitindo que o organismo humano descubra o seu caminho até a verdadeira saúde interior.

EDITORA PENSAMENTO